JN016962
教科書ぴったりトレーニング
はなまるシール
ふろくの「がんばり表」につかおう！
はじめに、キミのおとも犬をえらんで、がんばり表にはろう！
がくしゅうがおわったら、がんばり表に「はなまるシール」をはろう！
あまったシールはじゆうにつかってね。
キミのおとも犬
げんき いっぱい おにく だいすき！
つっこみやく みんなの おせわがかり
ちょっと こわがり さいねんしょう
おっとり どくしょが すき
やさしくて ものしり みんなの せんせい
はなまるシール
すごい！
いいね！
がんばれ！
やったね！
できる！
ナイス！
むずかしい…
がんばろう！
もう1回!!
よくできたね！
こくご
国語
さんすう
算数
ごほうびシール
よくできました

シールの中からすきなぴた犬をえらぼう。

おうちのかたへ

がんばり表のデジタル版「デジタルがんばり表」では、デジタル端末でも学習の進捗記録をつけることができます。1冊やり終えると、抽選でプレゼントが当たります。「ぴたサポシステム」にご登録いただき、「デジタルがんばり表」をお使いください。LINE または PC・ブラウザを利用する方法があります。

ぴたサポシステムご利用ガイドはこちら
https://www.shinko-keirin.co.jp/shinko/news/pittari-support-system

スタート

せんを　じょうずに　かこう〜うたに　あわせて　あいうえお

2〜3ページ	4〜5ページ	6〜7ページ	8〜9ページ	10〜11ページ
はじめのべんきょう	はじめのべんきょう	ぴったり1	ぴったり1	ぴったり1
できたらシールをはろう	できたらシールをはろう	できたらシールをはろう	できたらシールをはろう	できたらシールをはろう

13ページ
ぴったり1
できたらシールをはろう

あわせて　よもう〜
を　みつけよう

46〜47ページ	48〜49ページ
ぴったり1	ぴったり3
できたらシールをはろう	できたらシールをはろう

うみの　かくれんぼ〜かずと　かんじ

50〜51ページ	52〜53ページ
ぴったり1	ぴったり3
できたらシールをはろう	できたらシールをはろう

くじらぐも〜ことばを　たのしもう

54〜55ページ	56〜57ページ	58〜59ページ	60〜61ページ
ぴったり1	ぴったり2	ぴったり1	ぴったり1
できたらシールをはろう	できたらシールをはろう	できたらシールをはろう	できたらシールをはろう

62〜63ページ	64〜65ページ
ぴったり3	ぴったり3
できたらシールをはろう	できたらシールをはろう

じどう車くらべ〜どんな　おはなしが　できるかな

66〜67ページ	68〜69ページ	70〜71ページ	72〜73ページ
ぴったり1	ぴったり1	ぴったり3	ぴったり3
できたらシールをはろう	できたらシールをはろう	できたらシールをはろう	できたらシールをはろう

74〜75ページ	〜77ページ
ぴったり1	ぴったり2
できたらシールをはろう	できたらシールをはろう

、大すきだよ〜
ぱい、一年生

107ページ	108〜109ページ	110〜111ページ	112ページ
ぴったり2	ぴったり3	ぴったり3	ぴったり1
できたらシールをはろう	できたらシールをはろう	できたらシールをはろう	できたらシールをはろう

ゴール

さいごまでがんばったキミは「ごほうびシール」をはろう！

ごほうびシールをはろう

（キリトリ線）
教科書ぴったりトレーニング　国語　1年　光村図書版　折込①（オモテ）

教科書ぴったりトレーニングの使い方

『ぴたトレ』は教科書にぴったり合
できるよ。教科書も見ながら、
ぴた犬たちが勉強をサポートす

ふだんの学習

ぴったり1 じゅんび

めあて を　たしかめて、もんだいに　とりくも
はじめに　あたらしい　かん字や　ことばの　いみ
えるよ。ものがたりや　せつめい文は　3分でワン
ポイントを　つかもう。　QRコードから「3分でまとめ動画」が

※QRコードは株式会社デンソーウェーブ

ぴったり2 れんしゅう

ものがたりや　せつめい文の　もんだいを　れん
するよ。
ヒント を　見ながら　といて　みよう。

ぴったり3 たしかめのテスト

「ぴったり1・2」が　おわったら、とりくんで
かんがえを　書く　もんだいにも　チャレンジし
ふりかえり を　見て　前に　もどって　かく
よう。

ふだんの
おわったら、
に　シール

実力チェック

- なつのチャレンジテスト
- ふゆのチャレンジテスト
- はるのチャレンジテスト
- 1年 こくごのまとめ 学力しんだんテスト

夏休み、冬休み、春休み前に
とりくんで　みよう。学期や
学年の　おわりの　テストの
前に　やっても　いいね。

別冊

まるつけ ラクラクかいとう

赤字の　「答え」を　見て、答え合わせを　し
まちがえたり、わからなかったりした　もん
おうちの　人と　いっしょに　「てびき」を
見直そう。

わせて使うことが
勉強していこうね。
るよ。

しょう。
みを　おさ
ポイント で
が視聴できます。
の登録商標です。

んしゅう

みよう。
よう。
にんし

学習が
「がんばり表」
を　はろう。

よう。
だいは、
読んで

おうちのかたへ

本書『教科書ぴったりトレーニング』は、教科書の要点や重要事項をつかむ「ぴったり１　じゅんび」、問題に慣れる「ぴったり２　れんしゅう」、テスト形式で学習事項が定着したか確認する「ぴったり３　たしかめのテスト」の３段階構成になっています。教科書の学習順序やねらいに完全対応していますので、日々の学習（トレーニング）にぴったりです。

「観点別学習状況の評価」について

　学校の通知表は、「知識・技能」「思考・判断・表現」「主体的に学習に取り組む態度」の３つの観点による評価がもとになっています。

　問題集やドリルでは、一般に知識を問う問題が中心になりますが、本書『教科書ぴったりトレーニング』では、次のように、観点別学習状況の評価に基づく問題を取り入れて、成績アップに結びつくことをねらいました。

ぴったり３　たしかめのテスト

●「思考・判断・表現」のうち、特に思考や表現（予想したり文章で説明したりすることなど）を取り上げた問題には「思考・判断・表現」と表示しています。

チャレンジテスト

●主に「思考・判断・表現」を問う問題かどうかで、分類して出題しています。

別冊『まるつけラクラクかいとう』について

おうちのかたへ では、次のようなものを示しています。

・学習のねらいやポイント
・他の学年や他の単元の学習内容とのつながり
・まちがいやすいことやつまずきやすいところ

お子様への説明や、学習内容の把握などにご活用ください。

内容の例

> **おうちのかたへ**
> 物語を読むときには、登場人物の会話や行動に注目しましょう。「うまくできるかな（→不安）」「力いっぱい拍手をした（感動）」など、直接文章に書かれていない心情が会話や行動から読み取れることがあるからです。

教科書ぴったりトレーニング

こくご1年 がんばり

いつも見えるところに、この「がんばり表」をはっておこう。
この「ぴたトレ」をがくしゅうしたら、シールをはろう！
どこまでがんばったかわかるよ。

こえに　だして　よもう〜おおきく　なった

28〜29ページ	26〜27ページ	24〜25ページ	22〜23ページ	20〜21ページ	18〜19ページ	16〜17ページ	14〜15ページ	12〜
ぴったり3	ぴったり1	ぴったり1	ぴったり1	ぴったり1	ぴったり1	ぴったり1	ぴったり1	ぴっ
できたら シールを はろう	できたら シールを はろう	できたら シールを はろう	できたら シールを はろう	できたら シールを はろう	できたら シールを はろう	できたら シールを はろう	できたら シールを はろう	

おおきな　かぶ〜すきな　こと、なあに

30〜31ページ	32〜33ページ	34〜35ページ	36〜37ページ
ぴったり1	ぴったり2	ぴったり1	ぴったり3
できたら シールを はろう	できたら シールを はろう	できたら シールを はろう	できたら シールを はろう

おむすび　ころりん〜としょかんと なかよし

38〜39ページ	40〜41ページ	42〜43ページ
ぴったり1	ぴったり2	ぴったり3
できたら シールを はろう	できたら シールを はろう	できたら シールを はろう

こえを かたかな

44〜45ページ
ぴったり
できたら シールを はろう

なりきって　よもう〜ことばで　あそぼう

90〜91ページ	88〜89ページ
ぴったり1	ぴったり1
できたら シールを はろう	できたら シールを はろう

むかしばなしを　よもう〜おかゆの　おなべ

86〜87ページ	84〜85ページ
ぴったり3	ぴったり1
できたら シールを はろう	できたら シールを はろう

たぬきの　糸車〜てがみで　しらせよう

82〜83ページ	80〜81ページ	78〜79ページ	76〜
ぴったり3	ぴったり3	ぴったり1	ぴ
できたら シールを はろう	できたら シールを はろう	できたら シールを はろう	

どうぶつの　赤ちゃん〜これは、なんでしょう

92〜93ページ	94〜95ページ	96〜97ページ	98〜99ページ	100〜101ページ	102〜103ページ
ぴったり1	ぴったり2	ぴったり1	ぴったり1	ぴったり3	ぴったり3
できたら シールを はろう	できたら シールを はろう	できたら シールを はろう	できたら シールを はろう	できたら シールを はろう	できたら シールを はろう

ずうっと、ずっと いい　こと　いっ

104〜105ページ	106〜
ぴったり1	ぴっ
できたら シールを はろう	

教科書ぴったりトレーニング
こくご
バッチリポスター

1年生で ならう かん字①

（切り取り線）

★1年生で ならう かん字を、ならべて います。（①と ②の、二かいに わけて います。）
★かん字ごとに、かくすう、よみかた、かきじゅん を しめして います。
★（ ）は、小学校では ならわない よみかたです。

まちがえやすい かん字は、☑に チェックを して おこう！

一　1かく
一
イチ・イツ
ひと・ひとつ
一ばん

二　2かく
二二
ニ
ふた・ふたつ
二つ

三　3かく
三三三
サン
み・みつ・みっつ
三びき

四　5かく
四四四四四
シ
よ・よつ・よっつ
よん
四人

五　4かく
五五五五
ゴ
いつ・いつつ
五つ

六　4かく
六六六六
ロク
む・むつ・むっつ
むい
六つ

七　2かく
七七
シチ
なな・ななつ
なの
七ひき

八　2かく
八八
ハチ
や・やつ・やっつ
よう
八つ

九　2かく
九九
キュウ・ク
ここの
ここのつ
九はい

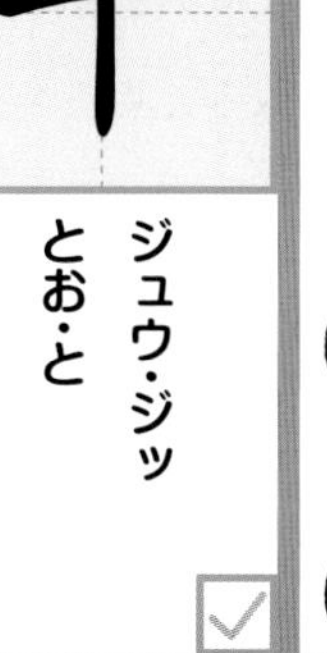
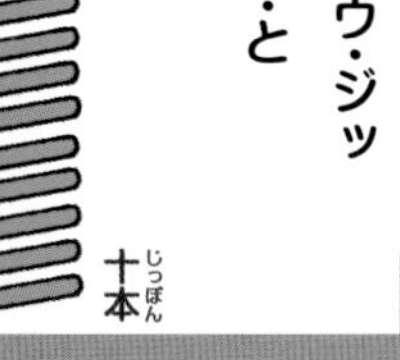

十　2かく
十十
ジュウ・ジッ
とお・と
十本

百　6かく
百百百百百百
ヒャク
百円玉

千　3かく
千千千
セン
ち
千羽づる

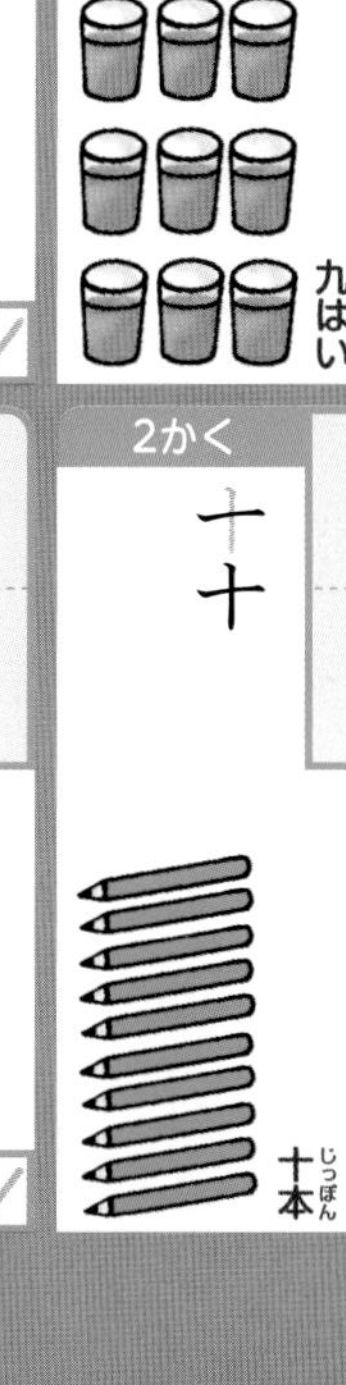

円　4かく
円円円円
エン
まるい
円に なる

玉　5かく
玉玉玉玉玉
ギョク
たま
玉入れ

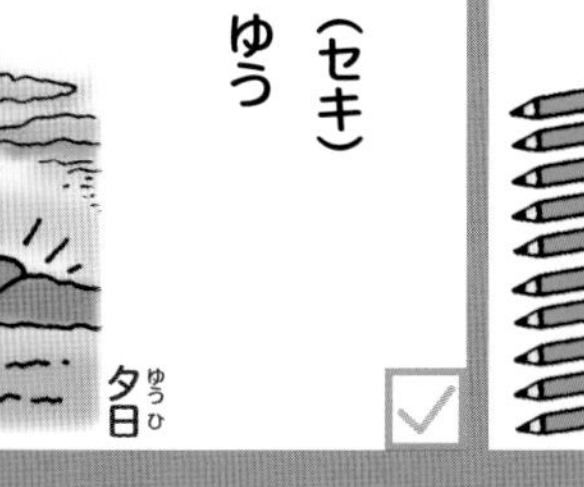

夕　3かく
夕夕夕
（セキ）
ゆう
夕日

早
ソウ・（サッ）
はやい・はやまる
はやめる
早おき

日
ニチ・ジツ
ひ・か
お日さま

月
ゲツ・ガツ
つき

火
カ
ひ・（ほ）
火を つける

水
スイ
みず

3かく
下
カ・ゲ
した・しも・さげる・さがる・くだる
くだす・くださる
おろす・おりる
(もと)
木の下
4かく
天
テン
(あめ)・あま
天気
3かく
川
(セン)
かわ
川
4かく
木
ボク・モク
き・こ
みどりの木
6かく
早
3かく
大
ダイ・タイ
おお・おおきい
おおいに
大ざら
6かく
気
キ・ケ
元気
8かく
林
リン
はやし
林
8かく
金
キン・コン
かね・かな
お金をはらう
4かく
3かく
小
ショウ
ちいさい
こ・お
小さい
5かく
右
ウ・ユウ
みぎ
右手
12かく
森
シン
もり
森
3かく
土
ド・ト
つち
はたけの土
4かく
月
4かく
中
チュウ・ジュウ
なか
あなの中
5かく
左
サ
ひだり
左足
8かく
雨
ウ
あめ・あま
雨
5かく
田
デン
た
田んぼ
4かく
火
5かく
正
セイ・ショウ
ただしい・ただす
まさ
正しい字
3かく
上
ジョウ・(ショウ)
うえ・うわ・かみ
あげる・あがる
のぼる・(のぼせる)
(のぼす)
山の上
8かく
空
クウ
そら・あく・あける
から
青い空
3かく
山
サン
やま
山
4かく
水

（切り取り線）
教科書ぴったりトレーニング
こくご
バッチリポスター
1年生で ならう かん字②
★1年生で ならう かん字を、ならべて います。（①と ②の、二かいに わけて います。）
★かん字ごとに、かくすう、よみかた、かきじゅん（ひつじゅん）を しめして います。
★（ ）は、小学校では ならわない よみかたです。
まちがえやすい かん字は、☑に チェックを して おこう！
5かく 目 モク・（ボク） め・（ま） 目が さめる
6かく 耳 （ジ） みみ 耳を すます
3かく 口 コウ・ク くち 口を あける
4かく 手 シュ て・（た） 手を あげる
7かく 足 ソク あし・たりる たる・たす 足あと
5かく 白 ハク・（ビャク） しろ・しろい しら 白い 雪
7かく 赤 セキ・（シャク） あか・あかい あからむ あからめる 赤しんごう
8かく 青 セイ・（ショウ） あお・あおい 青しんごう
7かく 男 ダン・ナン おとこ 男の子
3かく 女 ジョ・（ニョ） （ニョウ） おんな・（め） 女の子
3かく 子 シ・ス こ 子ども
4かく 王 オウ 王さま
6かく 先 セン さき 先生
5かく 生 セイ・ショウ いきる・いかす・いける・うまれる・うむ・はえる・はやす なま・（おう）・（き） 生まれる
2かく 人 ジン・ニン ひと 人と はなす
犬 ケン いぬ 犬が ほえる
学 ガク まなぶ
校 コウ 学校
年 ネン とし 年がじょう
本 ホン もと

7かく 見 ケン みる・みえる みせる 見
7かく 町 チョウ まち 町
7かく 花 カ はな 花たば
4かく 文 ブン・モン (ふみ) さく文
4かく
5かく 出 シュツ・(スイ) でる・だす おもい出 おもい出
7かく 村 ソン むら 村
6かく 竹 チク たけ 竹
6かく 字 ジ (あざ) 字
8かく 学
2かく 入 ニュウ いる・いれる はいる いえに 入る
6かく 糸 シ いと け糸
5かく 石 セキ・シャク (コク) いし 石
6かく 名 メイ・ミョウ な ねん くみ 名ふだ
10かく 校
5かく 立 リツ・(リュウ) たつ・たてる 立ち上がる
7かく 車 シャ くるま 車
6かく 虫 チュウ むし かぶと虫
9かく 音 オン・(イン) おと・ね 音がくを きく
6かく 年
6かく 休 キュウ やすむ・やすまる やすめる 休む
2かく 力 リョク・リキ ちから 力もち
7かく 貝 かい 貝
9かく 草 ソウ くさ 草はら
5かく

こくご１年
光村図書版
かざぐるま／ともだち

教科書ぴったりトレーニング

▶３分でまとめ動画

はじめのべんきょう

せんを じょうずに かこう①

[せん]を えんぴつで なぞりましょう。

はじめの べんきょう

せんを　じょうずに　かこう②

（せん）を　えんぴつで　なぞりましょう。

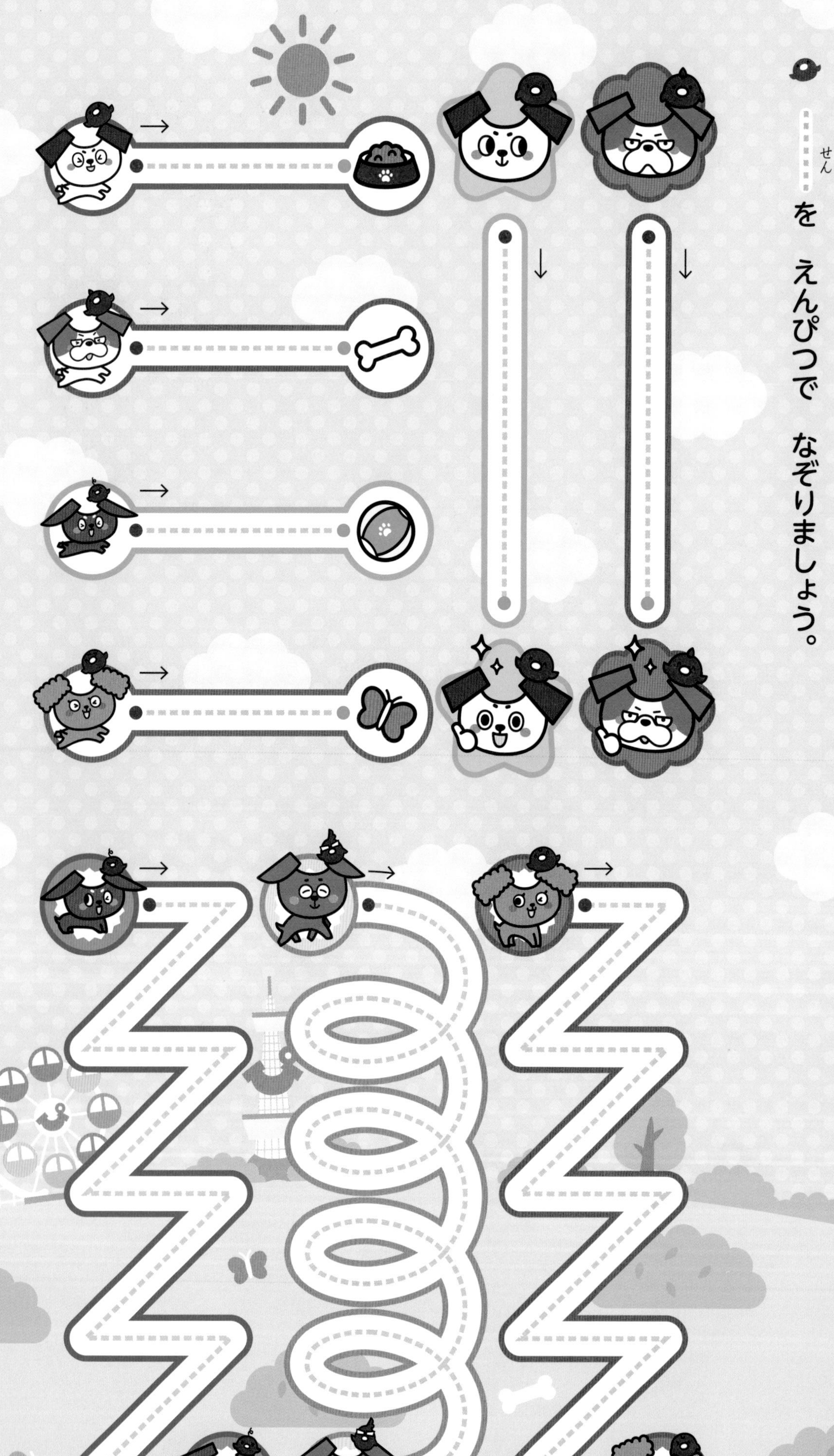

すたあと
ごうるを
めざそう!
ごうる

さあ　はじめよう

はるが　きた
おはなし　ききたいな
なんて　いおうかな

🎯めあて
★たのしく　がくしゅうを　はじめよう。
★おおきな　こえで　あかるく　はなそう。

がくしゅうび
月　日

きょうかしょ
上1〜13ページ

こたえ
2ページ

はるが　きた

1 おうちの　ひとと　いっしょに　あかるい　こえで　しを　よんで　みましょう。

はるが　きた

そらの　たび
ふわり　きらきら
いろんな　ものを
みつけたよ

「はるが　きた」より

2 はるに　ついて　ともだちと　はなします。えに　あわせて　おはなしして　みましょう。

「はるで　しって　いる　ことは、なんですか。」

「はるは、さくらが　さきます。」

「はるは、ちょうが　とびます。」

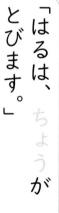

おはなし　ききたいな

3 しって　いる　おはなしの（　）に　○を　つけましょう。

（　）あかずきん

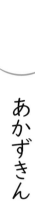

（　）うらしまたろう

たくさんの　おはなしを
よんで　みよう！

なんて　いおうかな

4 えに　あう　ことばの（　）に　○を　つけて、おはなしして　みましょう。

おはようございます。

（　）さようなら。
（　）おはようございます。

いってらっしゃい。

（　）いってきます。
（　）ただいま。

ぴったり1 じゅんび

3分でまとめ

さあ　はじめよう
かく　こと　たのしいな
どうぞ　よろしく

めあて
★えんぴつを　ただしく　もって　なぞって　みよう。
★ひらがなを　かいて　おぼえよう。

がくしゅうび　月　日

きょうかしょ　上14〜17ページ

こたえ　2ページ

かく　こと　たのしいな

1 えんぴつの　もちかたで　ただしい　ほうに　○を　つけましょう。

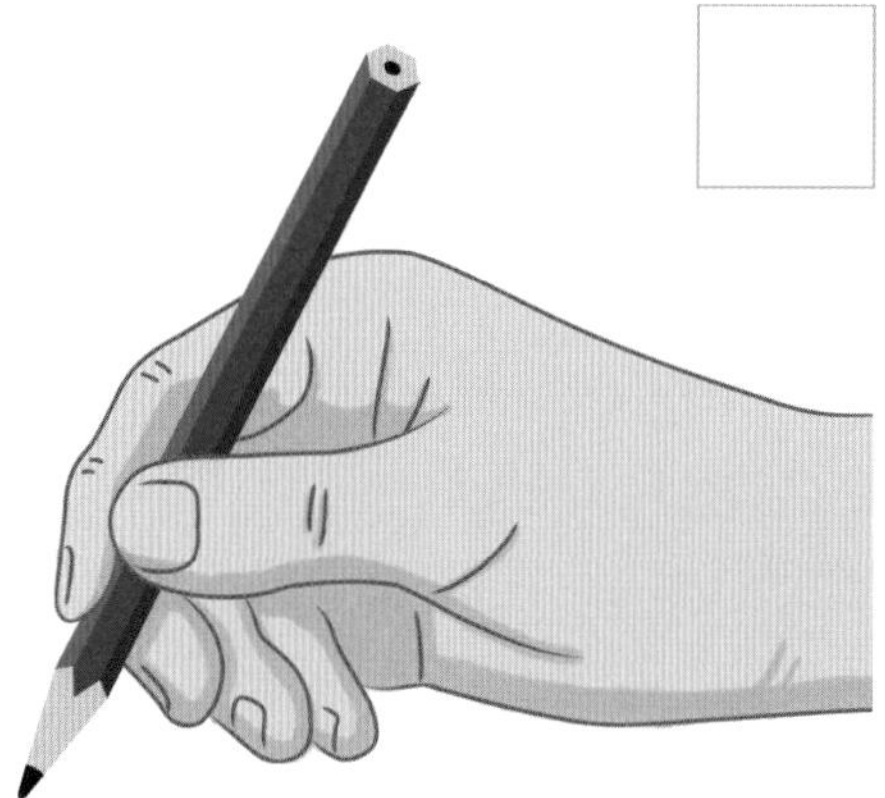

2 すわりかたで　ただしい　ほうに　○を　つけましょう。

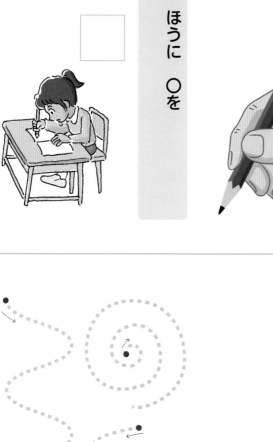

3 えんぴつを　じょうずに　もって、なぞって　みましょう。

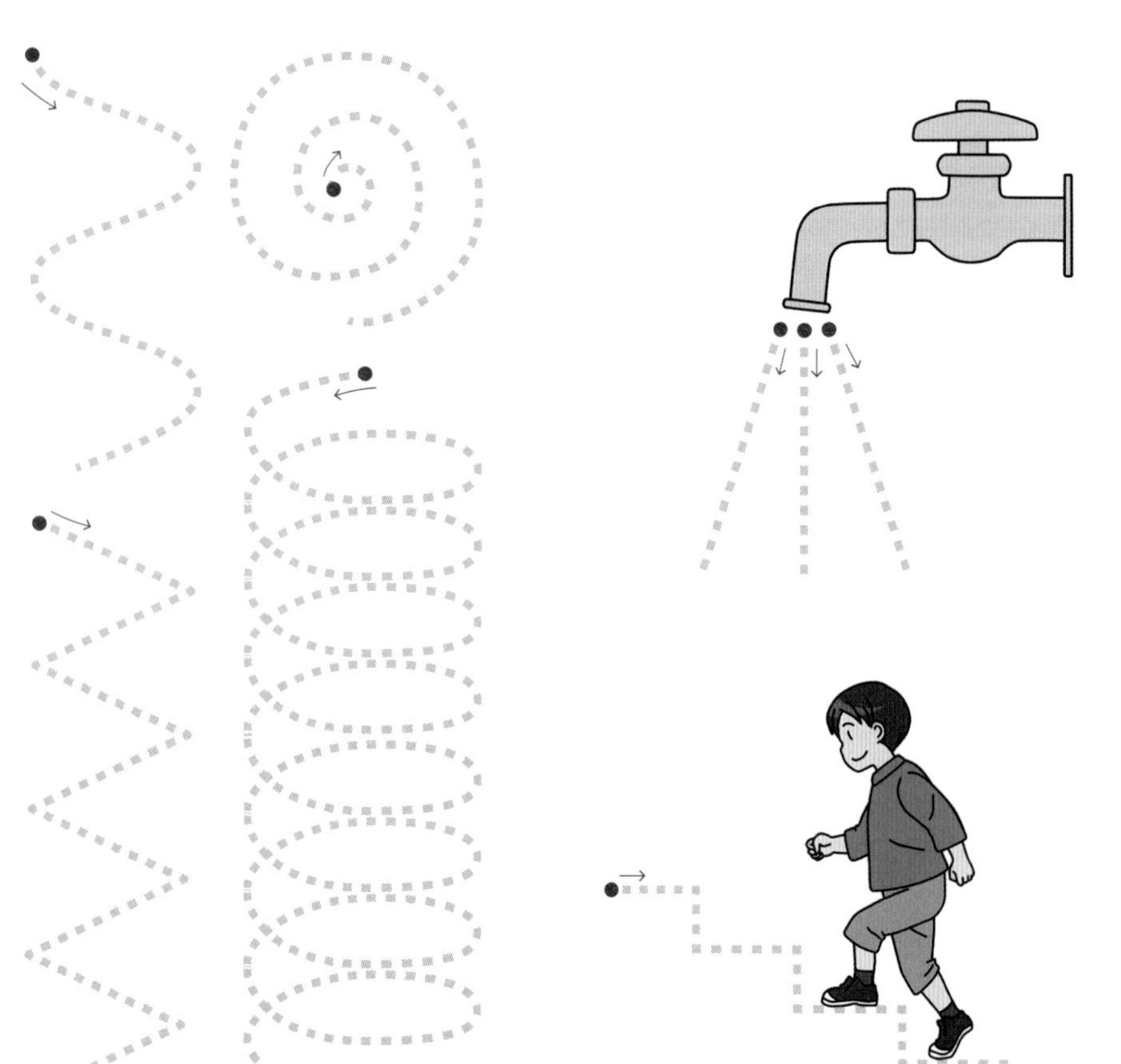

4 えに　あう　ことばを　ひらがなで　かき、こえに　だして　よみましょう。

①

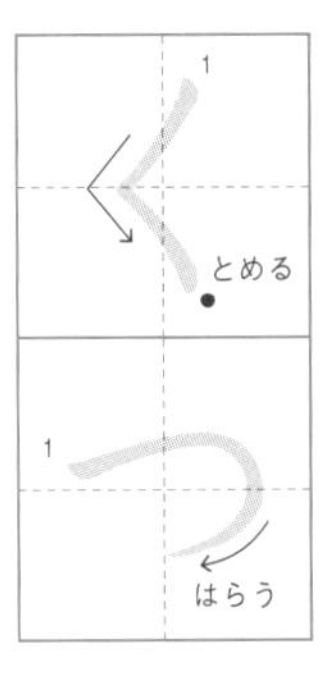

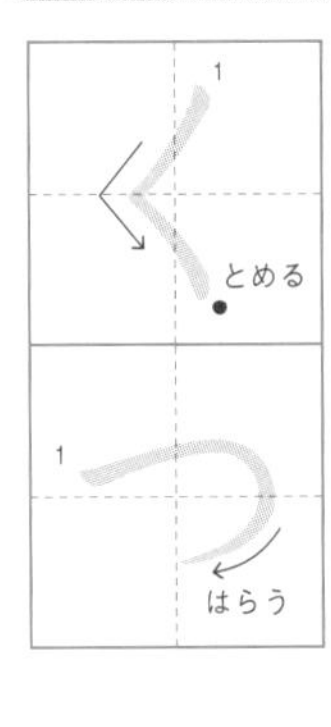

②

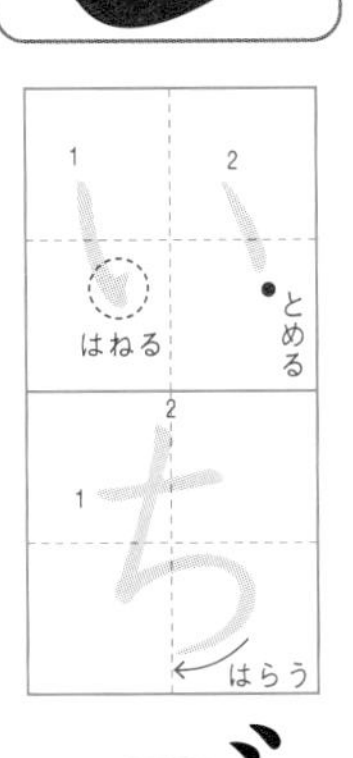

ご

たくさんの
おともだちと
はなしたいね。

どうぞ　よろしく

5 がくねんと　なまえを　かいて、おともだちに　わたす　かみを　つくりましょう。

いちねん

ぴったり1 じゅんび

3分でまとめ

さあ　はじめよう

こんな　もの　みつけたよ　うたに　あわせて　あいうえお

めあて

★みつけた　ものや、きもちを　はなそう。

★「あいうえお」を　たのしく　まなぼう。

がくしゅうび　　月　　日

きょうかしょ　上18〜23ページ

こたえ　3ページ

こんな　もの　みつけたよ

1 うんどうじょうで　みつけた　ものを　いいましょう。そのときの　きもちも　いいましょう。

れい

うんどうじょうに、てつぼうが　ありました。さかあがりが　できるように　なりたいです。

2 としょかんで　みつけた　ものを　いいましょう。そのときの　きもちも　いいましょう。

れい

としょかんで　よみたい　ほんを　みつけました。かりたいです。

3

「あいうえお」を　しっかり　よみましょう。くちの　かたちを　いしきしましょう。

あかるい
あさひだ
あいうえお
いい　こと
いろいろ
あいうえお
うたごえ
うきうき
あいうえお
えがおで
えんそく
あいうえお
おいしい
おむすび
あいうえお

あ　い　う　え　お

「うたに　あわせて　あいうえお」より

4

「あいうえお」を、なぞったり、かいたり　しましょう。

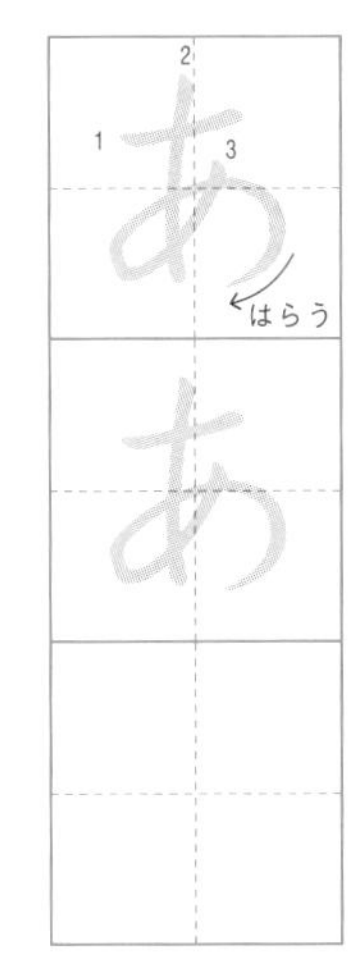

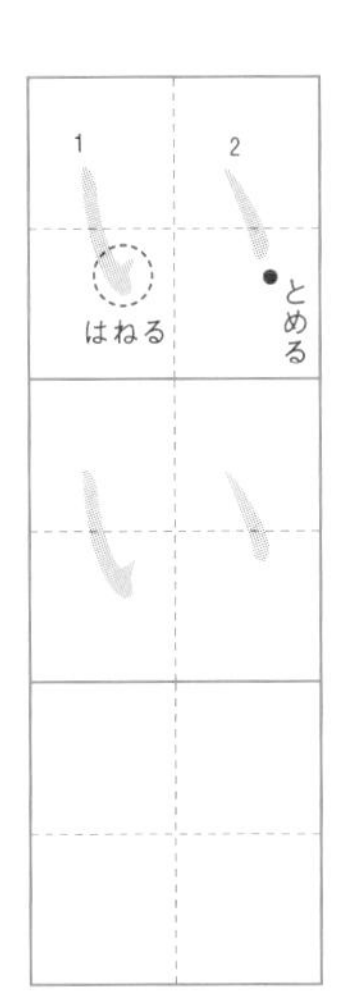

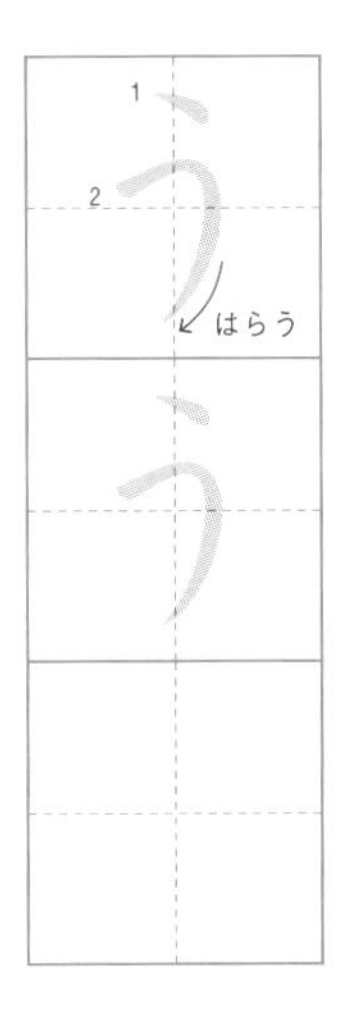

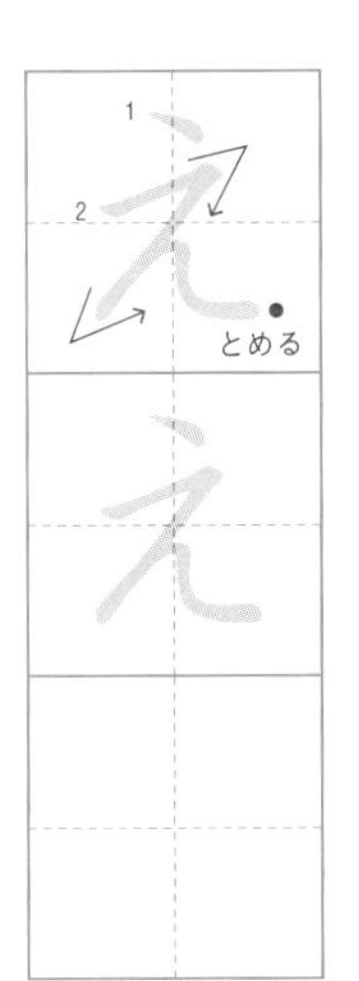

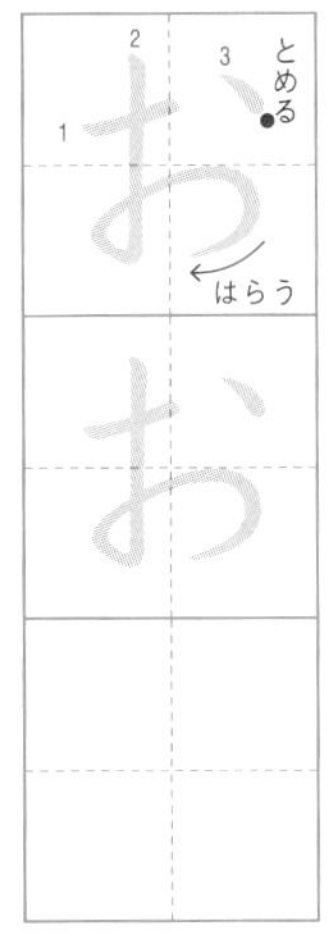

かきじゅんを　ただしく　ていねいに　かこう。

ことばの　たいそう

こえに　だして　よもう
よく　きいて、はなそう
ことばを　さがそう

めあて
★ばめんを　そうぞうしながら、こえに　だして　よもう。
★えを　みて　しつもんに　こたえよう。
★ひらがなを　かいて　おぼえよう。

がくしゅうび　月　日
きょうかしょ　上24～29ページ
こたえ　3ページ

1 「あさの　おひさま」を　よんで、こたえましょう。
こえに　だして　よみましょう。

あさの　おひさま
かんざわ　としこ

あさの　おひさま
おおきいな
のっこり　うみから
おきだした

あさの　おひさま
あかい　かお
ざぶんと　うみで
あらったよ

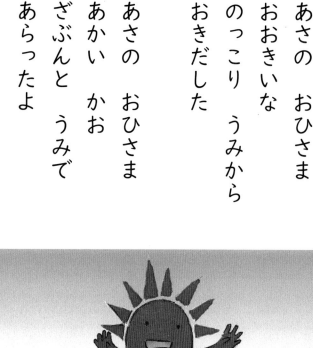

(1) くりかえし　でて　くる　ことばは、どれですか。ひとつに　○を　つけましょう。

あ（　）あさの　おひさま
い（　）のっこり　うみから
う（　）あかい　かお

(2) あいの　どちらが　したの　ことばに　つづきますか。――で　むすびましょう。

①　あ　のっこり・　　・おきだした
　　い　ざぶんと・
②　あ　うみから・　　・あらったよ
　　い　うみで・

(3) 「のっこり」や　「ざぶんと」の　ことばの　ようすに　きを　つけて、もう　いちど　「あさの　おひさま」を　よみましょう。

よく　きいて、はなそう

2

ともだちに　あそびに　ついて　しつもんします。
えを　みて　しつもんに　こたえましょう。

しつもん

「やすみじかんに　なにを
して　あそびましたか。」

こたえの
れい

「かくれんぼです。」

ことばを　さがそう

3

うえの　えに　あう　ことばを　ひらがなで　かき、
こえに　だして　よみましょう。

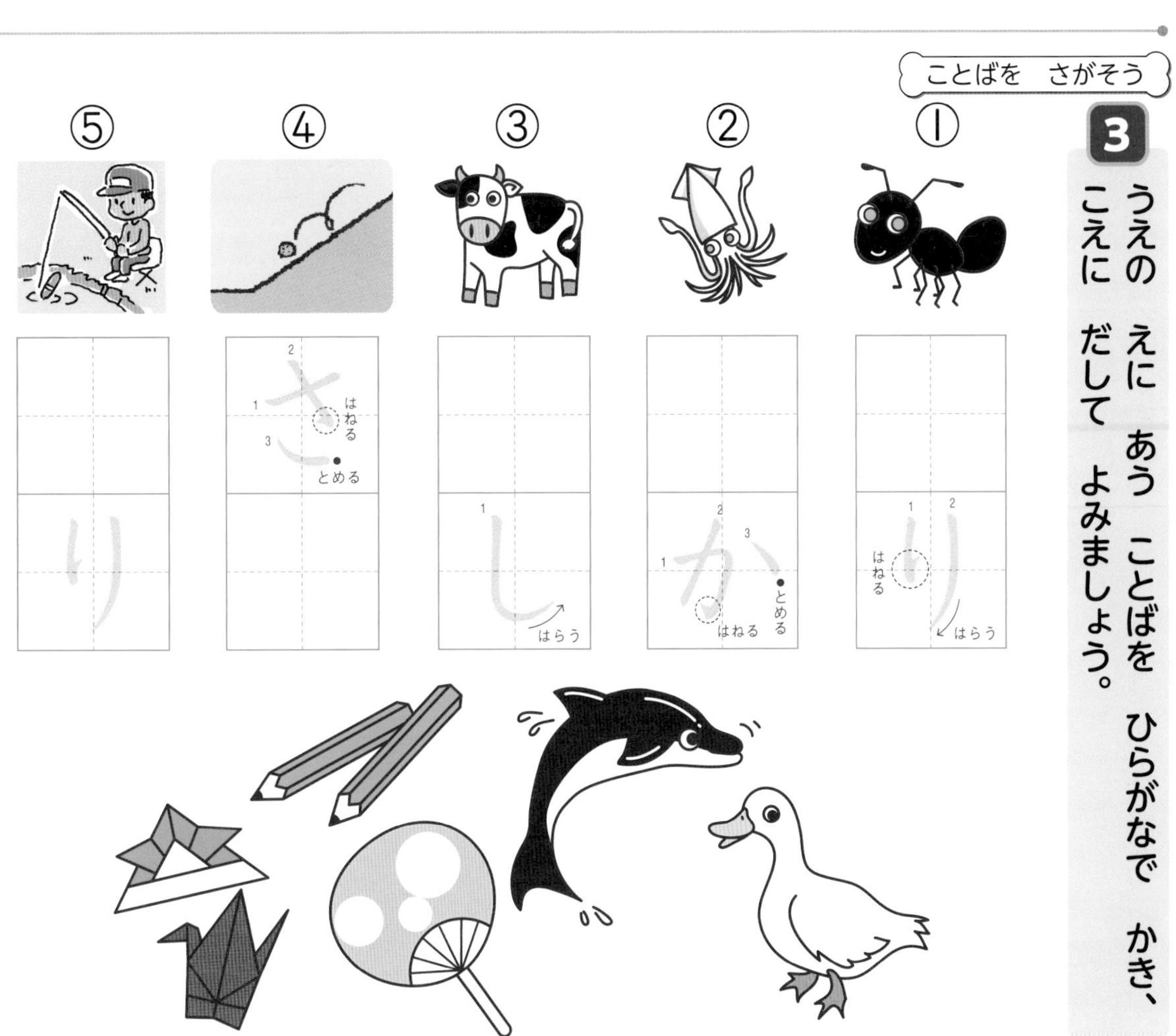

ぴったり1 じゅんび

はなの みち

めあて
★おはなしの ばめんを そうぞうしながら、こえに だして よもう。
★くまさんが やった ことを おもいうかべよう。

がくしゅうび　　月　　日

きょうかしょ　上30〜37ページ

こたえ　4ページ

1 きょうかしょの おはなしには だれが でて きますか。ふたつに ○を つけましょう。

（　）くまさん　（　）さるさん

（　）ぶたさん　（　）りすさん

2 くまさんは りすさんに なにを ききに いきましたか。ひとつに ○を つけましょう。

あ（　）はなの こと。

い（　）ふくろの なかみの こと。

3 うえの ことばに つながるように、［　］から ことばを えらんで かきましょう。

① くまさんが、（　　　　）。

② かぜが、（　　　　）。

③ いっぽんみちが、（　　　　）。

できました
いきました
ふきはじめました

4 ぶんしょうを　よんで、こたえましょう。

くまさんが、
ふくろを
みつけました。
「おや、なにかな。
いっぱい
はいって　いる。」

くまさんが、
ともだちの
りすさんに、
ききに　いきました。

おか　のぶこ「はなの　みち」より

(1) ものがたりの　はじめで　くまさんは、なにを　しましたか。ひとつに　○を　つけましょう。

あ（　）ふくろを　つくった。
い（　）ふくろを　みつけた。

(2) 「　」の　ところは、だれが　いった　ことばですか。

(3) くまさんは、りすさんに　なにを　ききに　いきましたか。ひとつに　○を　つけましょう。

あ（　）ふくろに　いっぱい　はいって　いるのは　なにか。
い（　）ふくろに　いっぱい　いれたのは　だれか。

ぴったり1 じゅんび

3分でまとめ

としょかんへ　いこう
かきと　かぎ

めあて
★としょかんの　きまりを　まなぼう。
★「゛」と「゜」の　つかいかたを　おぼえよう。

がくしゅうび　月　日

きょうかしょ　上38〜41ページ

こたえ　4ページ

1 としょかんは　どんな　ところですか。ふたつに　○を　つけましょう。

あ（　）ほんを　たのしむ　ところ。
い（　）ともだちと　かくれんぼを　する　ところ。
う（　）ほんが　たくさん　ある　ところ。
え（　）おおきな　こえで　ともだちと　はなす　ところ。

2 としょかんで　きを　つける　ことに、ひとつ　○を　つけましょう。

あ（　）ほんを　よんだら、そのまま　だして　おく。
い（　）ほんを　よんだら、もとの　たなに　もどす。

3 としょかんに　はいる　まえと　でた　あとに　する　ことを　せんで　むすびましょう。

てを　・

・たたく　・あらう

4 としょかんの　ほんの　よみかたを　せんで　むすびましょう。

ほんを　・

・ていねいに　めくる　・いそいで　めくる

5 えに　あう　ことばを　ひらがなで　かきましょう。

①

る

↓

ざ

②

き　はねる　とめる

↓

ぎ

③

ま　とめる

と　とめる

↓

ど

④

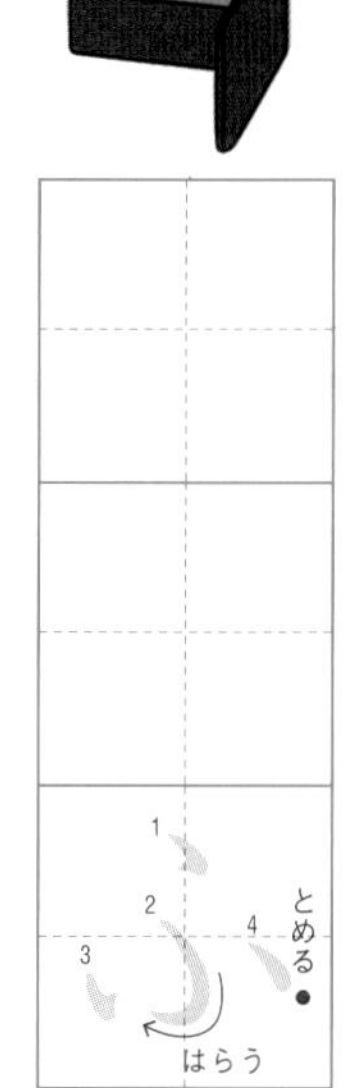

ふ　とめる　はらう

⑤

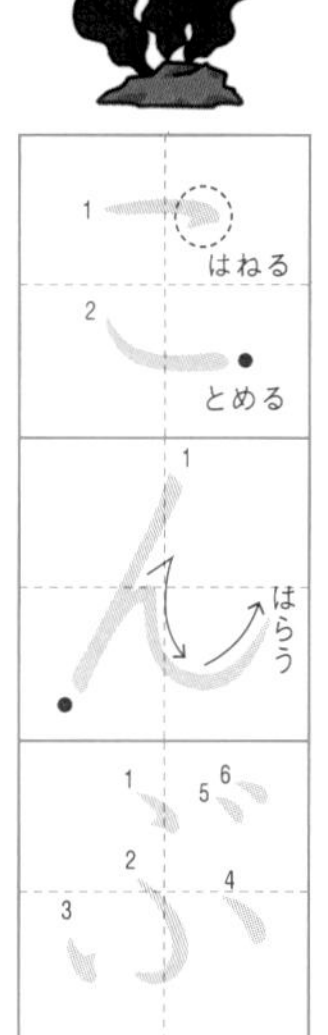

こ　はねる　とめる

ん　はらう

ぶ

⑥

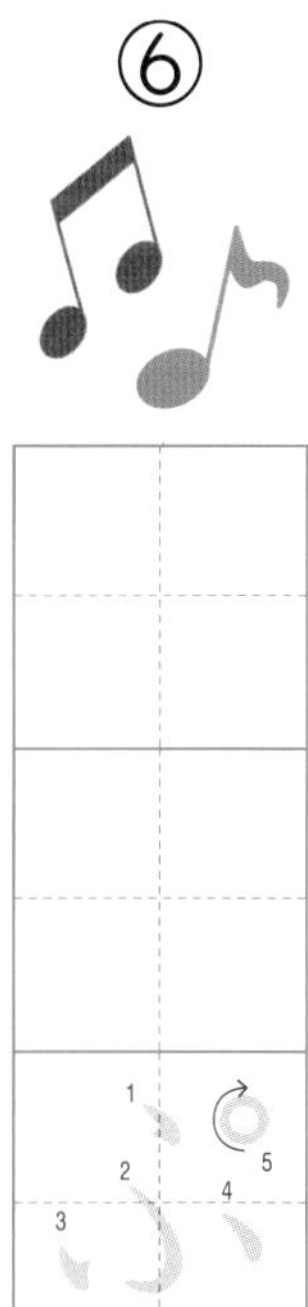

ぷ

「゛」と「゜」の　ちがいに　きを　つけよう。

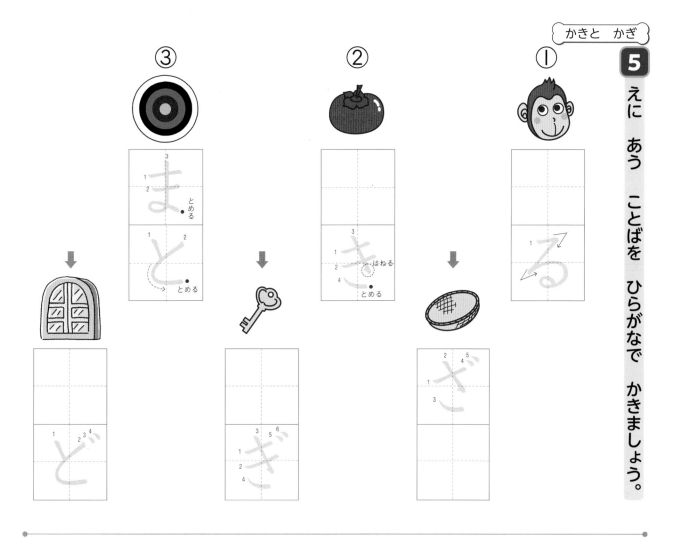

ぶんを　つくろう
ねこと　ねっこ

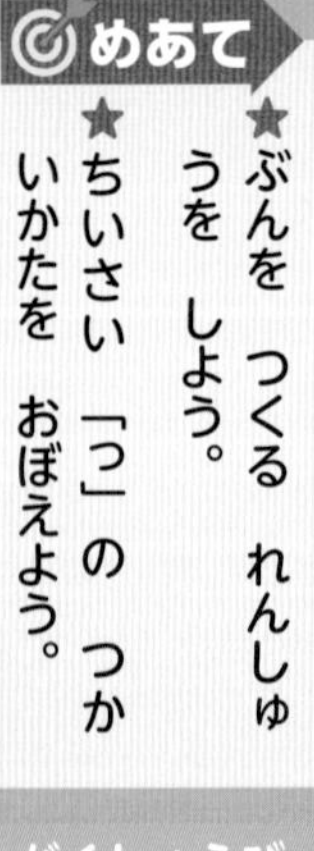

めあて
★ぶんを　つくる　れんしゅうを　しよう。
★ちいさい　「っ」の　つかいかたを　おぼえよう。

がくしゅうび
月　日
きょうかしょ
上42〜45ページ
こたえ
5ページ

ぶんを　つくろう

1 えを　みて　ぶんを　つくりましょう。

① 
つねが
は。

② 
たぬは
る。

ぶんの　おわりには、まる（。）を　つけるよ。

2 えに　あう　ことばを　ひらがなで　かきましょう。

③
すは
ぶ。

④
わ
びがく。

へびが　すすむ。

3

えに　あう　ことばを　ひらがなで　かき、こえに　だして　よみましょう。

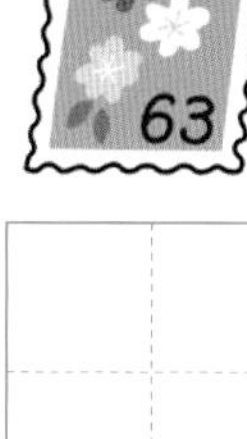
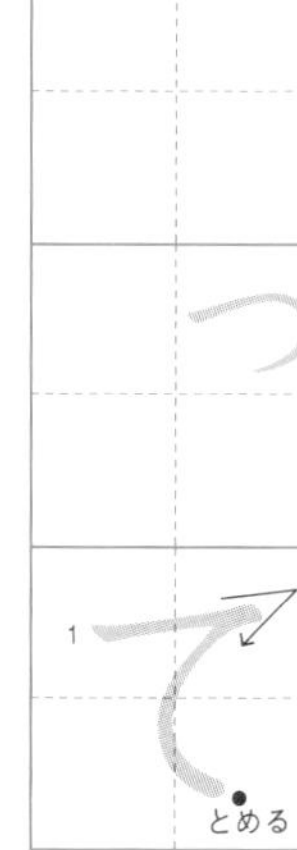

っ
て（とめる）

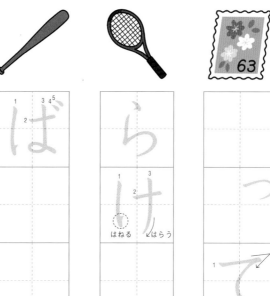

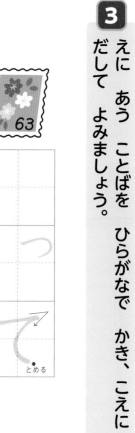

ら
け（はねる・はらう）
と

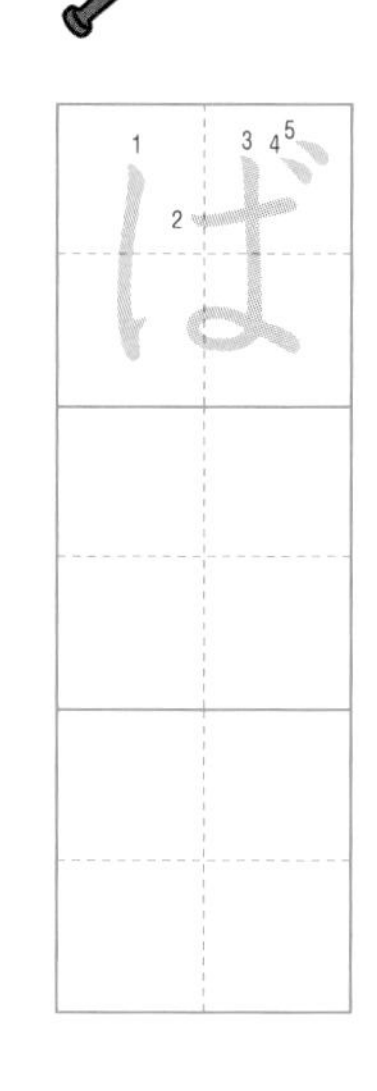

ば

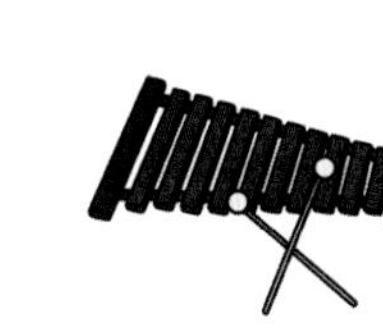

も（はらう）
き

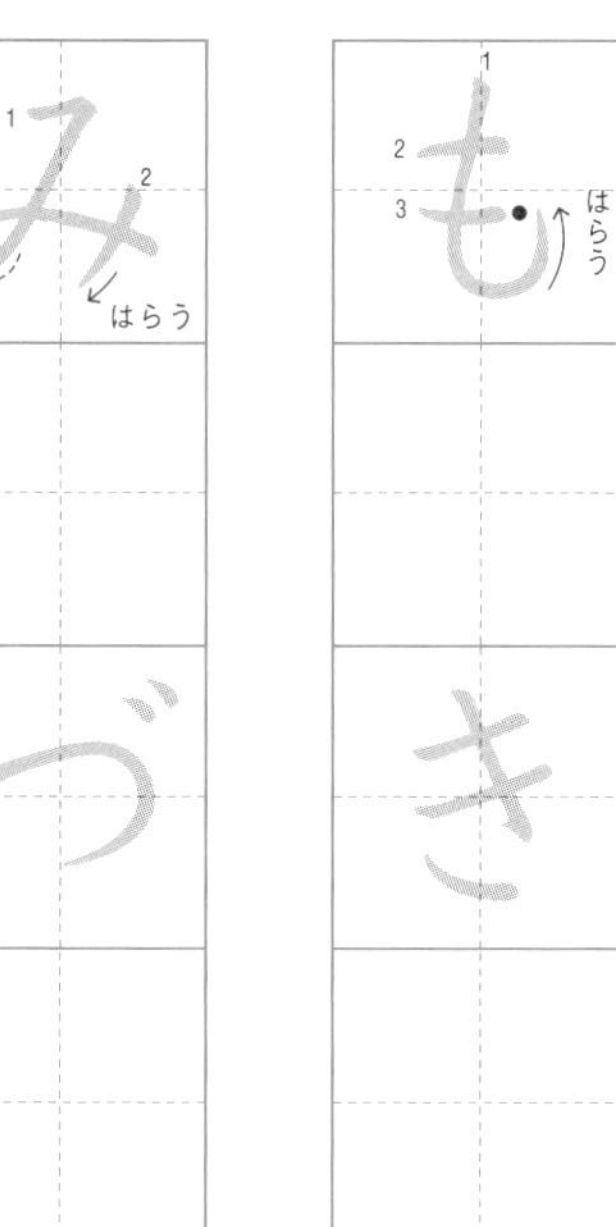

み（はらう）
づ

4

つぎの　ことばを　こえに　だして　よみましょう。
よんでから　「は・ば・ぱ」を　かきましょう。

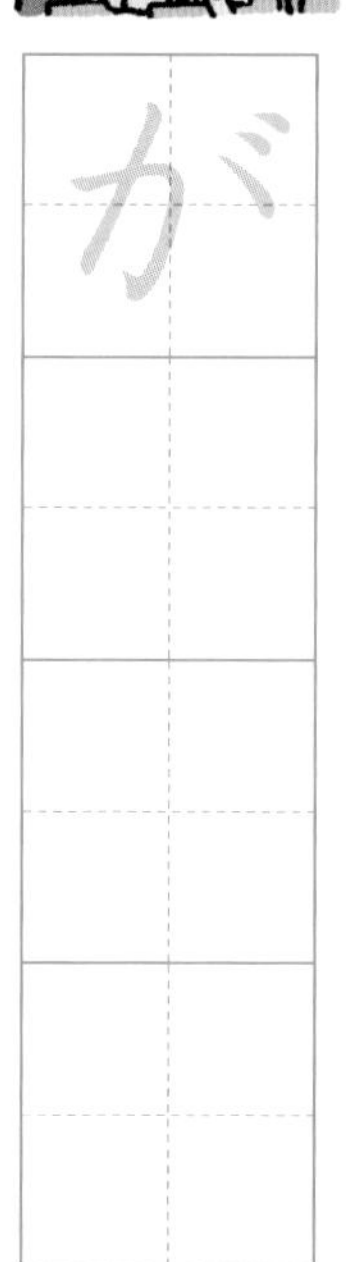

が

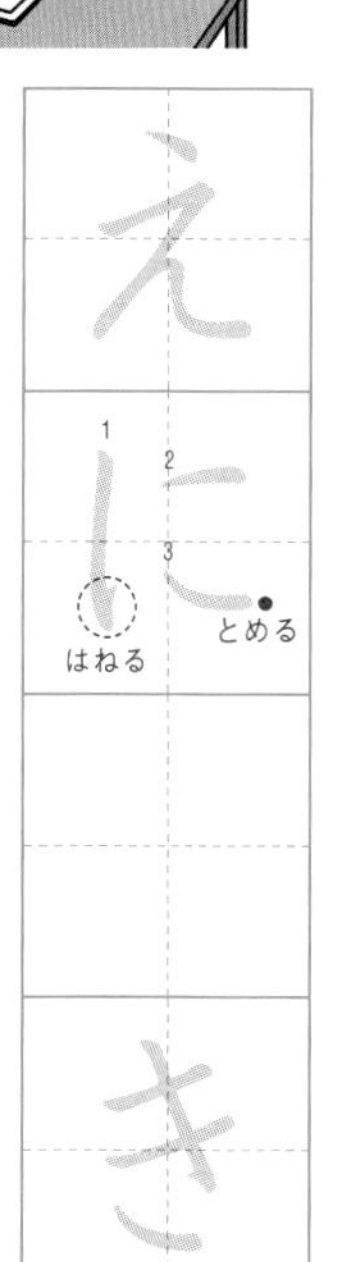

え
に（はねる・とめる）
き

を（とめる）
か
く
。

はらっぱ
ばった

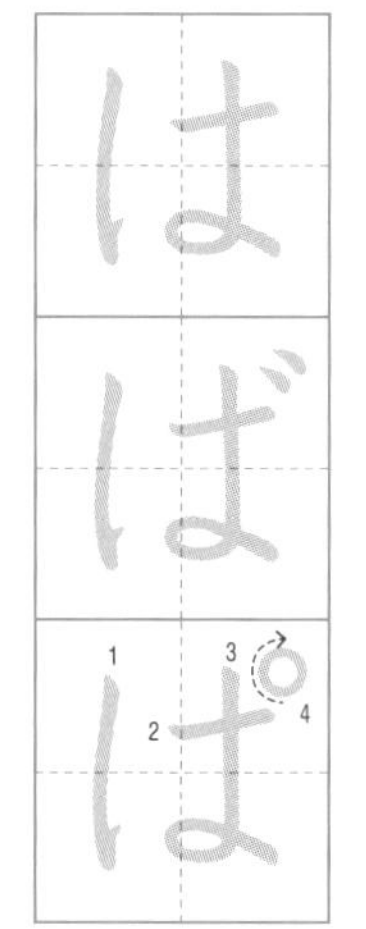

は
ば
ぱ

ぴったり1 じゅんび

わけを　はなそう　おばさんと　おばあさん

3分でまとめ

わけを　はなそう

1 どうぶつが　みたい　わけを　かきましょう。

① ぞうが　みたいです。
どうして　かと　いうと
[　　] が　ながい
からです。

② きりんが　みたいです。
どうして　かと　いうと
[　　　] が　ながい
からです。

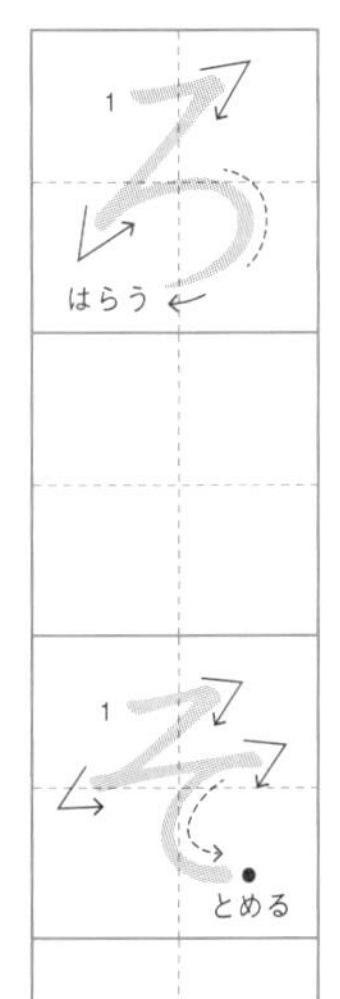

おばさんと　おばあさん

2 えに　あう　ことばを　ひらがなで　かき、こえに　だして　よみましょう。

① 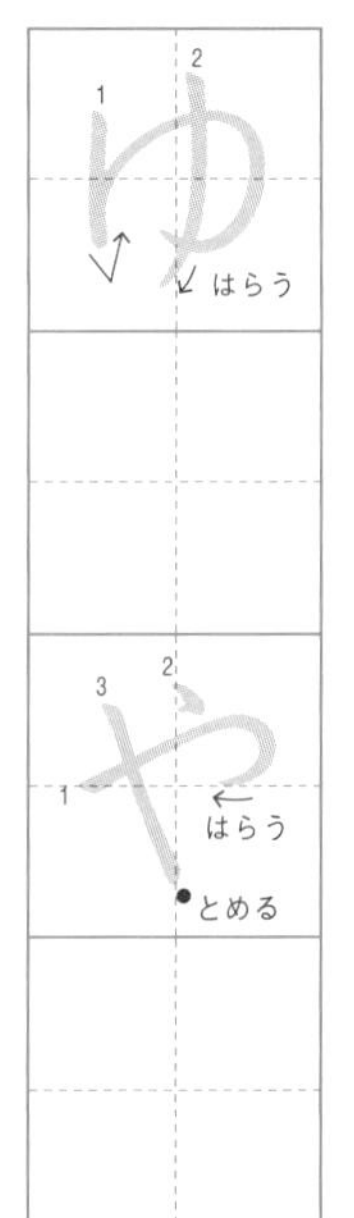

② 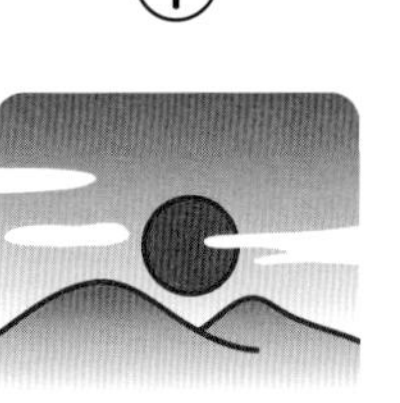

③ 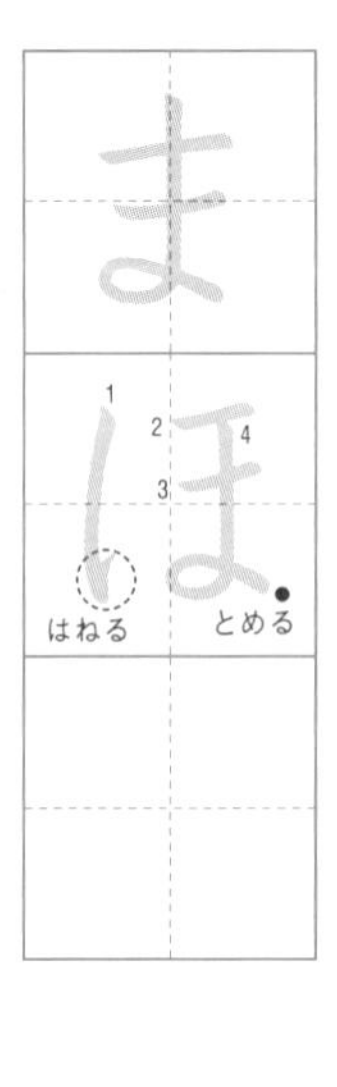

④ 

めあて
★みたい　わけを　つたえよう。
★のばす　おとの　かきかたを　れんしゅうしよう。

がくしゅうび
月　日

きょうかしょ
上46～49ページ

こたえ
5ページ

3

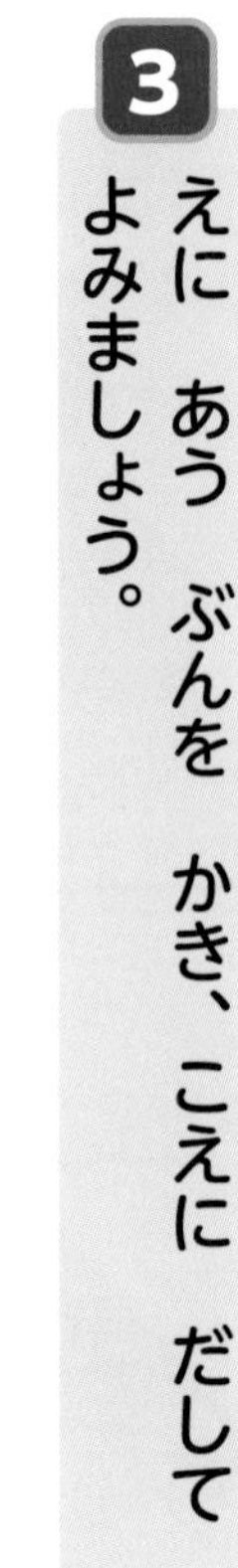

えに　あう　ぶんを　かき、こえに　だして　よみましょう。

4

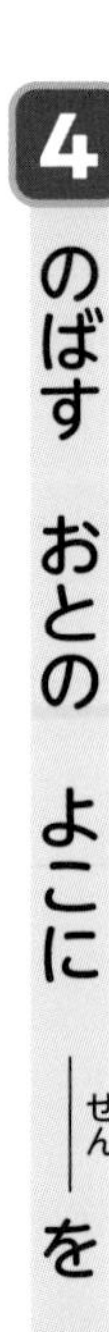

のばす　おとの　よこに　―（せん）を　ひきましょう。

① おかあさん

② おにいさん

③ おとうと

④ おねえさん

5

つぎの　ことばの　うち、かきかたの　ただしい　ほうに　○を　つけましょう。

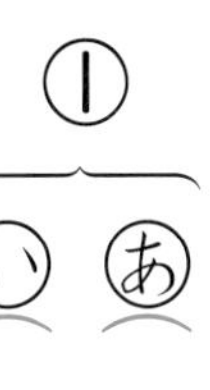

① あ（　）ほうき　い（　）ほおき

② あ（　）せんせい　い（　）せんせえ

③ あ（　）こおり　い（　）こうり

④ あ（　）おおさま　い（　）おうさま

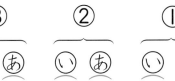

ぴったり1 じゅんび

あいうえおで あそぼう

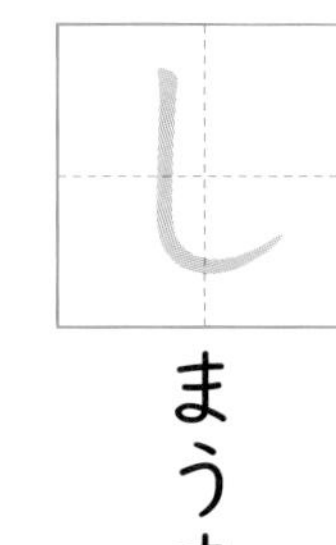

めあて
★「あ」～「ん」の ひらがなを じゅんに おぼえよう。
★しりとりで ひらがなを れんしゅうしよう。

がくしゅうび 月 日

きょうかしょ 上50～53ページ

こたえ 6ページ

1 えに あう ひらがなを かきましょう。

① さしすせそ

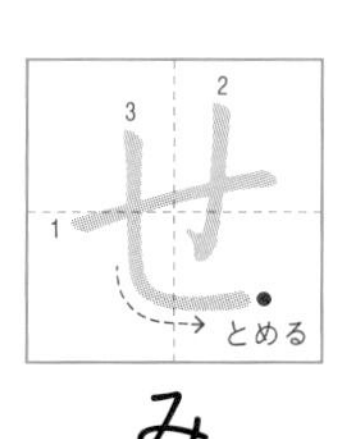

（し）まうま

（せ）み

② なにぬねの

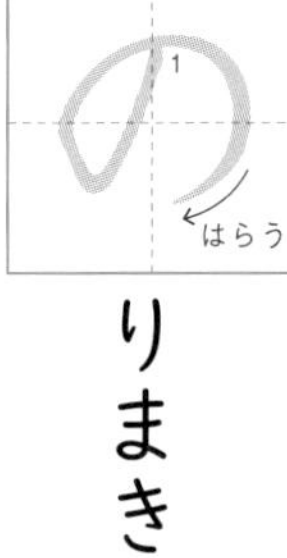

（な）す

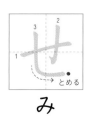

（の）りまき

③ まみむめも

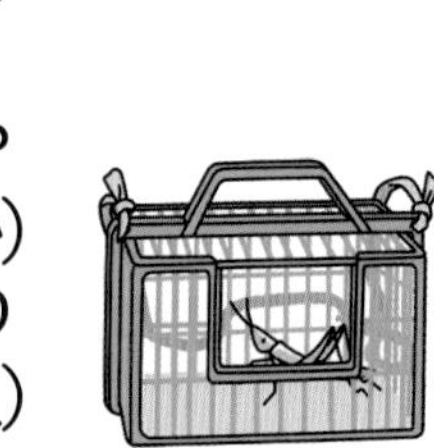

（む）しかご

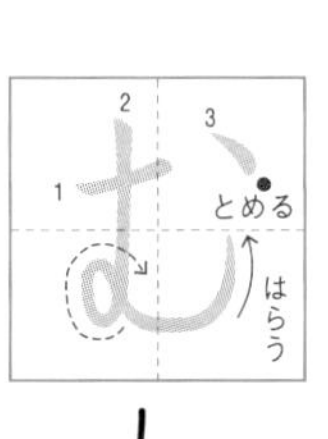

（め）がね

④ や(い)ゆ(え)よ

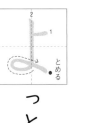

（よ）っと

⑤ らりるれろ

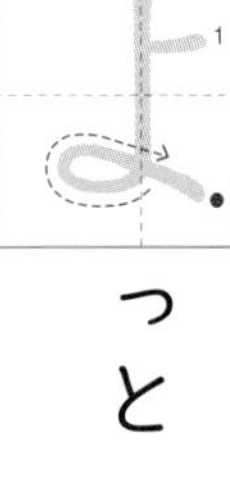

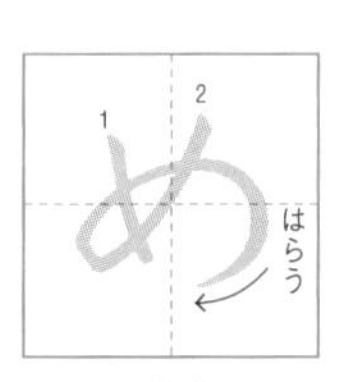
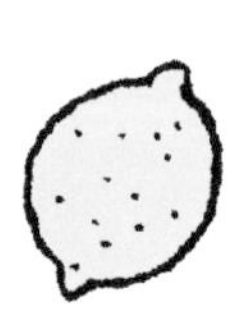
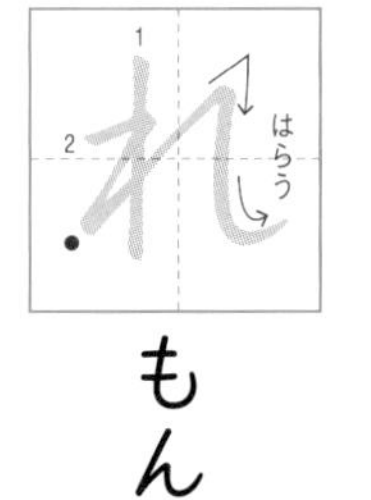

（れ）もん

2 こえに だして リズム（りずむ）よく よんで みましょう。

あいうえおで あそぼう

なかがわ ひろたか

あやとり いすとり あいうえお
かきの み くわの み かきくけこ
さんかく しかく さしすせそ
たこいと つりいと たちつてと
なのはな のの はな なにぬねの
はるの ひ ふゆの ひ はひふへほ
まつむし みのむし まみむめも
やかん ようかん やいゆえよ
らんらん るんるん らりるれろ
わくわく わいわい わいうえを
ん

3 えを みて しりとりに なる ひらがなを かきましょう。

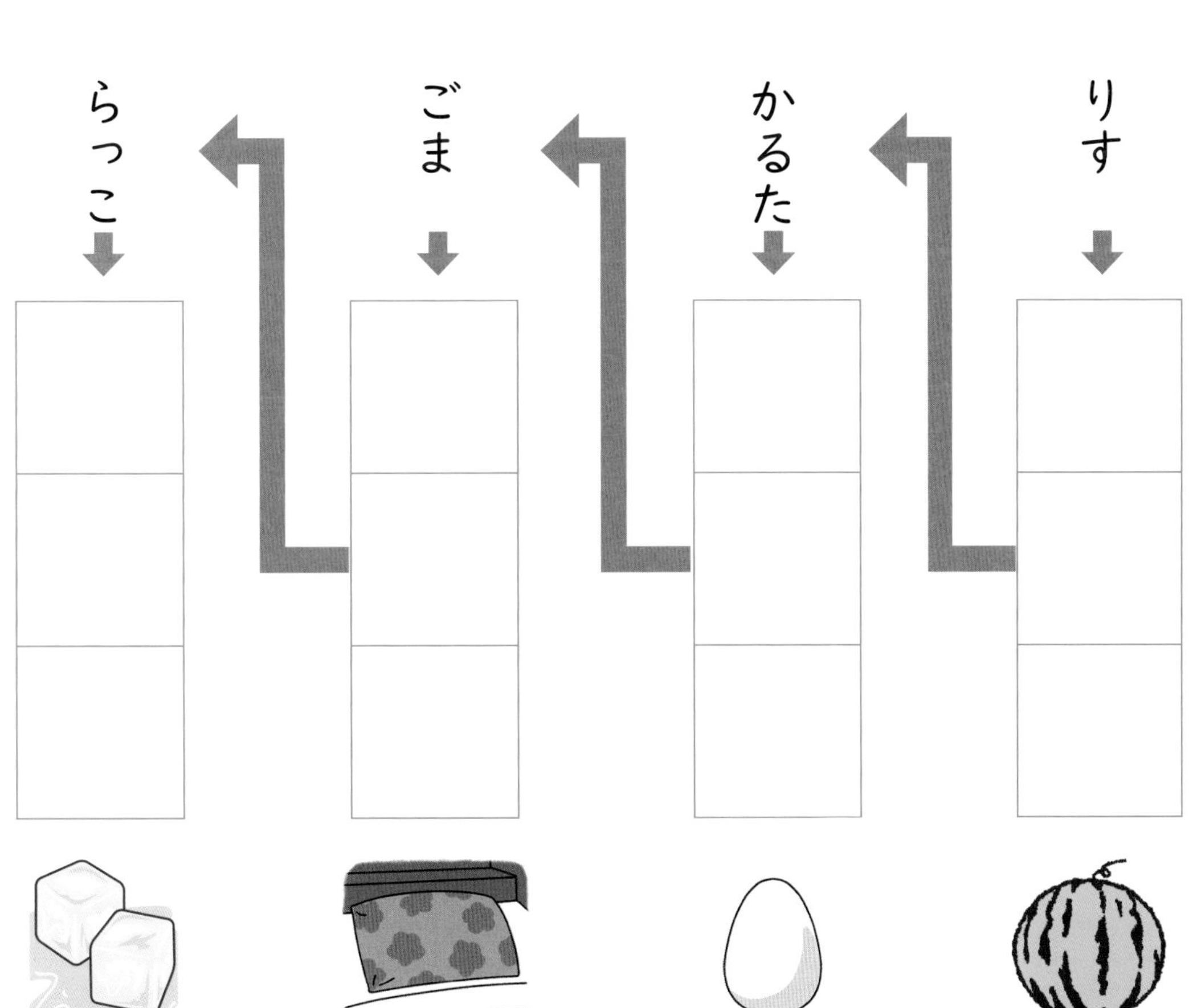

ぴったり1 じゅんび

つぼみ

1 うえの せつめいに あう えを ──(せん)で むすびましょう。

さきが ねじれた つぼみ。

ふうせんのような かたちを した つぼみ。

おおきく ふくらんだ つぼみ。

2 ただしい いみに ○を つけましょう。

① ねじれた ところが ほどける。

あ（　）とけて はなれる。

い（　）かたく かたまる。

② さまざまな ほうこうに ひろがる。

あ（　）きまった ところ。

い（　）いろいろな むき。

3 つぎの ぶんしょうを よんで、しつもんを して いる ぶんの よこに ──(せん)を ひきましょう。

あさ さいた はなです。
これは、なんの はなでしょう。
これは、あさがおの はなです。

〔写真提供：ピクスタ／シンコーフォト〕

めあて

★ぶんしょうを しっかり よもう。

★ぶんしょうの もんだいに こたえよう。

がくしゅうび　月　日

きょうかしょ　上54〜61ページ

こたえ　6ページ

4 ぶんしょうを　よんで　こたえましょう。

さきが　ねじれた
つぼみです。
これは、
なんの　つぼみでしょう。

これは、あさがおの
つぼみです。
ねじれた　ところが
ほどけて、
だんだんと　ひろがって
いきます。
そして、
まるい　はなが
さきます。

かわきた　あつし「つぼみ」より

(1) ここに　でて　くるのは、どんな
つぼみですか。

さきが　[　　　　]
つぼみ。

(2) ここに　でて　くるのは、なんの
つぼみですか。

[　　　　]の
つぼみ。

(3) 「ねじれた　ところが　ほどけて」、
どうなりますか。

まるい　[　　]が
さきます。

おもちゃと　おもちゃ おおきく　なった

3分でまとめ

めあて

★「や」「ゆ」「よ」の　かきかたを　おぼえよう。
★かんさつした　ことを　かこう。

がくしゅうび　月　日
きょうかしょ　上62〜65ページ
こたえ　7ページ

1 えに　あう　ことばを　ひらがなで　かき、こえに　だして　よみましょう。

①　ちゃ
②　しゃ
③　しゅ
④　しょ

2 ひらがなの　つかいかたが　ただしい　ほうに　○を　つけましょう。

①　あ（　）ぎゅうにゅう　い（　）ぎゅうにゆう
②　あ（　）じてんしや　い（　）じてんしゃ
③　あ（　）じゃんけん　い（　）じやんけん
④　あ（　）きゅうしよく　い（　）きゆうしょく
⑤　あ（　）としよかん　い（　）としょかん

「や」「ゆ」「よ」と「ゃ」「ゅ」「ょ」の　ちがいに　きを　つけよう。

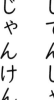

3 つぎの　カード（かあど）を　おてほんに　して、しょくぶつを　みて　きづいた　ことを　あとの　カードに　かきましょう。

つぼみができた

6がつ29にち

かねこ　しのぶ

かず
ふたつ。
かたち
とがっている。
いろ
さきがすこし
あかい。

「おおきく　なった」より

あさがおなど、あなたの　まわりで　せいちょうして　いる　しょくぶつを　よく　みて、きづいた　ことを、あとの　カードに　かいて　みよう！

だい

※えを　かきましょう

がつ　　にち

なまえ

「おおきさ」「かず」　など

「かたち」「てざわり」　など

「いろ」　など

つぼみ～おおきく なった

じかん 20 ぷん
／100
ごうかく 80 てん

がくしゅうび　月　日
きょうかしょ 上54～65ページ
こたえ 7ページ

ぶんしょうを　よんで、こたえましょう。　思考・判断・表現

おおきく　ふくらんだ
つぼみです。
これは、
なんの　つぼみでしょう。

これは、はすの
つぼみです。
いちまい　いちまいの
はなびらが、
はなれて　いきます。
そして、さまざまな
ほうこうに　ひろがって、
はなが　さきます。

1 はすの　つぼみは　どんな　つぼみです
か。ひとつに　○を　つけましょう。　15てん
あ（　）ほそく　とがった　つぼみ。
い（　）ちいさくて　まるい　つぼみ。
う（　）おおきく　ふくらんだ　つぼみ。

2 はすの　はなは　どのように　さきます
か。ひとつに　○を　つけましょう。　15てん
あ（　）ひろがって　まるく　さく。
い（　）はなびらが　はなれて　さく。
う（　）はなびらが　われて　さく。

3 ききょうの　つぼみは、どんな　かたち
ですか。　15てん

［　　　　］のような

〔写真提供：ピクスタ／シンコーフォト〕

ふうせんのような
かたちを　した
つぼみです。
これは、
なんの　つぼみでしょう。

これは、ききょうの
つぼみです。
さきの　ほうから
いつつに　わかれて、
ひらいて　いきます。
そして、とちゅうからは
つながった　まま、
はなが　さきます。

かわきた　あつし「つぼみ」より

かたち。

4 いくつに「わかれて、ひらいて」いくのですか。すうじで　かきましょう。 15てん

□つ

できたらスゴイ!

5「とちゅう」からは、どのようにさきますか。ひとつに　○を　つけましょう。 15てん

あ（　）たくさん　わかれて　さく。
い（　）つながった　まま　さく。
う（　）まるまって　さく。

よく出る

6 しつもんを　して　いる　ぶんを　かきぬきましょう。 25てん

（　　　　）

ぴったり1 じゅんび

おおきな　かぶ

（ロシアの　みんわ）／さいごう　たけひこ　やく

めあて
★おはなしを　たのしんで　よもう。
★おはなしに　でてくる　ひとや　どうぶつの　こうどうを　よみとろう。

がくしゅうび　月　日
きょうかしょ　上66～77ページ
こたえ　8ページ

1 おはなしに　でて　くる　ひとや　どうぶつを　かくにんしましょう。

おじいさん

おばあさん

まご

いぬ

ねこ
ねずみ

2 おじいさんは、なにを　まきましたか。

かぶの　［　　］。

3 かぶを　ひっぱる　ときに　いった　かけごえに　○を　つけましょう。

あ（　）よいしょ、こらしょ。
い（　）がんばるぞ、ひきぬくぞ。
う（　）うんとこしょ、どっこいしょ。

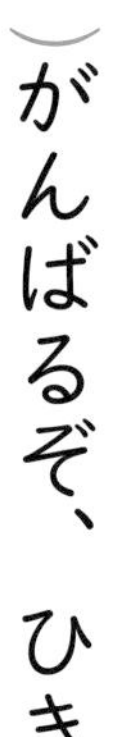

4 ただしい　いみに　○を　つけましょう。

① とてつもなく　おおきい　いわ。
あ（　）とても　おおきい。
い（　）それほど　おおきく　ない。

② やっと　いえに　ついた。
あ（　）すぐに。　い（　）ようやく。

5 おはなしの じゅんじょに そって、それぞれの ときに かぶを いっしょに ひっぱった ひとや どうぶつを ○で かこみましょう。「ぬけた。」か 「ぬけない。」かも ○で かこみましょう。

おおきな かぶが できた。

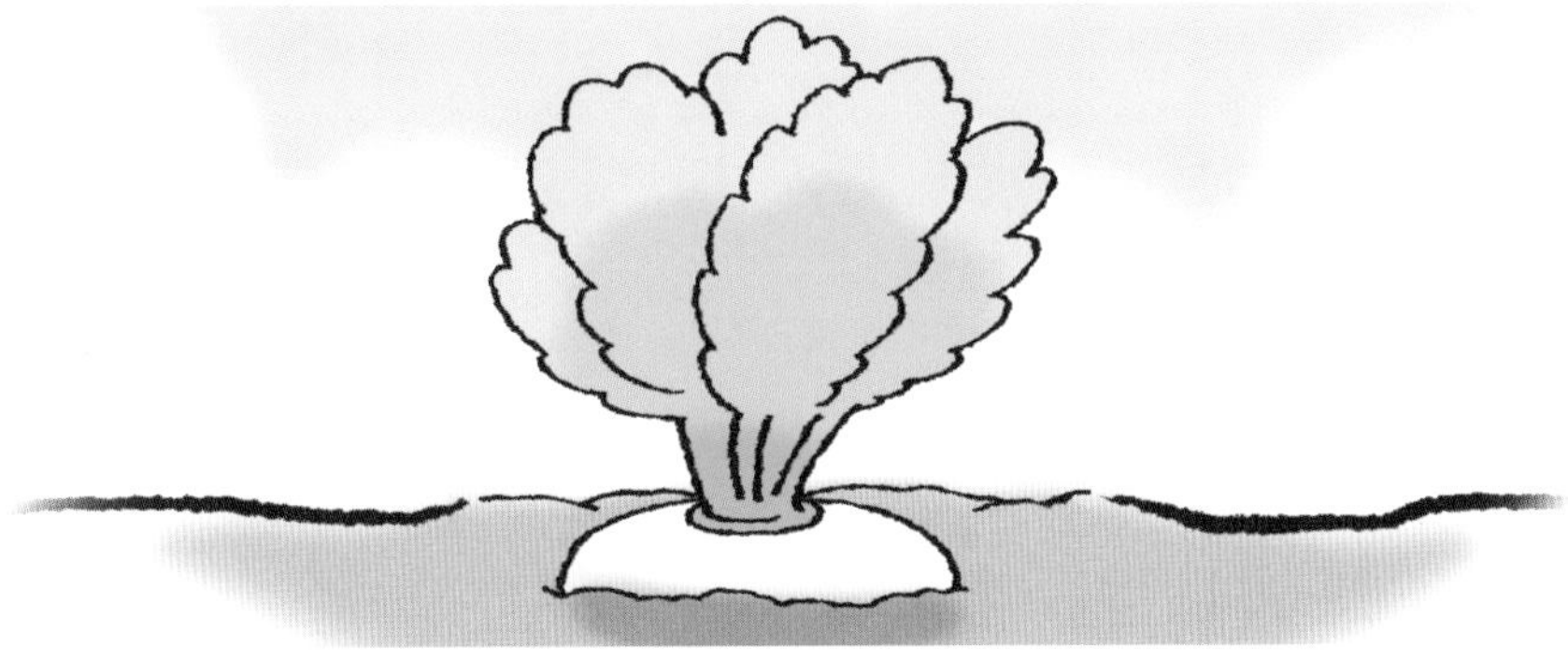

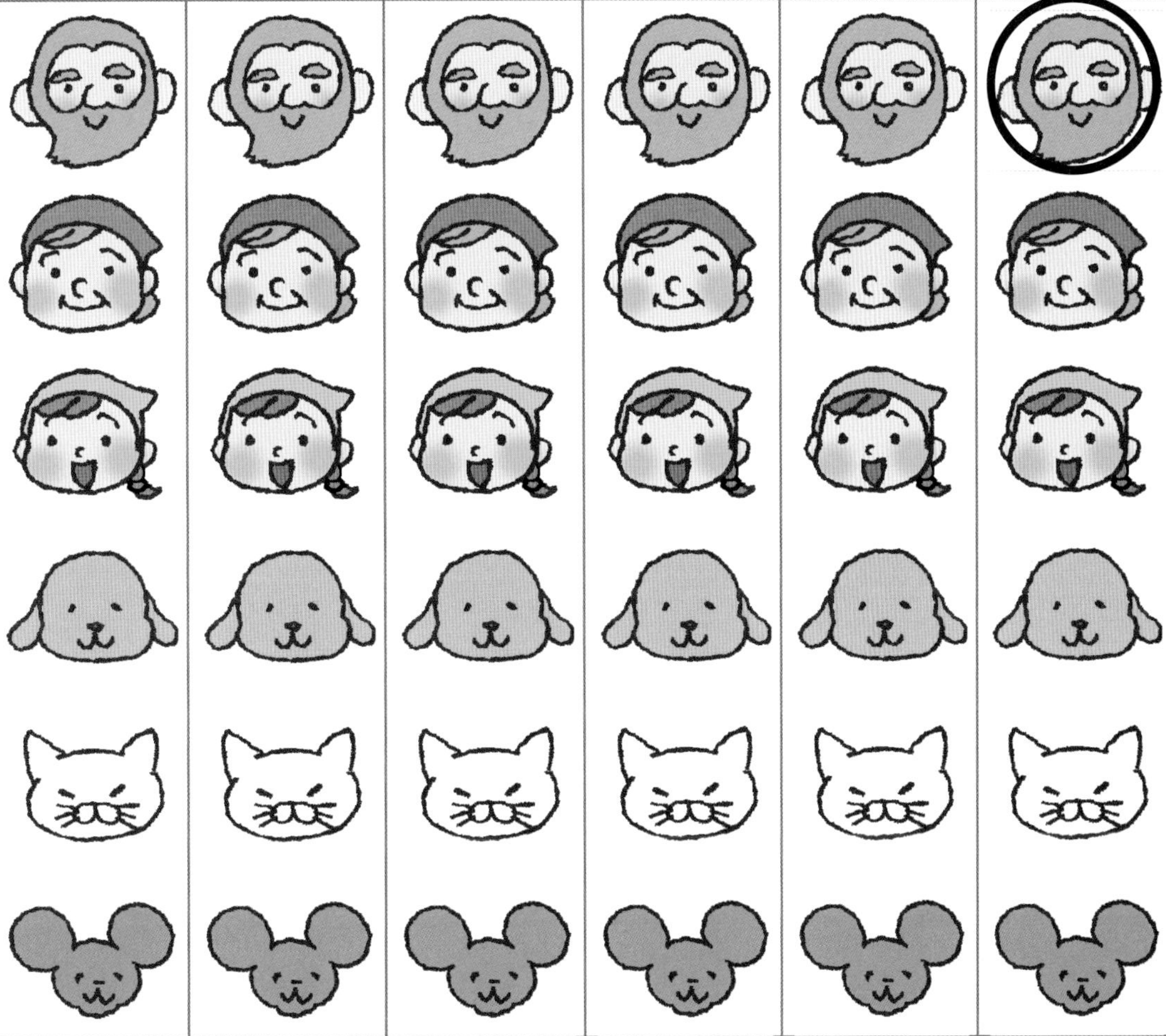

	1かいめ	2かいめ	3かいめ	4かいめ	5かいめ	6かいめ
おじいさん						
おばあさん						
まご						
いぬ						
ねこ						
ねずみ						
	かぶは ぬけた。 ぬけない。	かぶは ぬけた。 ぬけない。	かぶは ぬけた。 ぬけない。	かぶは ぬけた。 ぬけない。	かぶは ぬけた。 ぬけない。	かぶは ぬけた。 ぬけない。

ぴったり2 れんしゅう

おおきな　かぶ

ぶんしょうを　よんで、こたえましょう。

おじいさんが、かぶの
たねを　まきました。
「あまい　あまい
かぶに　なれ。
おおきな　おおきな
かぶに　なれ。」

あまい　あまい、
おおきな　おおきな
かぶに　なりました。

おじいさんは、かぶを
ぬこうと　しました。

1 おじいさんは、なにを　まきましたか。

［　　］の［　　］。

2 おじいさんは、どんな　かぶに　なって
ほしいと　おもいましたか。ふたつに
○を　つけましょう。

あ（　）おいしい　おいしい
い（　）あまい　あまい
う（　）にがい　にがい
え（　）ちいさな　ちいさな
お（　）おおきな　おおきな

ヒント　あう　もの　ふたつに　○を　つけるんだよ。

3 おじいさんは、なんと　いって　かぶを

がくしゅうび　　月　　日

きょうかしょ　上66〜77ページ

こたえ　8ページ

「うんとこしょ、どっこいしょ。」
けれども、かぶは　ぬけません。
　おじいさんは、
おばあさんを　よんで
きました。
　かぶを
おじいさんが
ひっぱって、
おじいさんを
おばあさんが
ひっぱって、
「うんとこしょ、
どっこいしょ。」
　それでも、
かぶは　ぬけません。

ロシア（ろしあ）の　みんわ／さいごう　たけひこ　やく「おおきな　かぶ」より

ひっぱりましたか。ぶんしょうから
かきぬきましょう。

「　　」

ヒント　くりかえし　でて　くる　ことばに　ちゅういしよう。

4　おじいさんは、だれを　よびましたか。

5　「うんとこしょ、どっこいしょ。」から、
どのように　ひっぱって　いる　ことが
わかりますか。ひとつに　○を　つけま
しょう。

あ（　）かるがると
い（　）そっと
う（　）ちからを　いれて

Ⓗをへを　つかおう

すきな　こと、なあに

1 つぎの　ふたつの　ぶんから、ひとつの　ぶんを　つくりましょう。

①
・かめは　あらう。
・かおを　あらう。

［　　］は、［　　］を　あらう。

②
・かには　かえる。
・いえへ　かえる。

［　　］は、［　　］へ　かえる。

2 ―せんの　ひらがなの　つかいかたが　ただしい　ほうに　○を　つけましょう。

① あ（　）あれわ、はとです。
　 い（　）あれは、はとです。

② あ（　）おにごっこを　しました。
　 い（　）おにごっこお　しました。

③ あ（　）ほんお　よむ。
　 い（　）ほんを　よむ。

④ あ（　）ぼくは、へやへ　はいる。
　 い（　）ぼくは、へやえ　はいる。

⑤ あ（　）わたしわ、いちねんせいです。
　 い（　）わたしは、いちねんせいです。

めあて
★「は」「を」「へ」の　つかいかたを　おぼえよう。
★ぶんを　ただしく　かこう。

がくしゅうび　　月　　日

きょうかしょ　上78～83ページ

こたえ　9ページ

3 □に　あう　ことばを、あとの　◯から　えらんで　かきましょう。

ぼくは、こうえんで　あそぶ
（　　　）が　すきです。
（　　　）かと　いうと、
ぶらんこや　てつぼうで
あそぶと、たのしい
（　　　）です。

どうして　から
こと

4 □に　あてはまる「、」や「。」を　いれて、つぎの　ぶんを　げんこうようしに　かきましょう。

わたしは□はしることがすきです□
かけっこが□たのしいからです□

げんこうようしに
かく　ときは、
いちますめを　あけて
かきはじめよう。

おおきな かぶ ～ すきな こと、なあに

じかん20ぷん
／100
ごうかく80てん

がくしゅうび　月　日
きょうかしょ 上66～83ページ
こたえ 9ページ

ぶんしょうを よんで、こたえましょう。 思考・判断・表現

いぬは、ねこを よんで きました。
かぶを
おじいさんが ひっぱって、
おじいさんを
おばあさんが ひっぱって、
おばあさんを
まごが ひっぱって、
まごを
いぬが ひっぱって、
いぬを
ねこが ひっぱって、
「うんとこしょ、どっこいしょ。」
なかなか、かぶは ぬけません。

1 ねこは だれに よばれて きましたか。ひとつに ○を つけましょう。 15てん

あ（　）おじいさん
い（　）ねずみ
う（　）いぬ

よく出る

2 この おはなしに でて くるのは、なんにんと なんびきですか。（　）に ひらがなを かきましょう。 15てん

（　　）にんと、（　　）びき。

できたらスゴイ!

3 かぶを ひっぱった じゅんに ばんごうを かきましょう。 20てん

（1）おじいさん　（　）ねずみ
（　）まご　（　）おばあさん
（　）いぬ　（　）ねこ

ねこは、ねずみを　よんで　きました。
かぶを　おじいさんが　ひっぱって、
おじいさんを　おばあさんが　ひっぱって、
おばあさんを
まごが　ひっぱって、
まごを
いぬが　ひっぱって、
いぬを
ねこが　ひっぱって、
ねこを
ねずみが　ひっぱって、
「うんとこしょ、
どっこいしょ。」

とうとう、
かぶは　ぬけました。

ロシアの　みんわ／さいごう　たけひこ　やく「おおきな　かぶ」より

4 かぶを　ひっぱる　ときの　みんなの　ようすに　ついて、ひとつに　○を　つけましょう。 15てん

あ（　）たのしく　えがおで　ひっぱる。
い（　）ちから　いっぱい　ひっぱる。
う（　）しずかに　やさしく　ひっぱる。

5 「とうとう」と　おなじ　いみの　ことばを　えらんで、ひとつに　○を　つけましょう。 15てん

あ（　）やっぱり
い（　）やっと
う（　）まだまだ

かんがえを　かこう

6 かぶが　ぬけたのは　なぜですか。あなたの　かんがえを　かきましょう。 20てん

ぴったり1 **じゅんび**

おむすび ころりん
こんな ことが あったよ
としょかんと なかよし

めあて
★ことばの ひびきに きを つけて おはなしを よもう。
★あった ことを かく れんしゅうを しよう。
★としょかんの ほんの さがしかたを まなぼう。

がくしゅうび 月 日

きょうかしょ 上84～95ページ

こたえ 10ページ

おむすび ころりん

1 つぎの えに あうように、ことばを かきましょう。

① はたけを ＿＿＿＿。

② ＿＿＿ を すべらす。

③ ＿＿＿ を ふる。

としょかんと なかよし

2 としょかんで、ほんを さがします。あう ものを ―(せん)で むすびましょう。

こんな とき

- えほんを よみたい とき。
- ほんの なまえが わかって いる とき。
- いろいろな ほんの なかから おもしろい ほんを みつけたい とき。

さがしかた

- としょかんの ひとに きく。
- おすすめの ほんの コーナーに いく。

- えほんの コーナーに いく。

3

つぎの　〈した　こと〉を　みて、したの　にっきの　（　）に　あう　ことばを　いれましょう。

〈した　こと〉
・なつまつりに　いった。
・どようびに　いった。
・おじいちゃんと　いった。
・わたがしを　たべた。
・とても　おいしかった。

なつやすみの　まえに　した　ことや　みた　ことを、おなじように　かみに　かいて　みよう。

なつまつり　さとう　あゆみ

わたしは、（　　　）に　おじいちゃんと　なつまつりに　いきました。（　　　）を　たべました。（　　　）おいしかったです。

ぴったり2 れんしゅう

おむすび　ころりん

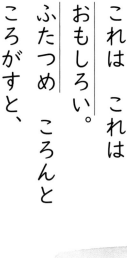

ぶんしょうを　よんで、こたえましょう。

のぞいて　みたが
まっくらで、
みみを　あてたら
きこえたよ。
おむすび　ころりん
すっとんとん。
ころころ　ころりん
すっとんとん。

これは　これは
おもしろい。
ふたつめ　ころんと
ころがすと、

1 おじいさんが「のぞいて　みた」のは、どこですか。ひとつに　○を　つけましょう。

あ（　）おばあさんが　いる　いえ。
い（　）おむすびが　とびこんだ　あな。
う（　）たくさんの　ねずみが　いる　もりの　なか。

2 おじいさんが「おもしろい。」と　おもった　こと　ひとつに　○を　つけましょう。

あ（　）あなの　なかが　まっくらな　こと。
い（　）おむすびが　ころがる　こと。
う（　）あなの　なかから、うたが　きこえて　きた　こと。

がくしゅうび　月　日
きょうかしょ　上84〜91ページ
こたえ　10ページ

きこえる　きこえる
おなじ　うた。
おむすび　ころりん
すっとんとん。
ころころ　ころりん
すっとんとん。

おなかが　すいてる
ことなんか、
わすれて　しまった
おじいさん。
うたに　あわせて
おどりだす。
おむすび　ころりん
すっとんとん。
ころころ　ころりん
すっとんとん。

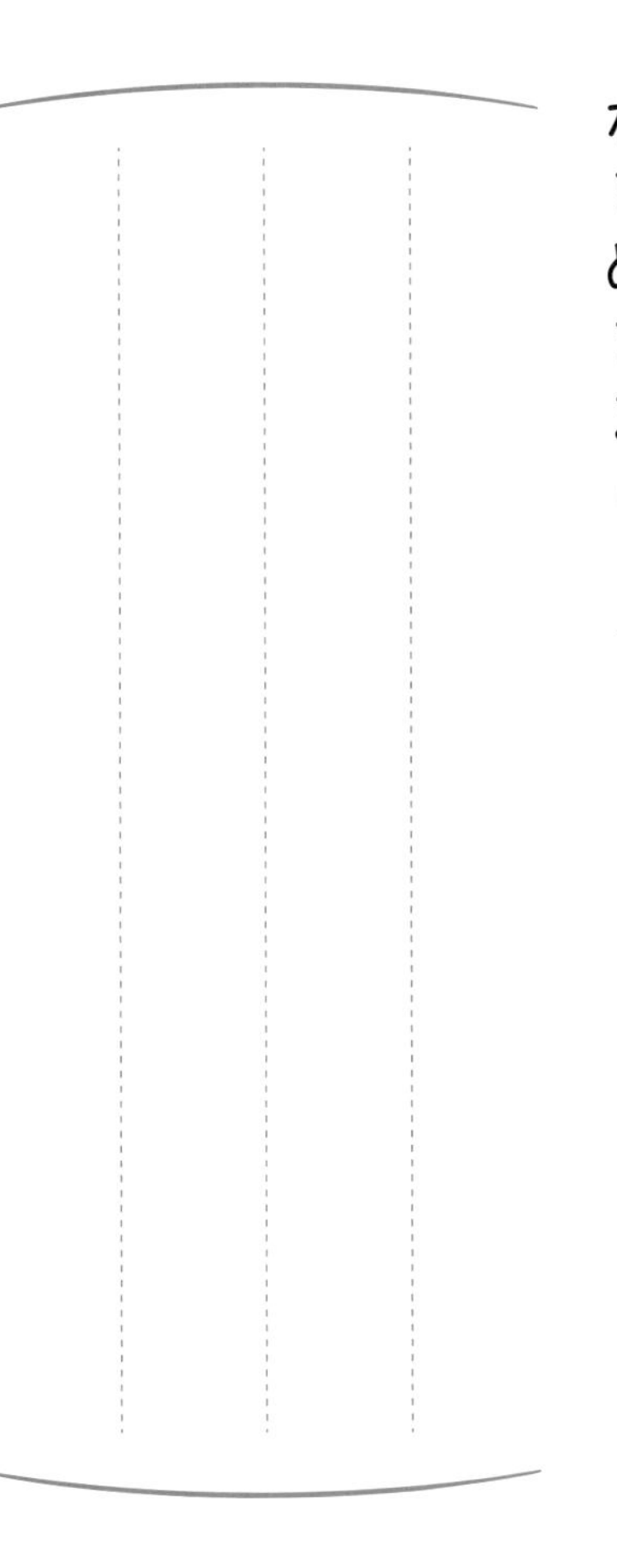

はそべ　ただし「おむすび　ころりん」より

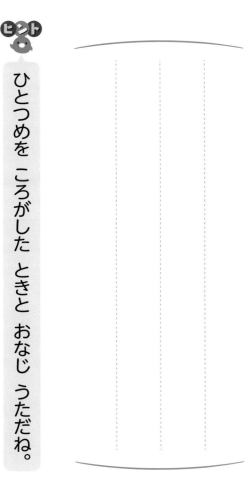

3 おじいさんは、「ふたつめ」の　なにを
ころがしましたか。

ヒント　うたの　ないようから　かんがえよう。

4 「おなじ　うた。」とは、どんな
うたですか。ぶんしょうから
かきぬきましょう。

ヒント　ひとつめを　ころがした　ときと　おなじ　うただね。

おむすび ころりん ～ としょかんと なかよし

じかん 20ぷん

／100

ごうかく 80てん

がくしゅうび 月 日

きょうかしょ 上84～95ページ

こたえ 11ページ

ぶんしょうを よんで、こたえましょう。 思考・判断・表現

とうとう あしを すべらせて、
じぶんも あなへ すっとんとん、
ねずみの おうちに とびこんだ。
おじいさん ころりん すっとんとん。

おむすび たくさん
ありがとう。
おいしい ごちそう
さあ どうぞ。
ねずみの おどりを
みて ください。
おれいに こづちを
あげましょう。

1 「じぶん」とは、だれの ことですか。ひとつに ○を つけましょう。 10てん

あ（ ）ねずみ
い（ ）おばあさん
う（ ）おじいさん

よく出る

2 「おむすび たくさん ありがとう。」と いったのは、だれですか。 15てん

（　　　　）

できたらスゴイ！

3 ねずみが、おじいさんに こづちを あげたのは なぜですか。ひとつに ○を つけましょう。 20てん

あ（ ）おどりを ほめて くれたから。
い（ ）あそびに きて くれたから。
う（ ）おむすびを くれたから。

おれいの　こづちを
てに　もって、
おうちに　かえって
おばあさんと、
おどった　おどった
すっとんとん。
こづちを　ふり　ふり
すっとんとん。

すると　どう　した
ことだろう。
こづちを　ふる　たび、
あれ　あれ　あれ、
しろい　おこめが
ざあらざら。
きんの　こばんが
ざっくざく。

はそべ　ただし「おむすび　ころりん」より

4 おじいさんは　こづちを　だれと　ふりましたか。　15てん

（　　　）

5 こづちを　ふる　たびに　なにが　でて　きましたか。ふたつ　かきぬきましょう。　ひとつ10てん(20てん)

かんがえを　かこう

6 こづちを　もらった　おじいさんは、どんな　きもちに　なったと　おもいますか。　20てん

（　　　）きもち。

この　ほんの　おわりに　ある「なつの　チャレンジテスト」を　やって　みよう！

ことばの　たいそう

こえを　あわせて　よもう
みんなに　しらせよう
ことばを　みつけよう

めあて
★ことばの　まとまりに　きを　つけて　しを　よもう。
★なつやすみに　した　ことを　かこう。
★ことばあそびを　たのしもう。

がくしゅうび
月　日

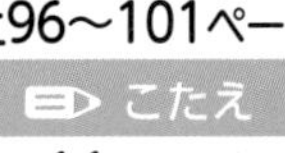
きょうかしょ
上96〜101ページ

こたえ
11ページ

1 しを　よんで、こたえましょう。

いちねんせいの　うた
なかがわ　りえこ

あおい　そらの　こくばんに
なに　かこう

うでを　のばし
ちからを　こめて
まっすぐ
いちねんせいの　一(いち)

ぼくも　かく
わたしも　かく
いちねんせいの　一
いちばん　はじめの　一

おひさま　みてる
かぜが　ふく

(1) いちねんせいの「一」を　どこに　かくと　いって　いますか。ひとつに　○を　つけましょう。

あ（　）きょうしつの　こくばん
い（　）あおい　そらの　こくばん
う（　）こくごの　ノート

(2) いちねんせいの「一」を　どのように　かくと　いって　いますか。

（　　　　）を　のばし、
（　　　　）を　こめて、
（　　　　）かく。

2

れいのように　なつやすみに　した　ことを　ひとつ　かきましょう。

れい

わたしは、かぶとむしを　とりに　やまへ　いきました。あさ、はやくに　おきました。たくさん　かぶとむしを　みつけました。とても　たのしかったです。

3

たて、よこ、ななめに、したの　えの　むっつの　やさいの　なまえが　かくれて　います。みつけて　（　）に　なまえを　かきましょう。

せ	こ	は	ら	や	か
に	ん	に	く	す	ぶ
ん	め	び	お	さ	み
じ	あ	け	り	ぐ	い
ん	ず	だ	い	こ	ん
と	う	も	ろ	こ	し

（　　）（　　）（　　）

（　　）（　　）（　　）

ぴったり1

じゅんび

おはなしを　たのしもう

やくそく
かたかなを　みつけよう

3分でまとめ

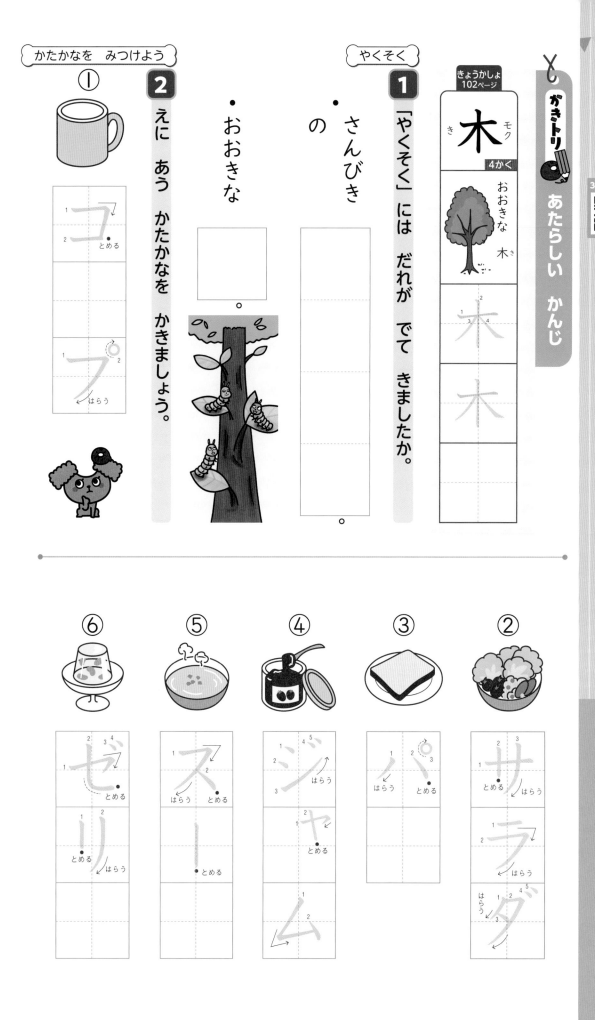

めあて
★かんじや　かたかなを　かいて　おぼえよう。
★おはなしの　ばめんを　おもいうかべながら　よもう。

がくしゅうび
月　日

きょうかしょ
上102〜111ページ

こたえ
12ページ

かきトリ
あたらしい　かんじ

きょうかしょ 102ページ

木（き・モク）4かく

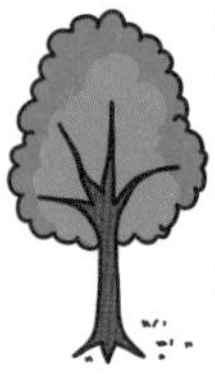

おおきな　木

やくそく

1 「やくそく」には　だれが　でて　きましたか。

・さんびき　の

・おおきな

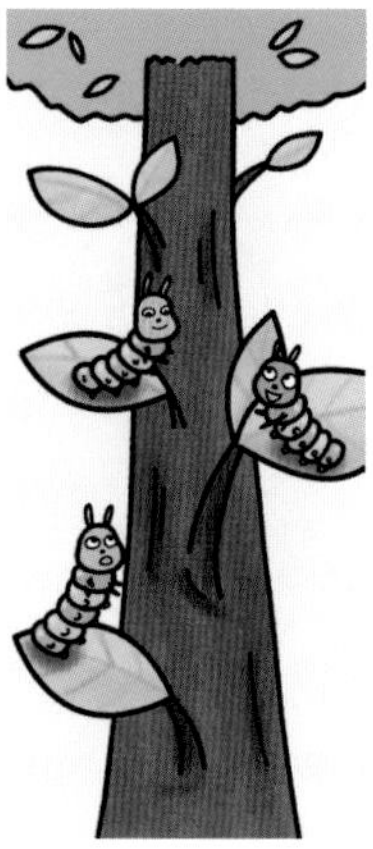

かたかなを　みつけよう

2 えに　あう　かたかなを　かきましょう。

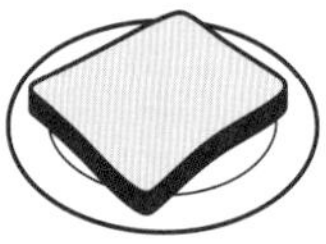

① 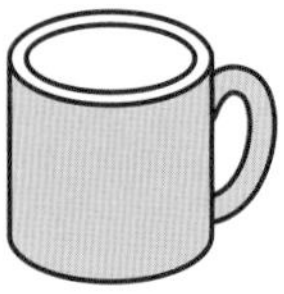　コップ

② 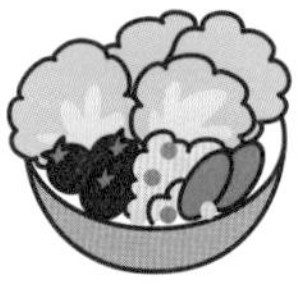　サラダ

③　パン

④ 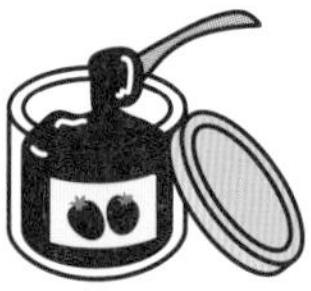　ジャム

⑤ 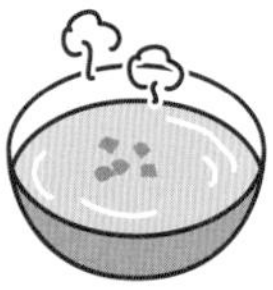　スープ

⑥ 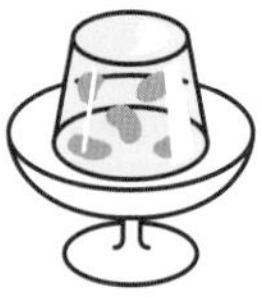　ゼリー

3 ぶんしょうを よんで、こたえましょう。

ある とき、いつものように はを たべて いると、どこからか、むしゃむしゃ むしゃむしゃと、おとが きこえます。なんと、じぶんと そっくりな あおむしが、おなじ 木で、はを たべて います。

「だめ だめ。この 木は、ぼくの 木。ぼくの はっぱ。」

あおむしが いうと、その あおむしも、いいました。

「この 木は、わたしの 木。だから、はっぱも、わたしの はっぱ。」

こかぜ さち「やくそく」より

(1) おなじ 木に あおむしは なんびき いますか。ひらがなで かきましょう。

（　　　　　）

(2) 「むしゃむしゃ むしゃむしゃ」は、なにを して いる おとですか。

はを（　　　　　）いる おと。

(3) 「だめ だめ。」と あおむしが いったのは なぜですか。ひとつに ○を つけましょう。

あ（　）はっぱが なくなると おもった から。

い（　）じぶんだけの 木だと おもった から。

う（　）おなかが すいて いたから。

ぴったり3 たしかめのテスト

やくそく かたかなを みつけよう

ぶんしょうを よんで、こたえましょう。 思考・判断・表現

「うるさいぞ。」
おおきな 木が、ぐらりと ゆれて
いいました。
「みんな、もっと うえまで のぼって、
そとの せかいを みて ごらん。」
あおむしたちは、いわれた とおりに、
のぼって いきました。
いちばん たかい えだに つくと、
さんびきは、めを まるく しました。
この おおきな 木は、はやしの なかの
たった いっぽんだったのです。
「ぼくら、こんなに ひろい ところに
いたんだね。」

よく出る

1 この おはなしには、だれが でて きますか。 ひとつ10てん(20てん)

[　　　] と [　　　]。

2 「みんな、もっと うえまで のぼって、そとの せかいを みて ごらん。」と いったのは、だれですか。 10てん

[　　　]

できたらスゴイ！

3 「のぼって いきました。」と ありますが、なにを のぼって いったのですか。 15てん

[　　　]

4 あおむしは みんなで なんびき いますか。ひらがなで かきましょう。 10てん

[　　　]

じかん 20 ぷん
／100
ごうかく 80 てん
がくしゅうび
月 日
きょうかしょ
上102～111ページ
こたえ
12ページ

「そらも、こんなに　ひろいんだね。」
とおくには、うみが　みえます。
あおむしたちは、まだ　うみを
しりません。
「あの　ひかって　いる
ところは、なんだろう。」
さんびきは、えだに　ならぶと、
せのびを　しました。
「きれいだね。
からだが　ちょうに
かわったら、あそこまで
とんで　みたいな。」
「わたしも、あそこまで
とんで　みたい。」
「それなら、みんなで　いこう。」
さんびきの　あおむしは、
やくそくを　しました。

こかぜ　さち「やくそく」より

できたらスゴイ！

5 「めを　まるく　しました。」の　ただしい　いみに　ひとつ　○を　つけましょう。 10てん

あ（　）とても　つかれた。
い（　）めを　ひらいて　よく　みた。
う（　）とても　おどろいた。

6 「あの　ひかって　いる　ところ」とは　なんですか。 15てん

（　　　　）

かんがえをかこう

7 あおむしたちの「やくそく」は、どのような　ものでしたか。 ひとつ10てん（20てん）

からだが（　　　　）に　かわった
ら、みんなで（　　　　）いる
ところまで　いこうと　いう　やくそく。

ぴったり1 じゅんび

3分でまとめ

よんで たしかめよう

うみの かくれんぼ／かずと かんじ

めあて

★かんじの よみかきを かいて おぼえよう。
★ぶんしょうを よんで、だいじな ことばを たしかめよう。

がくしゅうび　月　日

きょうかしょ　上112～121ページ

こたえ　13ページ

かきトリ　あたらしい かんじ

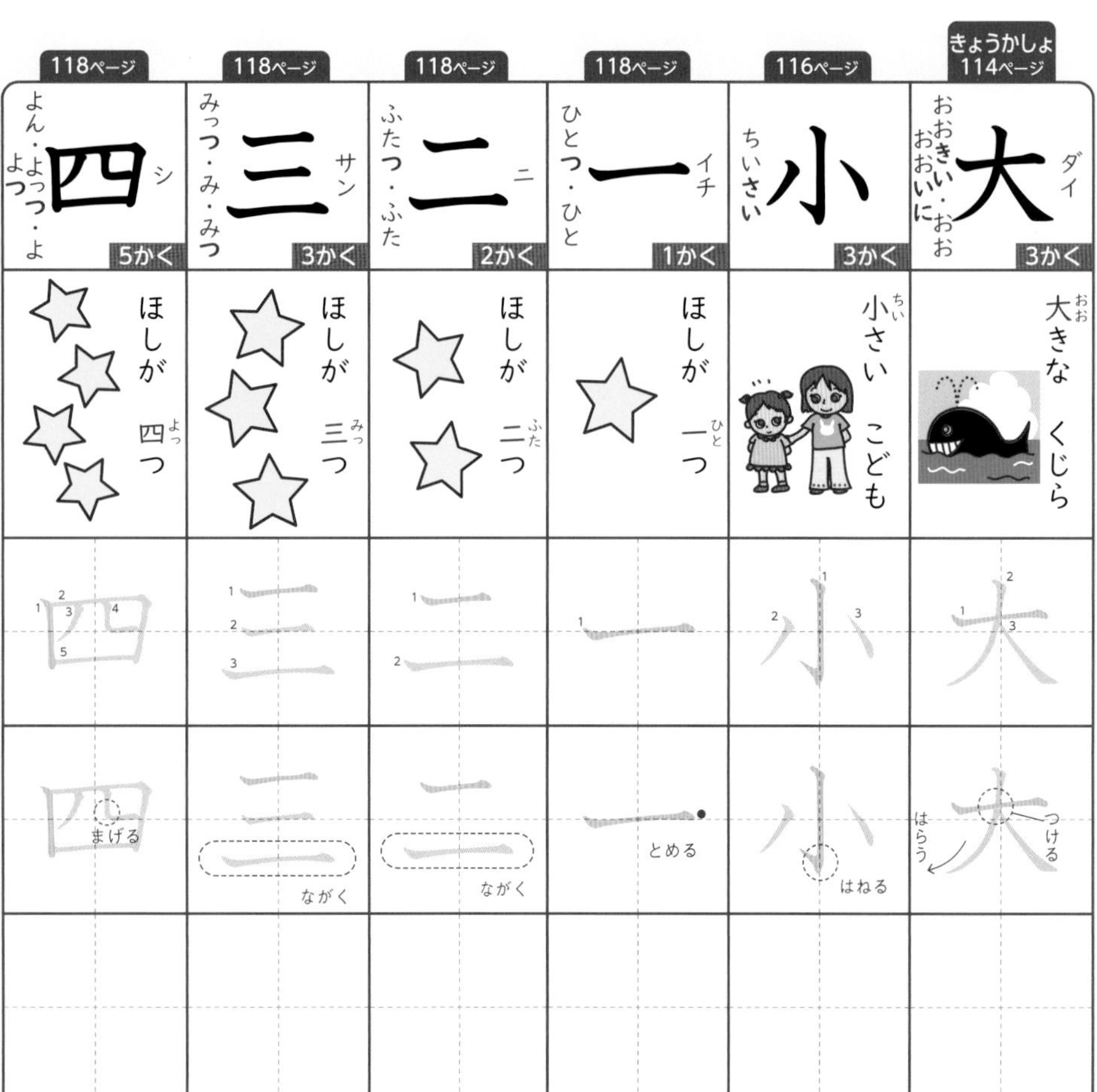

きょうかしょ	かんじ	よみ	かくすう	れい	かきかた
114ページ	大	ダイ／おお・おおきい・おおいに	3かく	大きな くじら	はらう・つける
116ページ	小	ちいさい	3かく	小さい こども	はねる
118ページ	一	イチ／ひとつ・ひと	1かく	ほしが 一つ	とめる
118ページ	二	ニ／ふたつ・ふた	2かく	ほしが 二つ	ながく
118ページ	三	サン／みっつ・み・みつ	3かく	ほしが 三つ	ながく
118ページ	四	シ／よん・よっつ・よつ・よ	5かく	ほしが 四つ	まげる

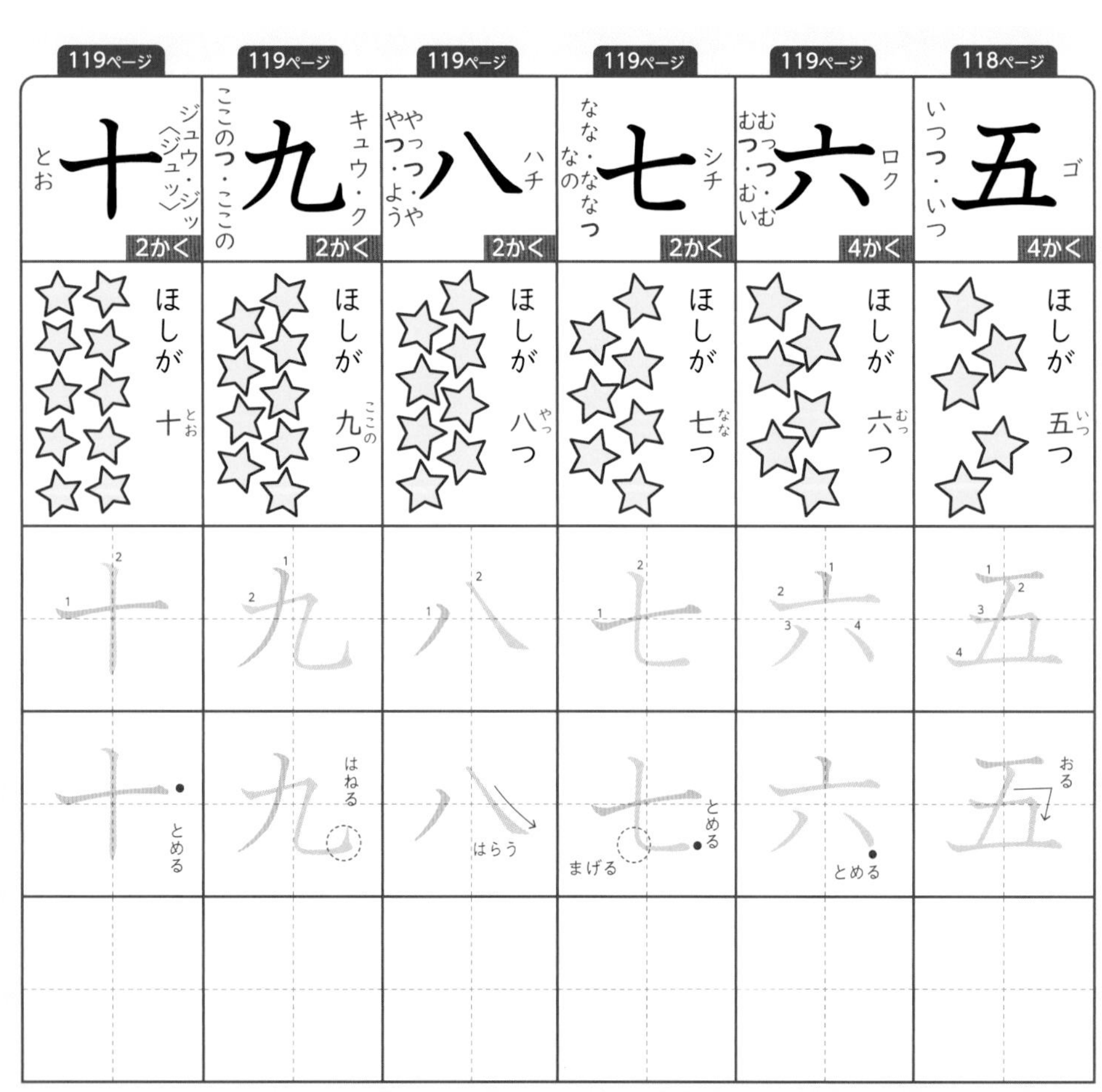

きょうかしょ	かんじ	よみ	かくすう	れい	かきかた
118ページ	五	ゴ／いつつ・いつ	4かく	ほしが 五つ	おる
119ページ	六	ロク／むっつ・むつ・むい	4かく	ほしが 六つ	とめる
119ページ	七	シチ／ななつ・なな・なの	2かく	ほしが 七つ	まげる・とめる
119ページ	八	ハチ／やっつ・や・やつ・よう	2かく	ほしが 八つ	はらう
119ページ	九	キュウ・ク／ここのつ・ここの	2かく	ほしが 九つ	はねる
119ページ	十	ジュウ・ジッ〈ジュッ〉／とお	2かく	ほしが 十	とめる

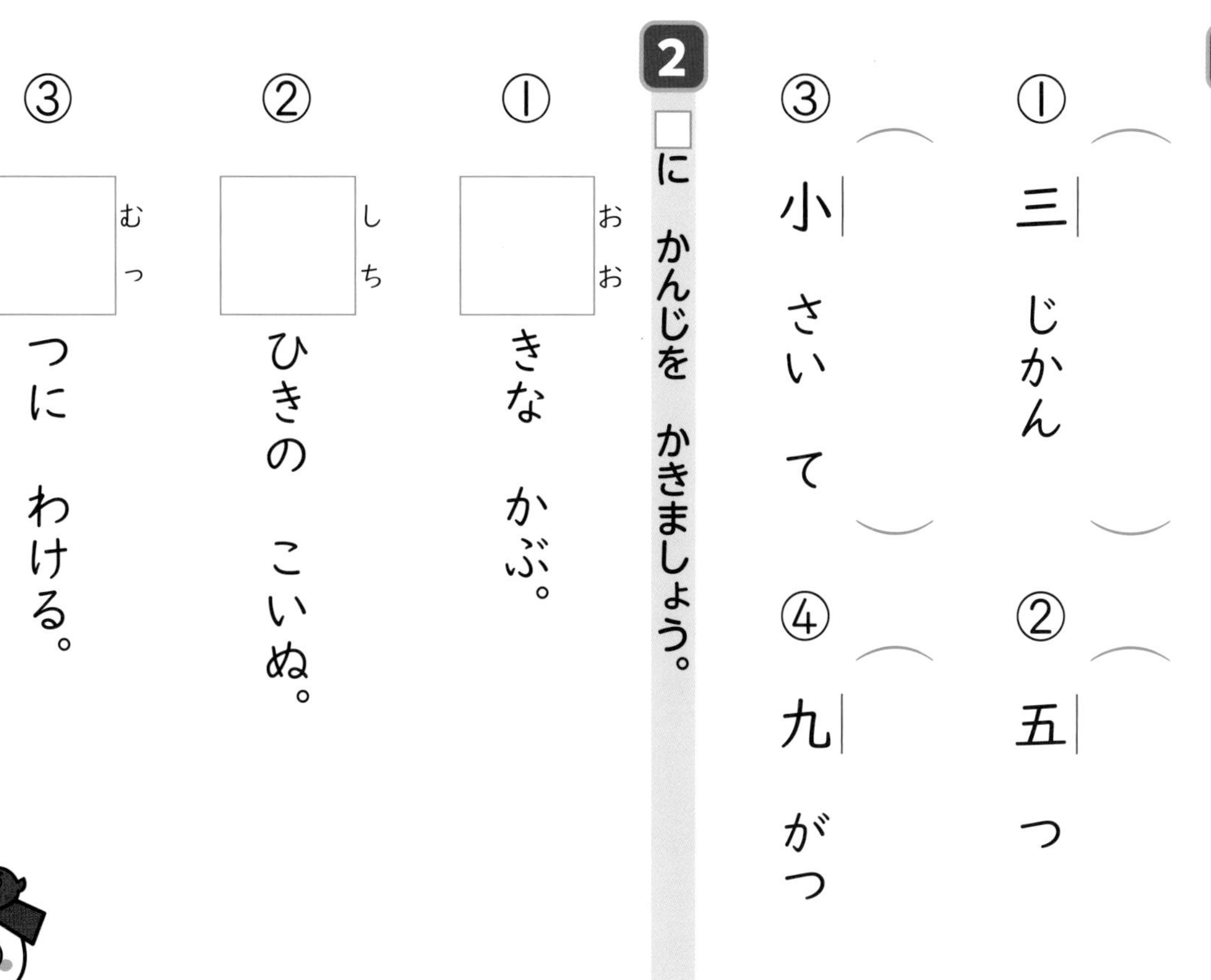

1 （　）に よみがなを かきましょう。

① 三（　）じかん
② 五（　）つ
③ 小（　）さいて
④ 九（　）がつ

2 □に かんじを かきましょう。

① □（おお）きな かぶ。
② □（しち）ひきの こいぬ。
③ □（むっ）つに わける。

3分で ワンポイント

うみの いきものに ついて しろう。

★それぞれの いきものに ついて、ただしい かくれかたを ―（せん）で むすびましょう。

	できる こと	かくれかた
① はまぐり	つよい あしを すなの なかに のばせる。	からだに かいそうを つけて へんしんする。
②たこ	からだの いろを かえられる。	まわりと おなじ いろに なる。
③もくずしょい	はさみで かいそうなどを きれる。	すなの なかに すばやく もぐる。

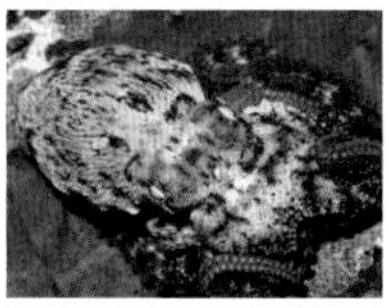

〔写真提供：アマナイメージズ〕

ぴったり3 たしかめのテスト

うみの かくれんぼ かずと かんじ

ぶんしょうを よんで、こたえましょう。 思考・判断・表現

たこが、うみの そこに かくれて います。

たこは、からだの いろを かえる ことが できます。まわりと おなじ いろに なって、じぶんの からだを かくします。

かにの なかまの もくずしょいが、いわの ちかくに かくれて います。

よく出る

1 うみには なにが かくれて いますか。二つ かきぬきましょう。 一つ10てん(20てん)

（　　　　）（　　　　）

できたらスゴイ！

2 「うみの そこ」や「いわの ちかく」が こたえに なる といかけは どれですか。一つに ○を つけましょう。 15てん

あ（　）なにが かくれて いますか。

い（　）どこに かくれて いますか。

う（　）どのように かくれて いますか。

3 からだに ものを つけて へんしんする いきものは なんですか。 15てん

〔写真提供：アマナイメージズ〕

じかん 20ぷん

／100

ごうかく 80てん

がくしゅうび 月 日

きょうかしょ 上112〜121ページ

こたえ 13ページ

もくずしょいは、はさみで、
かいそうなどを　小さく　きる
ことが　できます。
かいそうなどを　からだに　つけて、
かいそうに　へんしんするのです。

「うみの　かくれんぼ」より

4 3の　いきものは　なにに　へんしんしますか。
（　　　）
15てん

5 れいのように　かきかえましょう。
（れい）
へんしんします。
↓
（へんしんするのです。）

かくれます。
↓
（　　　）
15てん

かんがえを　かこう

6 「へんしんします。」と　かかずに　「へんしんするのです。」と　かいたのは、なぜですか。

よむ　ひとに（　　　）ことを、しっかり　つたえたかったから。
20てん

ふりかえり　3が　わからない　ときは、51ページの　3分でワンポイント　を　かくにんしよう。

ぴったり1 じゅんび

おもいうかべながら　よもう

くじらぐも

なかがわ　りえこ

かきトリ あたらしい　かんじ

子	空	先	生	男	女
きょうかしょ6ページ	6ページ	7ページ	7ページ	9ページ	9ページ
こ	そら	セン さき	セイ いきる・いかす・いける うまれる・うむ	おとこ	おんな
3かく	8かく	6かく	5かく	7かく	3かく
子どもたち	青い空	ゆび先	生まれる	男の子	女の子
はねる	とめる はらう ながく	はねる	ながく	つきだす はねる	つきだす とめる

手	天	青
10ページ	10ページ	12ページ
て	テン あま	あおい・あお
4かく	4かく	8かく
手をつなぐ	天までとどけ	青い空
はらう はねる	ながく はらう	ながく はねる

1 えに　あう　ことばを　かたかなで　かきましょう。

① チ / イ（はらう・とめる）

② ノ（はらう）

めあて
★かんじや　かたかなを　ただしく　おぼえよう。
★おはなしの　ようすを　おもいうかべながら　よもう。

がくしゅうび　月　日

きょうかしょ　下6～18ページ

こたえ　14ページ

2 （　）に よみがなを かきましょう。

① 青い うみ。（　）

② 先生（　）

③ 男の子（　）

④ 女の子（　）

3 □に かんじを かきましょう。

① □（てん）まで のぼる。

② □（そら）の なかを すすむ。

③ □（て）を ふる。

3分で ワンポイント

おはなしの じゅんばんを たしかめよう。

★おはなしの じゅんに、ばんごうを かきましょう。

〇 みんなは がっこうへ もどった。くじらは げんき よく かえって いった。

〇 みんなは、手を つないで ジャンプした。かぜが ふいて とびのれた。

〇 みんなは、くじらに のって うみや むらや まちを みた。

〇 子どもたちが たいそうを して いると、くもの くじらも まねを した。

ぴったり2 れんしゅう

おもいうかべながら　よもう

くじらぐも

がくしゅうび
月　　日
きょうかしょ
下6〜18ページ
こたえ
14ページ

ぶんしょうを　よんで、こたえましょう。

　みんなは、手を　つないで、
まるい　わに　なると、
「天まで　とどけ、
　一、二、三。」
と　ジャンプしました。

でも、とんだのは、
やっと　三十センチぐらいです。

「もっと　たかく。もっと　たかく。」

と、くじらが　おうえんしました。

「天まで　とどけ、一、二、三。」

　こんどは、五十センチぐらい
とべました。

「もっと　たかく。もっと　たかく。」

1 みんなは、ジャンプするとき、どんな　かたちに　なりましたか。

□を　つないで

まるい　□に　なった。

2 どれくらい　とべましたか。一かいめ、二かいめ、それぞれ　かきましょう。

① 一かいめ（　　　）ぐらい。

② 二かいめ（　　　）ぐらい。

ヒント 「とんだ」「とべました」と　いう　ぶんを　さがそう。

と、くじらが
おうえんしました。
「天まで　とどけ、
一、二、三。」
その　ときです。
いきなり、かぜが、
みんなを　空へ
ふきとばしました。
そして、あっと
いう　まに、
先生と
子どもたちは、手を
つないだ　まま、
くもの　くじらに
のって　いました。

なかがわ　りえこ「くじらぐも」より

3 一かいめと　二かいめに　とんだ　あと、くじらは、なんと　いいましたか。
ぶんしょうから　かきぬきましょう。

「□□□。□□□。」

4 かぜが　ふいた　あと、先生と　子どもたちは　どう　なりましたか。
一つに　○を　つけましょう。

あ（　）くもの　くじらに　のって　いた。
い（　）がっこうに　もどって　いた。
う（　）たいそうを　して　いた。

ヒント　さいごの　ぶんを　よく　よもう。

ぴったり1 じゅんび

くわしく かこう
まちがいを なおそう しらせたいな、見せたいな

かきトリ あたらしい かん字

文 ブン・モン（モ） 4かく きょうかしょ19ページ	字 ジ 6かく 19ページ	正 ショウ ただしい・ただす 5かく 19ページ	見 みる・みえる・みせる 7かく 20ページ	学 ガク まなぶ 8かく 20ページ	校 コウ 10かく 20ページ
文(ぶん)を うつす	字(じ)を かく	正(ただ)しい 字	見(み)る	学校(がっこう)	校(こう)しゃ
文	字	正	見	学	校
文 つける はらう	字 はねる はねる	正 ながく	見 はねる	学 はねる	校 とめる はらう

めあて
★文しょうの まちがいを 見つけよう。
★しらせたい ものを 見て、見つけた ことを かこう。

がくしゅうび　月　日
きょうかしょ 下19〜23ページ
こたえ 15ページ

1 えに あう ことばを かたかなで かきましょう。

モ（とめる）

2 （　）に よみがなを、□に かん字を かきましょう。

●よみかたが あたらしい 字

① さく 文（　）
② □（がっこう）
③ ゆび ●先（　）
④ ●生（　） きもの
⑤ □（ただ）しい 字（　）。

3 正しい　ほうに　○を　つけましょう。

あ（　）あした、みずうみえ　いきます。

い（　）あした、みずうみへ　いきます。

4 文しょうを　よんで、こたえましょう。

ばったの　ぴょん

もり　とうこ

　ぴょんのからだは、みどりとちゃいろです。さわると、とてもかたいです。

　あたまの先は、とがっています。

　ながいあしと、みじかいあしがあります。

　はっぱをやると、すこしずつかじって、むしゃむしゃとたべます。

「しらせたいな、見せたいな」より

(1) ばったの　ぴょんに　ついて　正しい　ほうに　○を　つけましょう。

① いろ

からだは、

あ（　）きいろです。

い（　）みどりと　ちゃいろです。

② 手ざわり

さわると、

あ（　）かたいです。

い（　）やわらかいです。

③ かたち

あたまは、

あ（　）まるいです。

い（　）とがっています。

みの　まわりで　見つけた　ことを、文しょうに　かいて　みよう。
てん（、）を　つけて　よみやすい　文しょうに　しよう。

ぴったり1 じゅんび

かん字の はなし
ことばを たのしもう

がきトリ あたらしい かん字

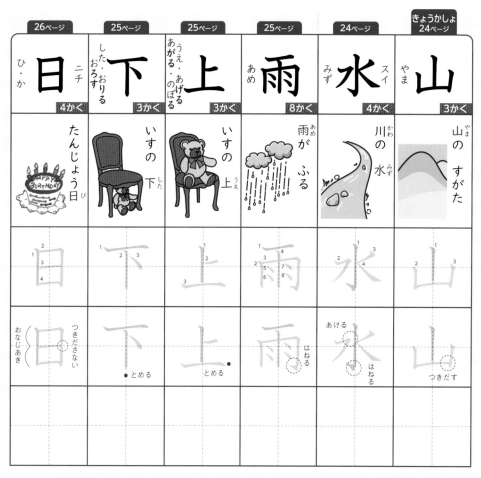

きょうかしょ24ページ	24ページ	25ページ	25ページ	25ページ	26ページ
山 やま 3かく	水 スイ みず 4かく	雨 あめ 8かく	上 うえ・あげる・あがる・のぼる 3かく	下 した・おりる・おろす 3かく	日 ニチ ひ・か 4かく
山(やま)の すがた 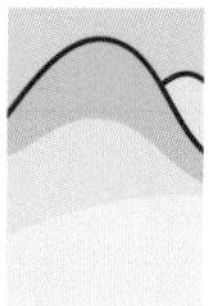	川(かわ)の 水(みず) 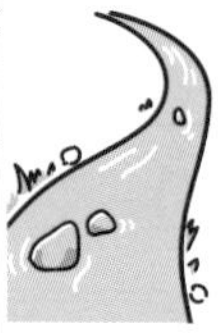	雨(あめ)が ふる 	いすの 上(うえ) 	いすの 下(した) 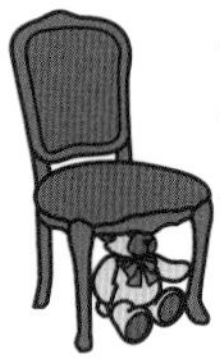	たんじょう日(び) 
つきだす	あける はねる	はねる	とめる	とめる	つきださない おなじあき

26ページ	26ページ	26ページ	27ページ	27ページ
火 カ ひ 4かく	田 た 5かく	川 かわ 3かく	竹 たけ 6かく	月 ガツ・ゲツ つき 4かく
火(ひ)の ようじん 	田(た)んぼ 	川(かわ)を わたる 	竹(たけ)やぶ 	月(つき)が でる 
はらう	おる	おなじくらい あける	とめる はねる	はねる

めあて

★かん字の できるまでを たしかめよう。

★はやくちことばを れんしゅうしよう。

がくしゅうび 月 日

きょうかしょ 下24～29ページ

こたえ 15ページ

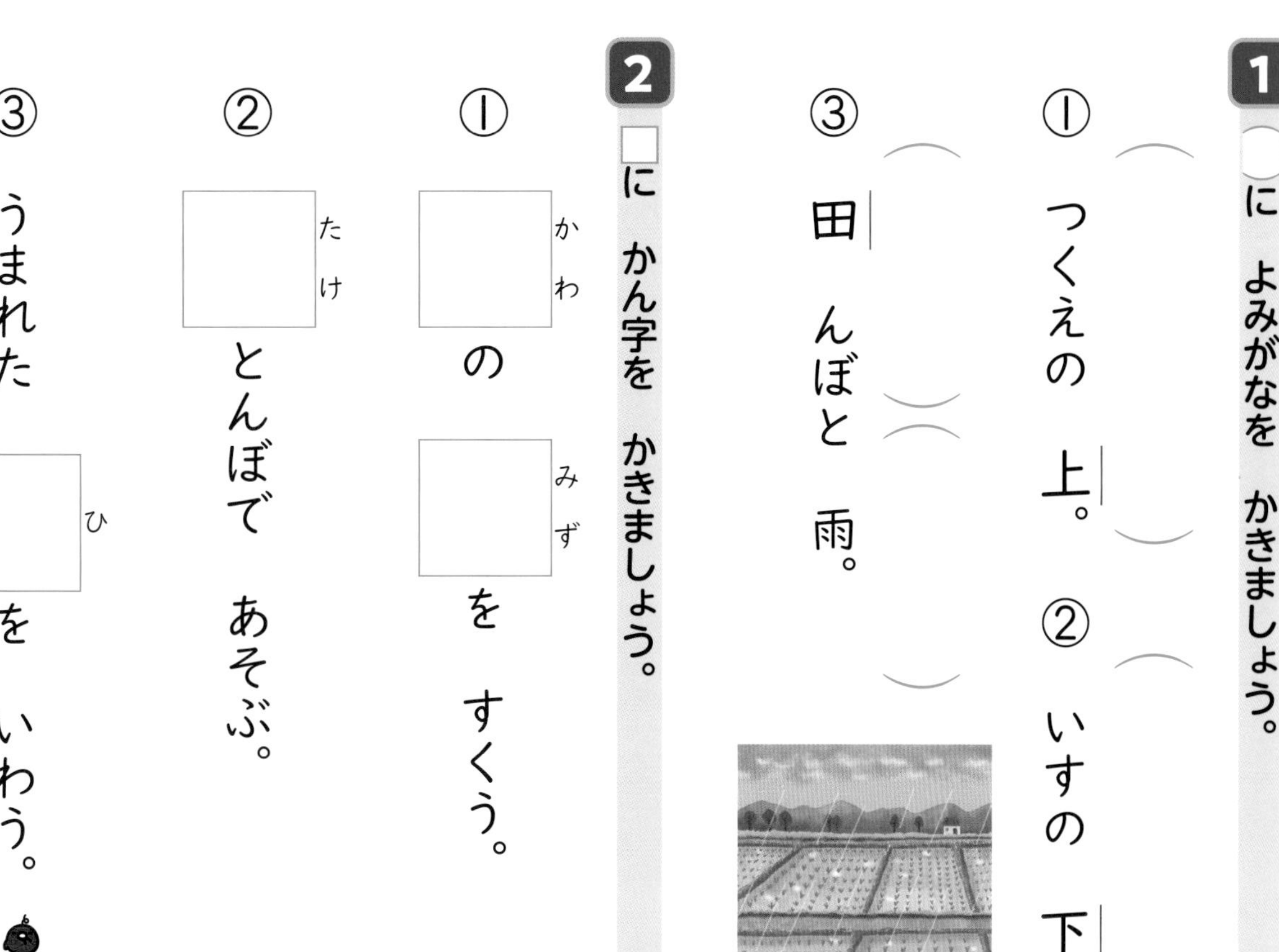

1 （　）に よみがなを かきましょう。

① つくえの 上。

② いすの 下。

③ 田んぼと 雨。

2 □に かん字を かきましょう。

① □（かわ）の □（みず）を すくう。

② □（たけ）とんぼで あそぶ。

③ うまれた □（ひ）を いわう。

かん字の はなし

3 えから かん字に つながるように ―（せん）で むすびましょう。

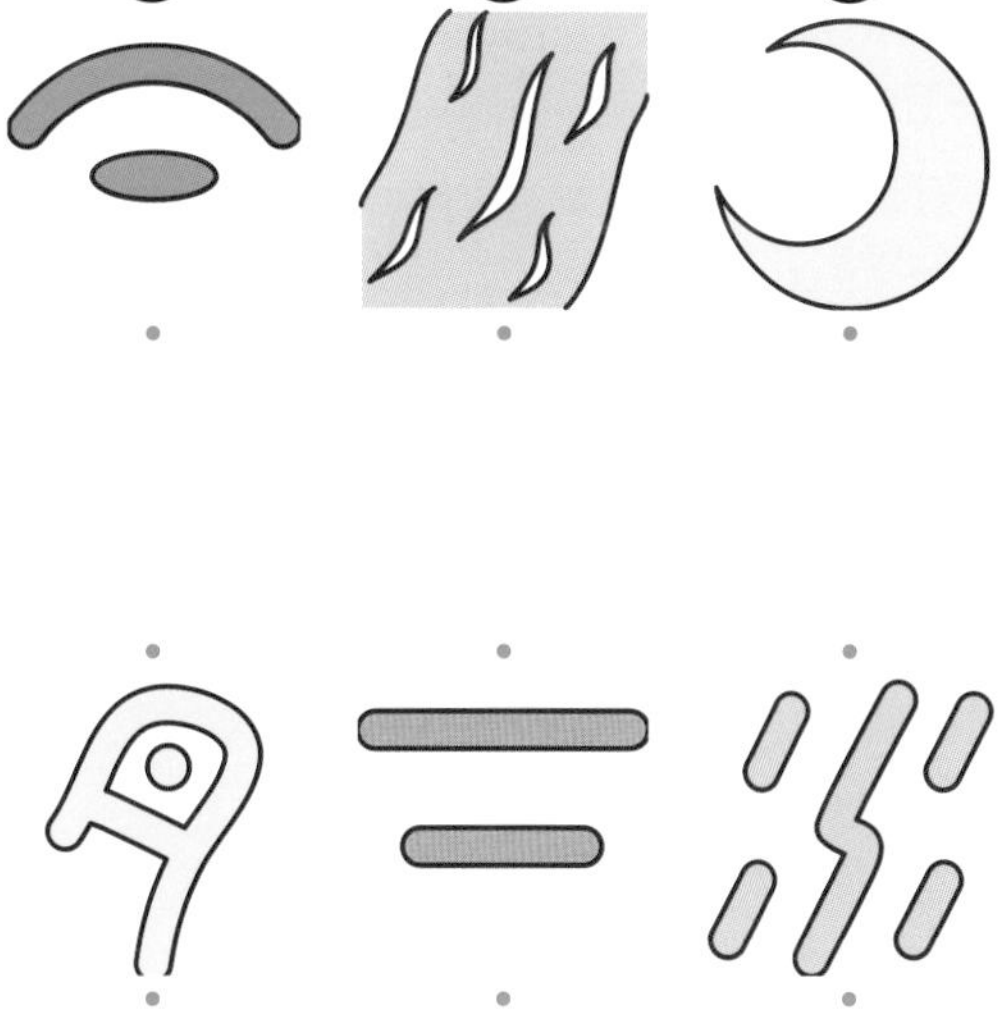

① ② ③

下　水　月

ことばを たのしもう

4 はやくちことばを こえに だして よみましょう。

(1) なまむぎ なまごめ なまたまご

(2) かえる ひょこひょこ 三（み）ひょこひょこ
あわせて ひょこひょこ 六（む）ひょこひょこ

ぴったり3 たしかめのテスト①

くじらぐも ～ ことばを たのしもう

じかん20ぷん　／100　ごうかく80てん

がくしゅうび　月　日

きょうかしょ　下6～29ページ

こたえ　16ページ

ぶんしょうを よんで、こたえましょう。　思考・判断・表現

「さあ、およぐぞ。」

くじらは、青い 青い 空の なかを、げんき いっぱい すすんで いきました。うみの ほうへ、むらの ほうへ、まちの ほうへ。

みんなは、うたを うたいました。空は、どこまでも どこまでも つづきます。

1 くじらぐもは、どこへ むかって すすんで いきましたか。　一つ8てん（24てん）

[　][　]の ほうへ、[　][　]の ほうへ、[　][　]の ほうへ。

よく出る

2 「おどろく」と ありますが、なぜ せんせいは おどろいたのですか。一つに ○を つけましょう。　16てん

あ（　）きゅうしょくの じかんが おわって いたから。

い（　）じかんが あまり たって いなかったから。

う（　）あっと いう まに じかんが すぎて いたから。

「おや、もう　おひるだ。」

先生が　うでどけいを　みて、
おどろくと、

「では、かえろう。」

と、くじらは、まわれみぎを　しました。

　しばらく　いくと、がっこうの　やねが、みえて　きました。くじらぐもは、ジャングルジムの　うえに、みんなを　おろしました。

「さようなら。」

みんなが　手を　ふった　とき、四じかんめの　おわりの　チャイムが　なりだしました。

「さようなら。」

くもの　くじらは、また、げんきよく、青い　空の　なかへ　かえって　いきました。

なかがわ　りえこ「くじらぐも」より

できたら　スゴイ！

3　「では、かえろう。」とは、だれが　いった　ことばですか。文しょうから　三字で　かきぬきましょう。　20てん

4　くもの　くじらは、どんな　ようすで　かえって　いきましたか。一つに　○を　つけましょう。　20てん

あ（　）つかれきった　ようす。

い（　）げんきの　よい　ようす。

う（　）わかれを　かなしむ　ようす。

かんがえを　かこう

5　かえって　いく　くじらぐもに　どんな　こえを　かけますか。れい　のように　かきましょう。　20てん

れい　とても、たのしかったよ。

くじらぐもさん、

たしかめのテスト②

くじらぐも ～ ことばを たのしもう

がくしゅうび
月　日
きょうかしょ
下6～29ページ
こたえ
16ページ

1 よみがなを　かきましょう。　一つ5てん(20てん)

① （　　）子どもの　ひ。

② （　　）えを　見せる。

③ （　　）まるい　月。

④ （　　）雨が　ふる。

2 かん字を　かきましょう。　一つ5てん(20てん)

① □(やま)の　上。

② □(ひ)を　けす。

③ □(ひ)が　しずむ。

④ □(みず)を　のむ。

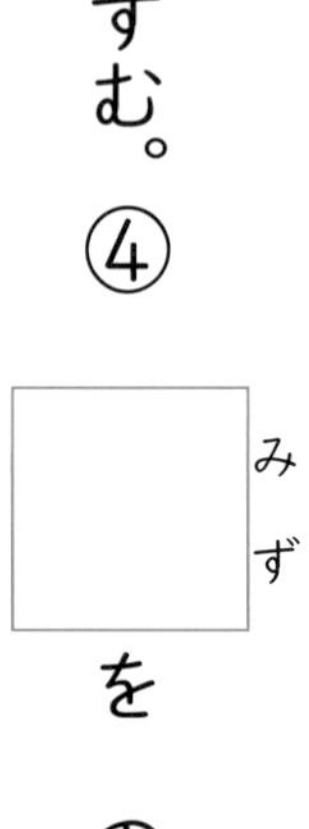

3 てん（、）や、まる（。）の　つかいかたが　正しい　ほうに　○を　つけましょう。　一つ5てん(10てん)

(1) てん（、）の　つかいかた

あ（　）えさを　やると、くちを　うごかして　たべます。

い（　）えさをや、ると　くちを　うごか、して　たべます。

(2) まる（。）の　つかいかた

あ（　）わたしは。学校に　いきます

い（　）わたしは　学校に　いきます。

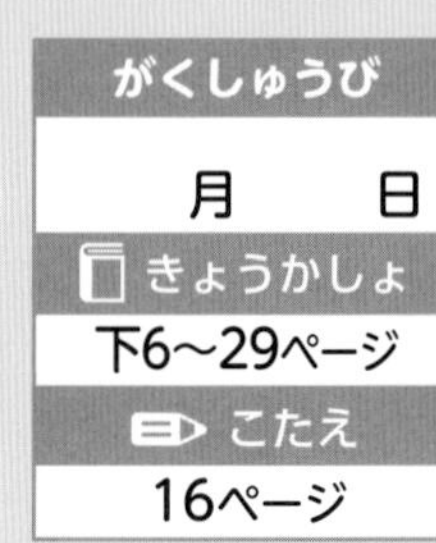

4 字の　つかいかたが　まちがって　いる　ところを　なおして　かきましょう。

一つ10てん(30てん)

(1) きのう、おちばお　見つけに、こうえんえ　いきました。

(　　　　　)

(2) わたしわ、大きな　どんぐりお　見つけました。

(　　　　　)

(3) どんぐりの　いろわ　ちゃいろです。

(　　　　　)

5 つぎの　文を　かん字を　つかって　かきなおしましょう。

一つ5てん(20てん)

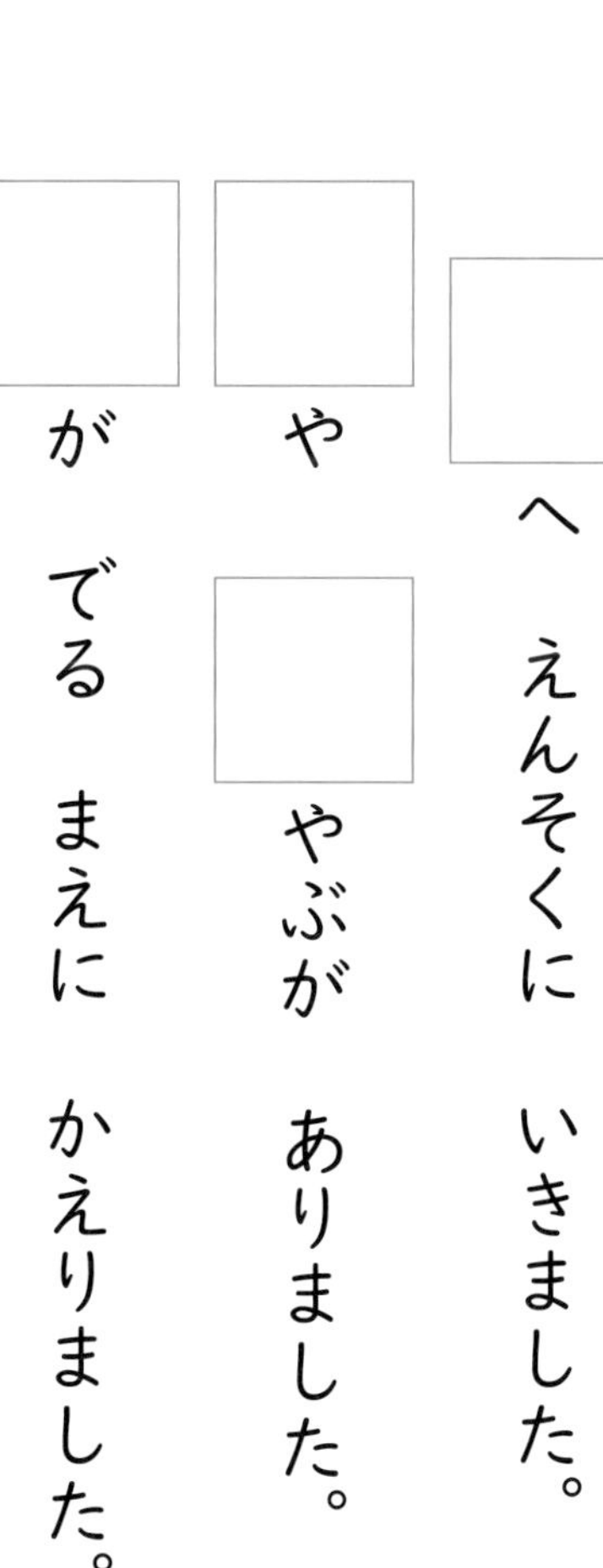

□へ　えんそくに　いきました。

□や　□やぶが　ありました。

□が　でる　まえに　かえりました。

ぴったり1 じゅんび

せつめいする 文しょうを よもう／せつめいする 文しょうを かこう

じどう車くらべ
じどう車ずかんを つくろう

めあて
★せつめいする 文しょうを しっかり よもう。
★せつめいの じゅんに 気を つけて、文しょうを かこう。

がくしゅうび　月　日

きょうかしょ　下30〜37ページ

こたえ　17ページ

かきトリ　あたらしい かん字

1 □に よみがなを かきましょう。

●よみかたが あたらしい 字

① よく 気（　）が つく 人（　）。

② おもい ものを つり 上（　）げる。

2 □に かん字を かきましょう。

① じどう □（しゃ） に □（ひと） を のせる。

② じかんに □（き） を つける。

じどう車くらべ

3 正しい いみに ○を つけましょう。

① ざせき

　あ（　）すわる せき。

　い（　）にもつを おく ところ。

② つり上げる

　あ（　）つって ひき上げる。

　い（　）ひもで むすぶ。

4 じどう車の　しごとと　つくりを　カードに　まとめました。［　］に　あう　ことばを　［　］から　えらんで　かきましょう。

（　　　　）は、かじの　ときに　（　　　　）しごとを　して　います。（　　　　）、水を　ためる　タンクや、水を　まく　ための　（　　　　）が　ついて　います。

トラック　しょうぼう車　まど
火を　けす　はこぶ　つり上げる
その　ために　でも　ホース　バス

じどう車くらべ

3分で ワンポイント

じどう車の　ちがいを　くらべて　みよう。

★じどう車の　しごとと　つくりを　せんで　むすびましょう。

	バス・じょうよう車	トラック	クレーン車

しごと	人を　のせて　はこぶ。	にもつを　はこぶ。	おもい　ものを　つり上げる。
つくり	・じょうぶな　うでが、のびたり　うごいたり　する。 ・しっかりした　あしが　ある。	・ひろい　にだいが　ある。 ・おもい　にもつを　のせる　ものには、たくさんの　タイヤが　ついて　いる。	・ざせきが　ひろい。 ・けしきが　見えるように　大きな　まどが　ある。

ぴったり1 じゅんび

ともだちと　はなして、おはなしを　かこう

かたかなを　かこう
どんな　おはなしが　できるかな

めあて

★のばす　おんや　小さく　かく　かたかなを　れんしゅうしよう。

★えを　みて　おはなしを　かこう。

がくしゅうび　月　日

きょうかしょ　下38〜43ページ

こたえ　17ページ

かたかなを　かこう

1 えに　あう　ことばを　かたかなで　かきましょう。

①　バ（はらう・とめる）

②　ク（はらう）

③　タ（はらう）

④　レ（はらう）

⑤　ソ（はらう）

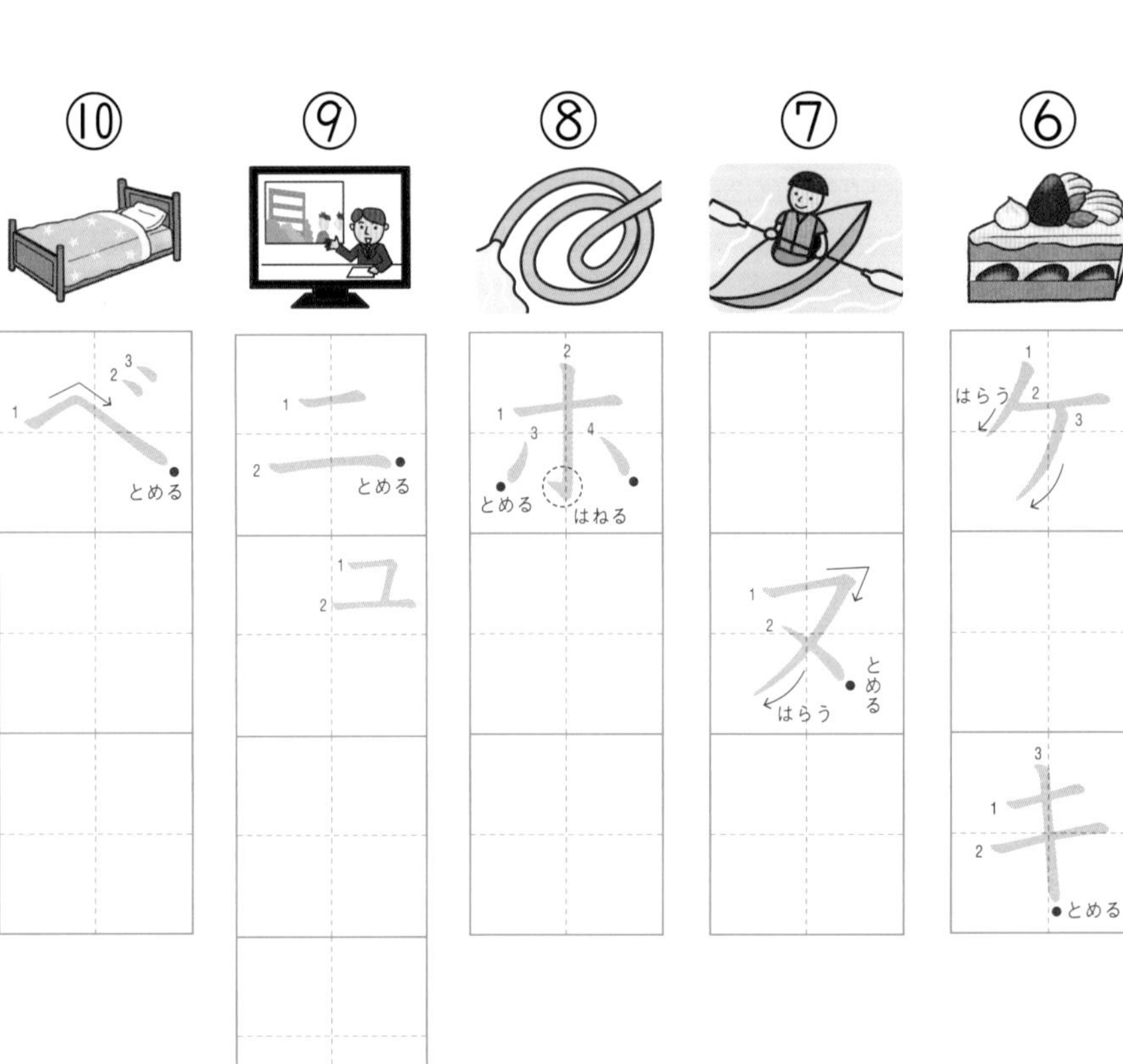

2 ひらがなを　かたかなに　なおして　かきましょう。

①ろけっと

②きゃんぷ

③しょべるかあ

3 いった　ことばに　かぎ（「　」）を　つけましょう。

うさぎが
さるくんは、どこに　いきたいの。
と　ききました。
もりに　いきたいんだ。
と、さるが　こたえました。

4 えを　見て、おはなしを　つくりましょう。

いった　ことばには、かぎ（「　」）を　つけよう。

（　　　）が
（　　　　　　）
と　ききました。
（　　　）は
（　　　　　　）
と　こたえました。

ぴったり3 たしかめの テスト①

じどう車くらべ ～どんな おはなしが できるかな

じかん20ぷん

/100

ごうかく80てん

がくしゅうび　月　日

きょうかしょ　下30～43ページ

こたえ　18ページ

文しょうを　よんで、こたえましょう。　思考・判断・表現

トラックは、にもつを　はこぶ　しごとを　して　います。

その　ために、うんてんせきの　ほかは、ひろい　にだいに　なって　います。

おもい　にもつを　のせる　トラックには、タイヤが　たくさん　ついて　います。

よく出る

1 トラックは、どんな　しごとを　して　いますか。　15てん

にもつを（　　　　）しごと。

2 おもい　にもつを　のせる　トラックには、なにが　たくさん　ついて　いますか。　10てん

3 クレーン車は、どんな　しごとを　して　いますか。　15てん

おもい　ものを（　　　　）しごと。

4 つぎの　ことばは、71ページの　上の　えの　Ⓐ～Ⓤの　どこを　さして　いますか。　一つ10てん（20てん）

クレーン車は、おもい ものを つり上げる しごとを して います。
その ために、じょうぶな うでが、のびたり うごいたり するように、つくって あります。車たいが かたむかないように、しっかりした あしが、ついて います。

「じどう車くらべ」より

できたら スゴイ!

5
① じょうぶな うで（　　）
② しっかりした あし（　　）

クレーン車に しっかりした あしが ついて いるのは、なぜですか。　一つ10てん(20てん)

（　　　　）が（　　　　）するため。

かんがえを かこう

6 しごとに ついて かかれた 文に つづくように、はしご車の つくりを [　] の ことばを つかって かきましょう。　20てん

はしご車は、たかい ところで おきた かじを けす しごとを して います。

（　　　　　　　　）

[ながい　おりたたんで　そのために　はしご]

ふりかえり ❶〜❸が わからない ときは、67ページの 3分でワンポイント に もどって かくにんしよう。

ぴったり3 たしかめのテスト②

じどう車くらべ ～どんな おはなしが できるかな

じかん 20 ぷん
／100
ごうかく 80 てん

がくしゅうび 月 日
きょうかしょ 下30～43ページ
こたえ 18ページ

1 よみがなを かきましょう。 一つ5てん(15てん)

① はしご 車（ ）
② 人（ ）が くる。
③ まちがいに 気（ ）が つく。

2 かん字を かきましょう。 一つ5てん(20てん)

① □(ひと)に □(き)を つける。
② すい□(しゃ)
③ かおを □(あ)げる。

3 ひらがなを かたかなに なおして かきましょう。 一つ5てん(20てん)

① ころっけ
② くれよん
③ じゃんぷ
④ ばっぐ

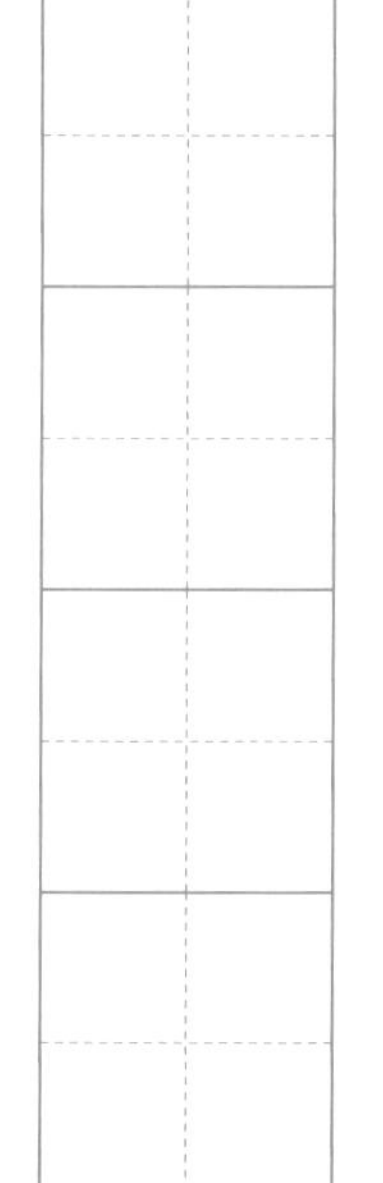
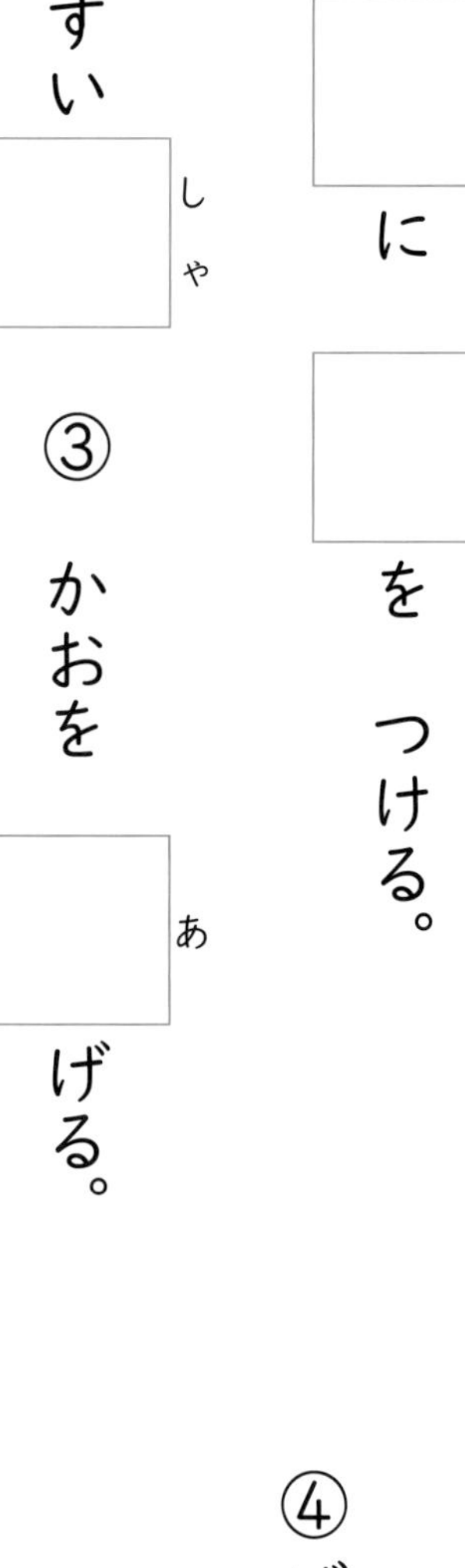

4 かたかなが　正しい　ほうに　○を　つけましょう。 一つ5てん(20てん)

①
あ（　）ロープ
い（　）ロオプ

②
あ（　）コツプ
い（　）コップ

③
あ（　）ジユース
い（　）ジュース

④
あ（　）ショベルカー
い（　）シヨベルカー

5 思考・判断・表現

だれが　なにを　いって　いるのでしょう。
えを　見て、おはなしを　つくりましょう。 25てん

すきな ところを 見つけよう

たぬきの 糸車
きし なみ

かきトリ あたらしい かん字

きょうかしょ 44ページ	46ページ	46ページ	49ページ	50ページ	50ページ
糸 (いと) 6かく	目 (め) 5かく	玉 (たま) 5かく	村 (むら) 7かく	白 (しろい・しろ) 5かく	土 (つち) (ド) 3かく
糸を つむぐ (いと)	目を とじる (め)	目玉が のぞく (だま)	村に すむ (むら)	白い 糸 (しろ)	土あそび (つち)

おる／おる・とめる（糸）／おる（目）
だささい・ながく（土）／つける（白）／はねる（村）／ながく（玉）

★ おはなしの ようすを お
もいうかべながら よもう。
★ おはなしの すきなところ
を 見つけて、そのわけを
はなそう。

1

□に よみがなを かきましょう。

※よみかたが あたらしい 字

① 村に すむ。 ② 山を 下りる。

③ 糸車を まわす。

④ もの音が する。

50ページ	
音 (おと) 9かく	車の 音 (おと)

つける／ながく

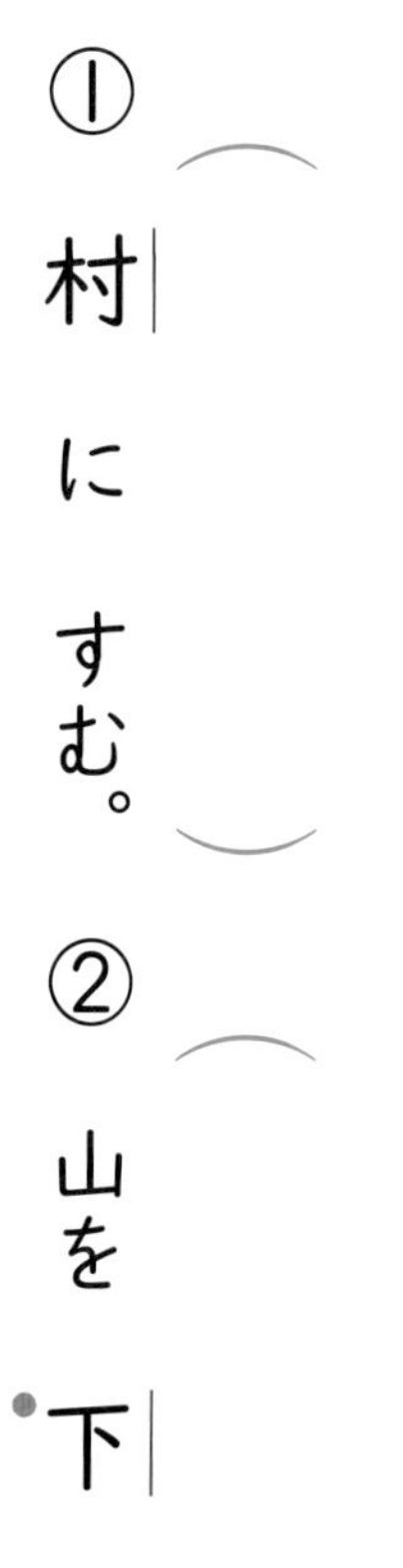

2 □に　かん字を　かきましょう。

① □(ど)間(ま)の　ある　いえ。

② □(しろ)い　□(いと)。

③ □(おと)が　きこえる。

④ □(むら)まつり

⑤ 二つの　□(めだま)。

3分で ワンポイント

おはなしの　じゅんに　たぬきが　おもった　ことを　たしかめよう。

★えに　あうように　たぬきが　おもった　ことを　―(せん)で　むすびましょう。

① おもしろそうだな。いちど　やって　みたいな。

② おかみさんが　気づいて　くれて　うれしいな。

③ キャー、いたい！　ワナに　かかって　しまった。

④ これは　たのしい。もっと　たくさん　糸を　つむごう。

すきな ところを 見つけよう

たぬきの 糸車

文しょうを よんで、こたえましょう。

ある 月の きれいな ばんの こと、おかみさんは、糸車を まわして、糸を つむいで いました。

キーカラカラ キーカラカラ
キークルクル キークルクル

ふと 気が つくと、やぶれしょうじの あなから、二つの くりくりした 目玉が、こちらを のぞいて いました。

糸車が キークルクルと まわるに つれて、二つの 目玉も、

1 糸車が まわる 音を 文しょうから 二つ かきぬきましょう。

・□□□□□ラ

・□□□□□ル

2 おかみさんは、「ふと」 どんな ことに 気が つきましたか。□に あてはまる ことばを かきましょう。

やぶれしょうじの □□ から、
二つの くりくりした □□ が
のぞいて いる こと。

がくしゅうび 月 日
きょうかしょ 下44〜55ページ
こたえ 19ページ

くるりくるりと
まわりました。
そして、月の　あかるい
しょうじに、糸車を
まわす　まねを　する
たぬきの　かげが
うつりました。
　おかみさんは、おもわず
ふきだしそうに　なりましたが、
だまって　糸車を
まわして　いました。
　それからと　いう　もの、
たぬきは、まいばん　まいばん
やって　きて、糸車を　まわす
まねを　くりかえしました。
「いたずらもんだが、
かわいいな。」

きし　なみ「たぬきの　糸車」より

3 おかみさんが　ふきだしそうに
なった　わけを　二つ　かきましょう。

・糸車が　まわると、二つの　目玉も
[　　　　　　]と
まわったから。

・糸車を　まわす　まねを　する
たぬきの　[　　]が　うつったから。

ヒント　おかみさんが　見た　ことを　たしかめよう。

4 おかみさんは、たぬきの　ことを　どう
おもいましたか。一つに　○を　つけましょう。

Ⓐ（　）いやだな。
Ⓘ（　）かわいいな。

ヒント　さいごの　おかみさんの　ことばを　よく　よもう。

てがみを　かこう

日づけと　よう日　てがみで　しらせよう

◎めあて
★日づけと　よう日の　かん字と　よみかたを　おぼえよう。
★てがみの　かきかたを　おぼえよう。

がくしゅうび　月　日

きょうかしょ　下56〜59ページ

こたえ　20ページ

かきトリ　あたらしい　かん字

きょうかしょ56ページ	57ページ	57ページ	57ページ
花（カ・はな）7かく	休（やすむ・やすまる・やすめる）6かく	虫（むし）6かく	金（キン・かね）8かく
花（はな）の　におい	ふゆ休（やす）み	虫（むし）めがね	お金（かね）
はねる	はらう・とめる	とめる	つける・ながく

かきじゅんも　正しく　おぼえよう。

1　（　）に　よみがなを　かきましょう。

①（　）水　よう日

②お（　）正月

③（　）大すきな（　）土いじり。

よみかたが　あたらしい　字

2　□に　かん字を　かきましょう。

①□（もく）よう日から　なつ□（やす）みだ。

②□（はな）が　さく。

③お□（かね）

よみかたが　あたらしい　字

3 とくべつな　よみかたの　日づけに　○を　つけましょう。

① 一日
（　）いちにち
（　）ついたち

② 二日
（　）ににち
（　）ふつか

③ 三日
（　）みっか
（　）さんにち

④ 四日
（　）よんにち
（　）よっか

⑤ 五日
（　）いつか
（　）ごにち

⑥ 六日
（　）ろくにち
（　）むいか

⑦ 七日
（　）なのか
（　）なななにち

⑧ 八日
（　）はちにち
（　）ようか

⑨ 九日
（　）ここのか
（　）くにち

⑩ 十日
（　）とおか
（　）じゅうにち

⑪ 二十日
（　）はつか
（　）にじゅうにち

4 □に　あう　ことばを　あとの　[　]から　えらんで　てがみを　かきましょう。

□

□

わたしは、まいにち、ピアノのれんしゅうをしています。こんどの土よう日に、はっぴょうかいがあります。

□

□

なつみより　　あきこおばさんへ
見にきてください。
おげんきですか。

ぴったり3 たしかめのテスト①

たぬきの 糸車 ～ てがみで しらせよう

じかん 20 ぷん
/100
ごうかく 80 てん

がくしゅうび　月　日

きょうかしょ　下44～59ページ

こたえ　20ページ

文しょうを よんで、こたえましょう。 思考・判断・表現

とを あけた とき、おかみさんは、あっと おどろきました。

いたの間に、白い 糸の たばが、山のように つんで あったのです。そのうえ、ほこりだらけの はずの 糸車には、まきかけた 糸まで かかって います。

「はあて、ふしぎな。どう した こっちゃ。」

おかみさんは、そう おもいながら、土間で ごはんを たきはじめました。

すると、

キーカラカラ　キーカラカラ

キークルクル　キークルクル

と、糸車の まわる 音が、きこえて

できたらスゴイ！

1 おかみさんが「ふしぎ」だと おもった ことを 二つ かきましょう。 一つ10てん(20てん)

・いたの間に、（　　　　　）こと。

・糸車には、（　　　　　）こと。

2 「キーカラカラ……キークルクル」は、なんの 音ですか。 20てん

（　　　　　）音。

3 「糸を つむいで」いたのは、だれですか。一つに ○を つけましょう。 20てん

あ（　）おかみさん

きました。びっくりして　ふりむくと、いたどの　かげから、ちゃいろの　しっぽが　ちらりと　見えました。

　そっと　のぞくと、いつかの　たぬきが、じょうずな　手つきで、糸を　つむいで　いるのでした。たぬきは、つむぎおわると、こんどは、いつも　おかみさんが　して　いた　とおりに、たばねて、わきに　つみかさねました。

　たぬきは、ふいに、おかみさんが　のぞいて　いるのに　気が　つきました。

　たぬきは、ぴょこんと　そとに　とび下りました。そして、うれしくて　たまらないと　いうように、ぴょんぴょこ　おどりながら　かえって　いきましたとさ。

きし　なみ「たぬきの　糸車」より

(い)（　）たぬき

(う)（　）きつね

よく出る

4 かえって　いった　たぬきは、どんな　きもちだったと　おもいますか。一つに　○を　つけましょう。 20てん

(あ)（　）おかみさんが、糸の　たばに　気づいて　くれると　うれしいな。

(い)（　）たぬきじるに　されなくて　よかったな。

(う)（　）こんど　見つかったら、きっと　しかられるな。

かんがえを かこう

5 「たぬきの　糸車」を　よんで、たぬきに　いって　あげたい　ことを　かきましょう。 20てん

たぬきさん、

ふりかえり　4が　わからない　ときは、75ページの　3分でワンポイント　に　もどって　かくにんしよう。

たぬきの　糸車 ～ てがみで　しらせよう

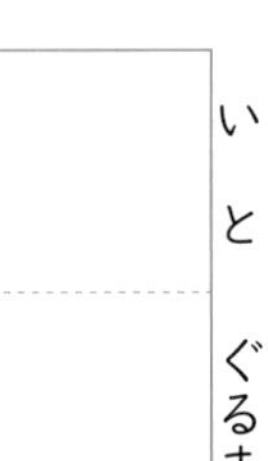

じかん 20 ぷん　／100　ごうかく 80 てん

がくしゅうび　月　日

きょうかしょ　下44～59ページ

こたえ　21ページ

1　（　）に　よみがなを　かきましょう。　一つ4てん（20てん）

①　白（　）い　くも。　②　日（　）よう日

③　火（　）よう日に　あそぶ。

④　天（　）の川が　見える。

⑤　かいだんを　下（　）りる。

2　□に　かん字を　かきましょう。　一つ4てん（20てん）

①　□□（めだま）

②　□□（いとぐるま）

③　□（きん）ぎょに　えさを　やる。

④　かぶと□（むし）を　つかまえる。

⑤　□（げつ）よう日に　でかける。

3 正しい いみに ○を つけましょう。
一つ5てん(10てん)

① 糸を つむぐ。
あ( )糸を きる。
い( )糸を よりあわせる。

② こわごわ
あ( )らくらく
い( )おそるおそる

4 ( )に 日づけの よみがなを かきましょう。
一つ5てん(20てん)

① 一月一日 ( )
② 八月八日 ( )
③ 九月九日 ( )
④ 三月二十日 ( )

5 思考・判断・表現

てがみの かきかたに ついて、こたえましょう。

(1) てがみの はじめに かく 文として 正しい ほうに ○を つけましょう。
10てん

あ( )おげんきですか。
い( )さようなら。

(2) あなたが てがみを かくと したら、だれに どんな ことを しらせたいですか。
一つ10てん(20てん)

だれに ( )

どんな ことを

ふりかえり 5が わからない ときは、79ページの 4に もどって かくにんしよう。

ぴったり1 じゅんび

本は ともだち

むかしばなしを よもう

おかゆの おなべ グリムどうわ

さいとう ひろし

◎めあて

★がいこくの むかしばなしを よんでみよう。

★おはなしを よんで、すきな ところを 見つけよう。

がくしゅうび　月　日

きょうかしょ 下60～73ページ

こたえ 21ページ

かきトリ　あたらしい かん字

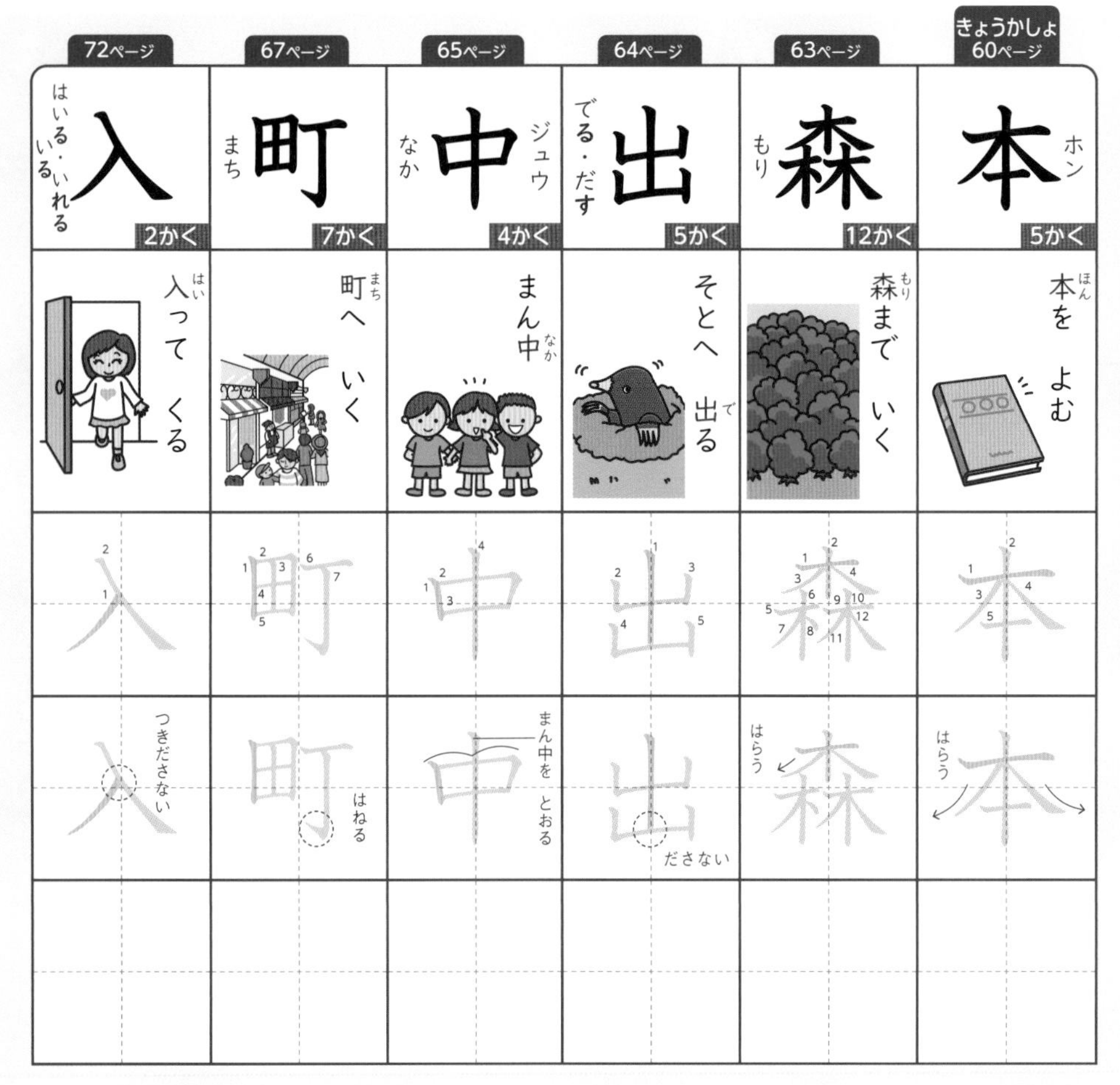

きょうかしょ 60ページ
本 ホン 5かく
本を よむ
63ページ
森 もり 12かく
森まで いく
64ページ
出 でる・だす 5かく
そとへ 出る
65ページ
中 ジュウ なか 4かく
まん中
67ページ
町 まち 7かく
町へ いく
72ページ
入 はいる・いれる いる 2かく
入って くる
はらう
はらう
ださない
まん中を とおる
はねる
つきださない

1 □に よみがなを かきましょう。

① はこの 中。（　）

② 本（　）を かう。

③ いえ 中（　）を そうじする。

● よみかたが あたらしい 字

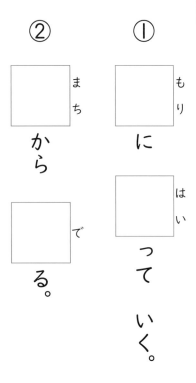

2 □に かん字を かきましょう。

① □（もり）に □（はい）って いく。

② □（まち）から □（で）る。

3 えに　あう　おはなしを　―（せん）で　むすびましょう。

①

②

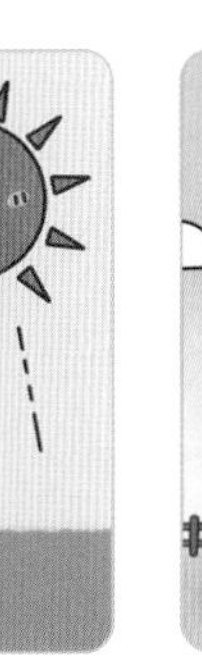

③

きたかぜと　たいようが　ちからくらべを　したよ。

どくの　はいった　りんごを　たべて　しまったよ。

いえの　にわに、天まで　とどく　まめの　木が　はえたよ。

3分で ワンポイント

おはなしの　じゅんばんを　たしかめよう。

★おはなしの　じゅんに、ばんごうを　かきましょう。

おかあさんも　おかゆを　出したが、とめる　じゅもんを　しらなかった。

町が　おかゆに　うまって　しまった。女の子の　じゅもんで　やっと　とまった。

女の子は、おばあさんから　おなべを　もらった。

女の子の　じゅもんで　おなべから　おかゆが　出て　きた。

むかしばなしを よもう おかゆの おなべ

じかん20ぷん
／100
ごうかく80てん
がくしゅうび　月　日
きょうかしょ　下60～73ページ
こたえ　22ページ

文しょうを よんで、こたえましょう。　思考・判断・表現

ある 日、女の子が町の そとに 出かけたとき、おかあさんはおなかが すいたので、おなべに むかって いいました。

「なべさん、なべさん。にて おくれ。」

おなべは、ぐらぐらと にえたち、おかゆが うんじゃら うんじゃら、出て きました。おかあさんは、おかゆを たくさん たべ、おなかがいっぱいに なりました。

けれども、おかあさんは、おなべをとめようと して、はっと しました。

1 おかあさんが おなべに 「なべさん、なべさん。にて おくれ。」と いったのは なぜですか。　一つ10てん(20てん)

［　　　］が［　　　］から。

よく出る

2 おかあさんが 「はっと」したのは、なぜですか。一つに ○を つけましょう。　15てん

あ（　）まだ おなかが すいて いることに 気づいたから。

い（　）もう たべられないと わかったから。

う（　）おなべを とめる じゅもんを しらない ことに 気づいたから。

この ほんの おわりに ある「ふゆの チャレンジテスト」を やって みよう！

いつも、おなべに むかって じゅもんを いうのは、女の子の やくめだったので、おかあさんは、とめる ときの じゅもんを、よく しらなかったのです。

そこで、おかあさんは、

「なべさん、なべさん。やめとくれ。」

と、いって みました。

もちろん、なべは とまりません。

つぎに、おかあさんは、

「なべさん、なべさん。おわりだよ。」

と、いって みました。

やっぱり、なべは とまりません。

その ほか、おかあさんは、おもいつく ままに、いろいろ じゅもんらしい ことを いって みました。けれども、どれも まちがいだったので、おなべは、おかゆを にるのを やめませんでした。

さいとう ひろし「おかゆの おなべ グリムどうわ」より

3 おかあさんが いって みた「じゅもんらしい こと」を、文しょうから 二つ かきぬきましょう。 一つ15てん(30てん)

「　　」

「　　」

できたら スゴイ！

4 おかあさんが おなべを とめる じゅもんを しらなかったのは なぜですか。 15てん

（　　）から。

かんがえを かこう

5 おなべが とまらなくて、こまった おかあさんの きもちを かきましょう。 20てん

（　　）

ふりかえり ②が わからない ときは、85ページの 3分でワンポイント に もどって かくにんしよう。

ぴったり1 じゅんび

ことばの たいそう
なりきって よもう かたつむりの ゆめ／おいわい

めあて
★しの ようすを おもいうかべながら なりきって よもう。

がくしゅうび　月　日

きょうかしょ　下74〜75ページ

こたえ　22ページ

1 ひらがなを かたかなに なおして かきましょう。

・りぼん

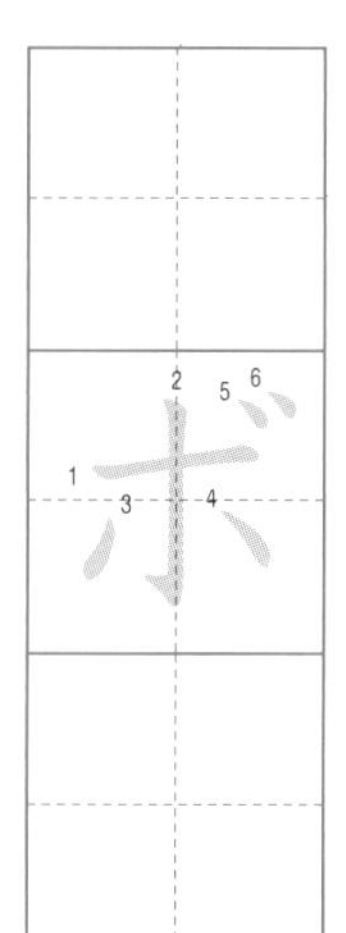

しは ようすを おもいうかべながら なりきって よもう。

2 □に あう ことばを あとの □から えらんで かきましょう。

① ひかりの（　　）はやい 車。

②（　　）のように（　　）ねこ。

白い　ためた　ゆき　ように

3 しを よんで、こたえましょう。

かたつむりの ゆめ

かたつむり でんきち

(1) 「ぼく」とは だれですか。

あのね　ぼく
ゆめの　なかでは　ね
ひかりのように　はやく
はしるんだよ

にじ　ひめこ

おいわい

きょうは
うれしい　ことが　ありましたので
のはらに
リボンを　かけました

くどう　なおこ「のはらうた」より

(2)「ぼく」は、ゆめの　なかで　なにを　しますか。しの　中から　かきぬきましょう。

はやく［　　　］。

(3)「きょう」は、なにが　ありましたか。

［　　　］こと

(4) しの　中で　おいわいを　あらわす　ものは、なんですか。

［　　　］

(5)「おいわい」の　しは、どんな　気もちで　よむと　よいですか。○を　つけましょう。

（　）はらはらした　きもち
（　）うきうきした　きもち
（　）くよくよした　きもち

ぴったり1 じゅんび

くわしく きこう ことばで あそぼう

めあて
★しつもんしたり、つたえたりする ほうほうを たしかめよう。
★ことばあそびを たのしもう。

がくしゅうび　月　日

きょうかしょ　下76〜79ページ

こたえ　23ページ

くわしく　きこう

1 「すきな　おはなし」に　ついて　ききました。正しい　こたえを　――（せん）で　むすびましょう。

- すきな　おはなしは　なんですか。　・　・　ハリーが　どろんこに　なる　ところです。
- だれが　出て　きますか。　・　・　ハリーと　いう　いぬが　出て　きます。
- どこが　すきですか。　・　・　「どろんこ　ハリー」です。

2 すきな　本を　しょうかいする　ときの　ことばを　□から　えらんで、（　）に　かきましょう。

ぼくが（　　　）本は、これです。たくさんの　虫が　出て　いる（　　　）です。

すきな　まで　から

3 すきな　ばしょに　ついて　ききました。もっと　しりたい　ことを　きく　とき、なんと　ききますか。

わたしが　すきな　ばしょは、「りょくちこうえん」です。大きな　ふん水が　あります。水が　出ると、とても　きれいで、なつは、すずしく　かんじます。

ききたい　こと

「ほかに（　　　　）」

こたえ

「大きな　すべりだいが　あります。」

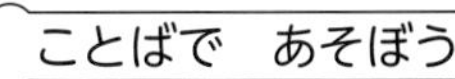

4 □の　ことばに、一字　ふやしたり、「゛」を　つけたり　して、べつの　ことばに　へんしんさせましょう。

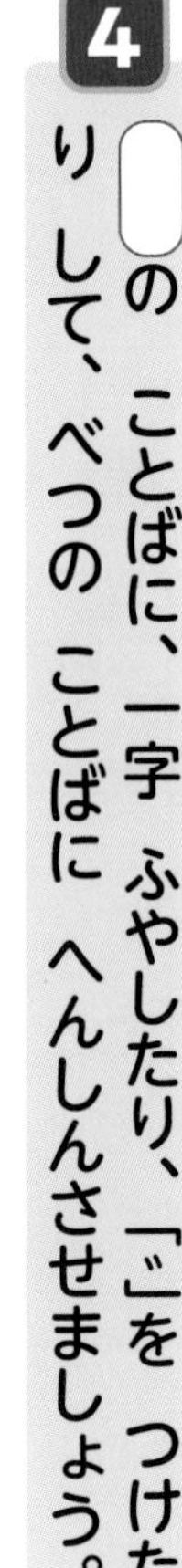

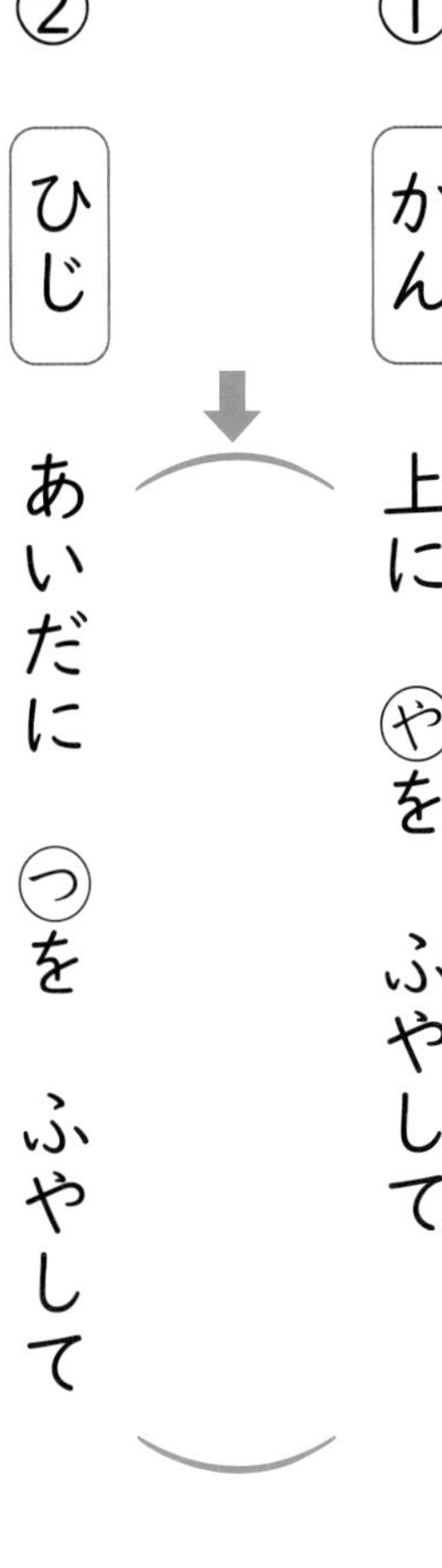

① かん　上に　㋳を　ふやして　（　　）

② ひじ　あいだに　㋡を　ふやして　（　　）

③ いわ　下に　㋛を　ふやして　（　　）

④ こま　「゛」を　つけて　（　　）

ほかの　二字の　ことばも　いろいろ　へんしんさせて　みよう！

5 字を　ふやして、えに　あう　ことばに　へんしんさせましょう。

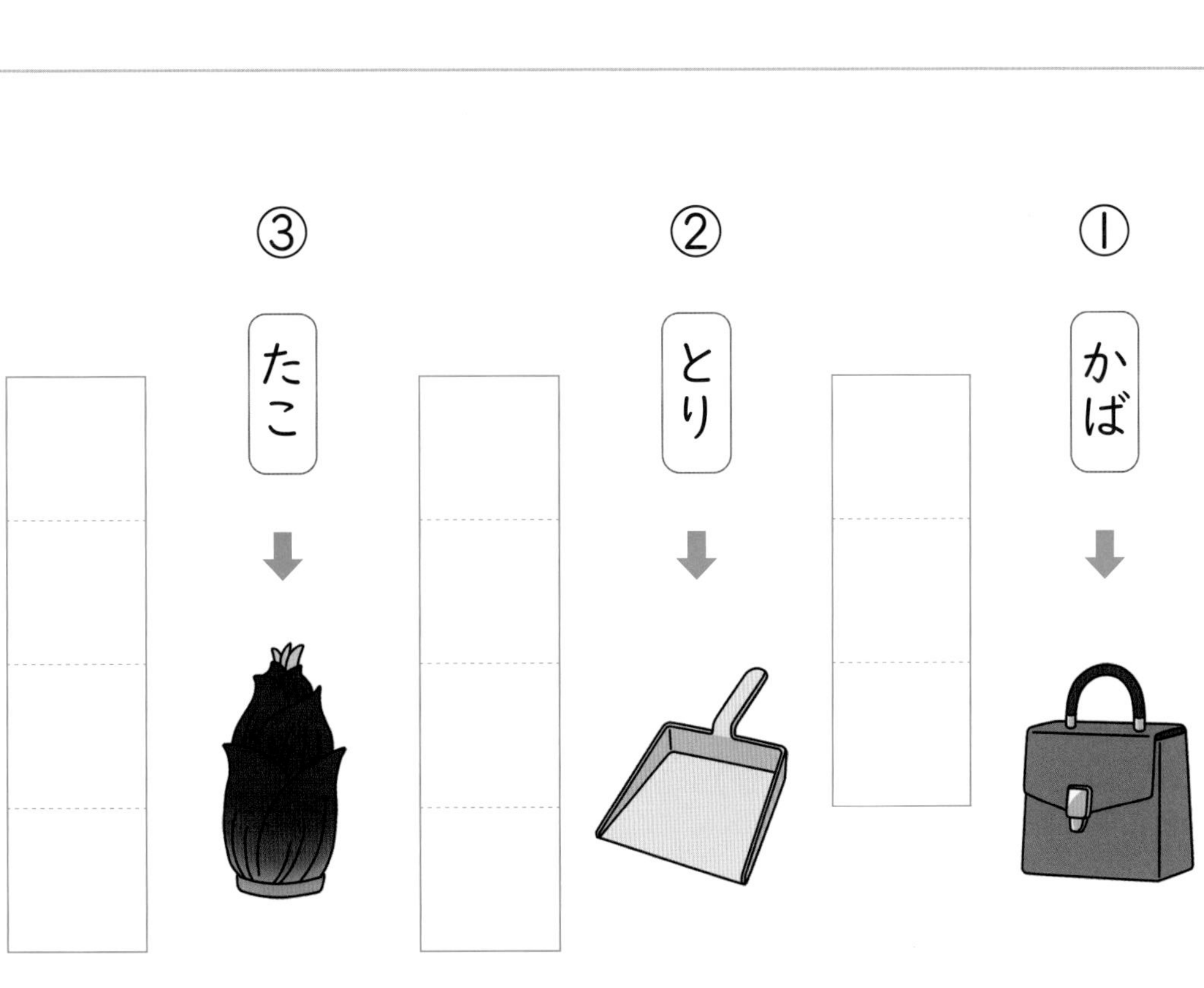

① かば → □□□

② とり → □□□□

③ たこ → □□□□

ぴったり1 じゅんび

くらべて よもう

どうぶつの 赤ちゃん

ますい みつこ

かきトリ あたらしい かん字

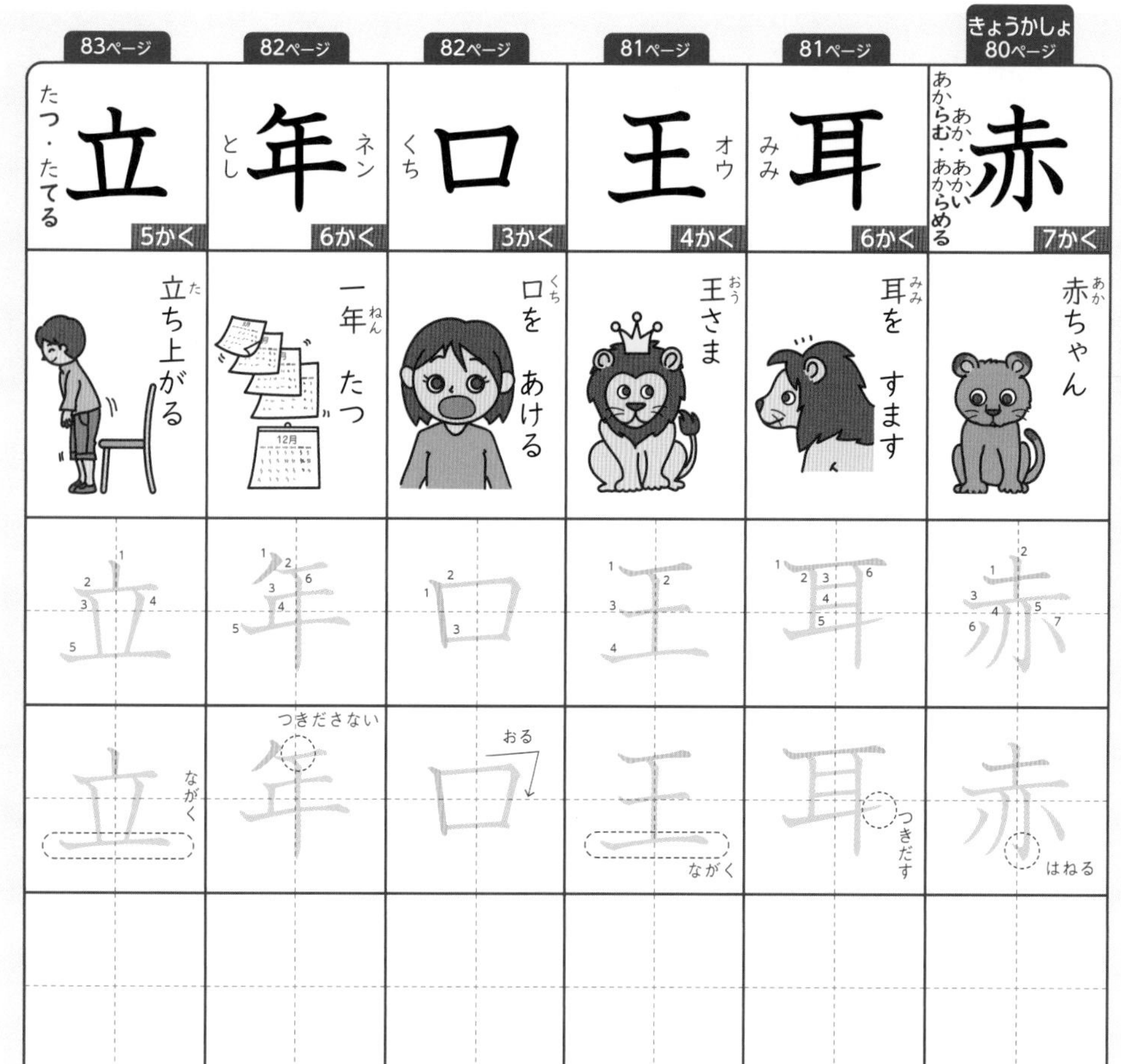

きょうかしょ 80ページ
赤 あか・あかい あからむ・あからめる 7かく
赤ちゃん
81ページ
耳 みみ 6かく
耳を すます
81ページ
王 オウ 4かく
王さま
82ページ
口 くち 3かく
口を あける
82ページ
年 ネン とし 6かく
一年 たつ
83ページ
立 たつ・たてる 5かく
立ち上がる
はねる
つきだす
ながく
おる
つきださない
ながく

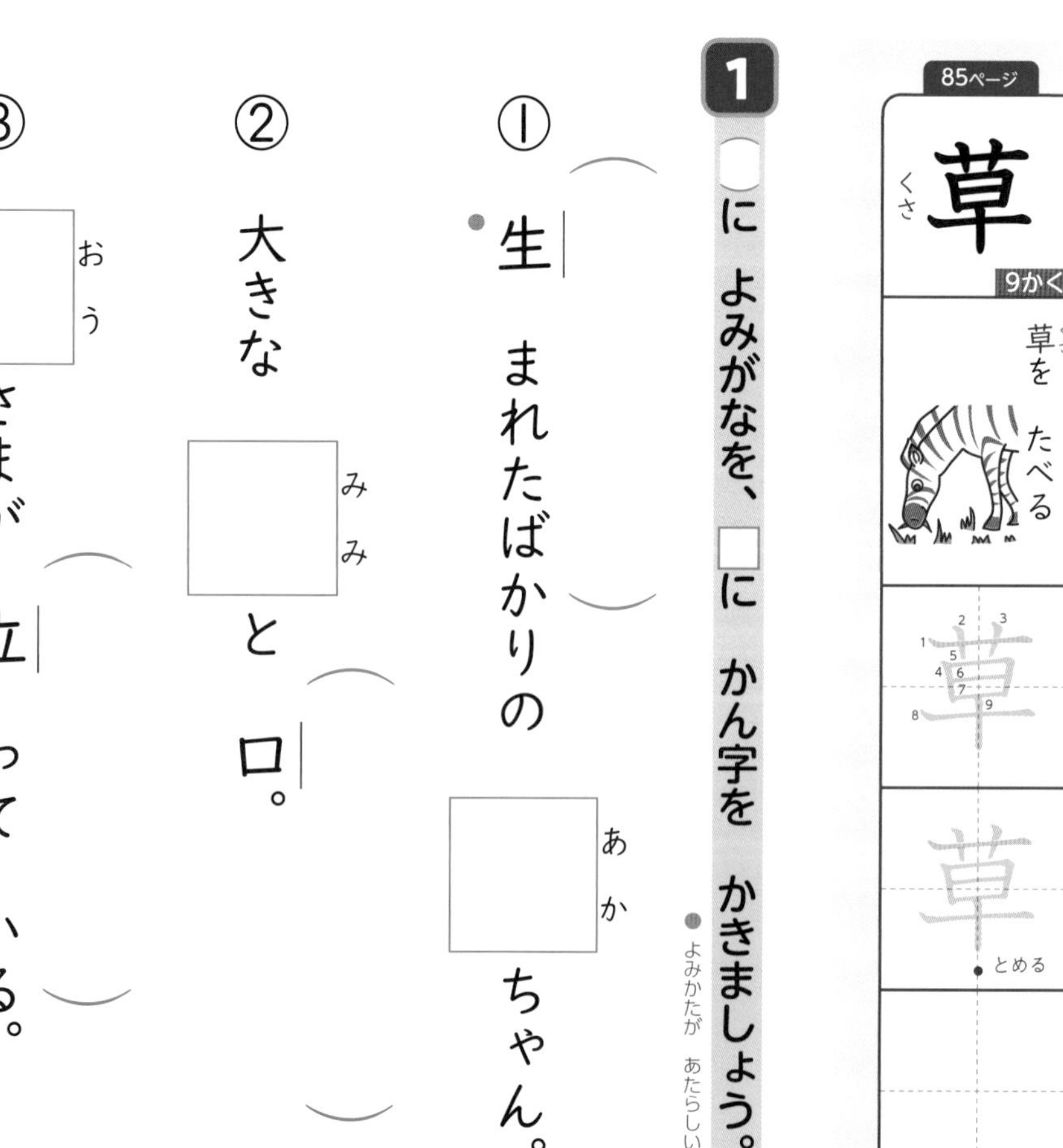

1 □に よみがなを、□に かん字を かきましょう。

① （生）まれたばかりの □（あか）ちゃん。

② 大きな □（みみ） と （口）。

③ □（おう） さまが （立）って いる。

・よみかたが あたらしい 字

めあて

★かん字は かきじゅんに 気を つけて おぼえよう。

★ちがいを せつめいする 文しょうを よんで くらべよう。

がくしゅうび 月 日

きょうかしょ 下80〜89ページ

こたえ 23ページ

2 正しい いみに ○を つけましょう。

① よわよわしくて にて いない。
あ（　）いかにも よわそうな ようす。
い（　）つよくて りっぱな ようす。

② えもの
あ（　）かりなどで とった（とる） どうぶつ。
い（　）えに かいた もの。

③ やがて、草を たべるように なる。
あ（　）きゅうに
い（　）しばらくして

④ おかあさんに そっくりだ。
あ（　）あまり にて いない。
い（　）とても よく にて いる。

⑤ たった、七日ぐらい。
あ（　）わずか
い（　）はっきり

3分で ワンポイント

どうぶつの 赤ちゃんの ようすを くらべて みよう。

★どうぶつの 赤ちゃんと ようすを まとめた ものを 線（せん）で むすびましょう。

ライオンの 赤ちゃん

しまうまの 赤ちゃん

・生まれた ときは やぎぐらいの 大きさ。
・生まれて 三十ぷんも たたない うちに 立ち上がる。
・つぎの 日には はしるように なる。

・生まれた ときは 子ねこぐらいの 大きさ。
・生まれて 二か月ぐらいは おちちだけ のむ。
・一年ぐらい たつと、えものの とりかたを おぼえる。

〔写真提供：アマナイメージズ〕

くらべて よもう

どうぶつの 赤ちゃん

二つの 文しょうを よんで、こたえましょう。

ライオンの 赤ちゃんは、生まれた ときは、子ねこぐらいの 大きさです。目や 耳は、とじた ままです。ライオンは、どうぶつの 王さまと いわれます。けれども、赤ちゃんは、よわよわしくて、おかあさんに あまり にて いません。

ますい みつこ「どうぶつの 赤ちゃん」より

1 生まれた ときの ライオンの 赤ちゃんは、どれくらいの 大きさですか。

[　　　] ぐらいの 大きさ。

2 生まれた ときの ライオンの 赤ちゃんの、目や 耳は どう なって いますか。

[　　　] まま。

3 「おかあさんに あまり にて いません。」と ありますが、どうして そう いえますか。一つに ○を つけましょう。

あ（　）おかあさんは つよいのに 赤ちゃんは、よわよわしいから。

い（　）おかあさんも 赤ちゃんも よわよわしいから。

がくしゅうび 月 日
きょうかしょ 下80～89ページ
こたえ 24ページ

〔写真提供：アマナイメージズ〕

しまうまの　赤ちゃんは、生まれた　ときに、もう　やぎぐらいの　大きさが　あります。目は　あいて　いて、耳も　ぴんと　立って　います。しまの　もようも　ついて　いて、おかあさんに　そっくりです。

ますい　みつこ「どうぶつの　赤ちゃん」より

4 生まれた　ときの　しまうまの　赤ちゃんは、どれくらいの　大きさですか。

［　　］ぐらいの　大きさ。

ヒント　「大きさ」と　いう　ことばを　さがそう。

5 生まれた　ときの　しまうまの　赤ちゃんの　目や　耳は　どう　なって　いますか。

目は　［　　　］いて、耳も　ぴんと　立って　いる。

6 「おかあさんに　そっくりです。」と　ありますが、どんな　ところが　そっくりですか。一つに○を　つけましょう。

㋐（　）しまの　もようが　ついて　いない　ところ。

㋑（　）しまの　もようが　ついて　いる　ところ。

ヒント　「しまの　もようも　ついて　いて」と　あるよ。

ぴったり1 じゅんび

3分でまとめ

ことばって、おもしろいな／きいて　たのしもう

ものの　名まえ
わらしべちょうじゃ

※チャレンジテストであつかいます。

◎めあて
★かいものに　かんけいする　かん字を　おぼえよう。
★ものを　まとめて　つけた　名まえを　たしかめよう。

がくしゅうび　月　日
きょうかしょ　下90〜97ページ
こたえ　24ページ

かきトリ　あたらしい　かん字

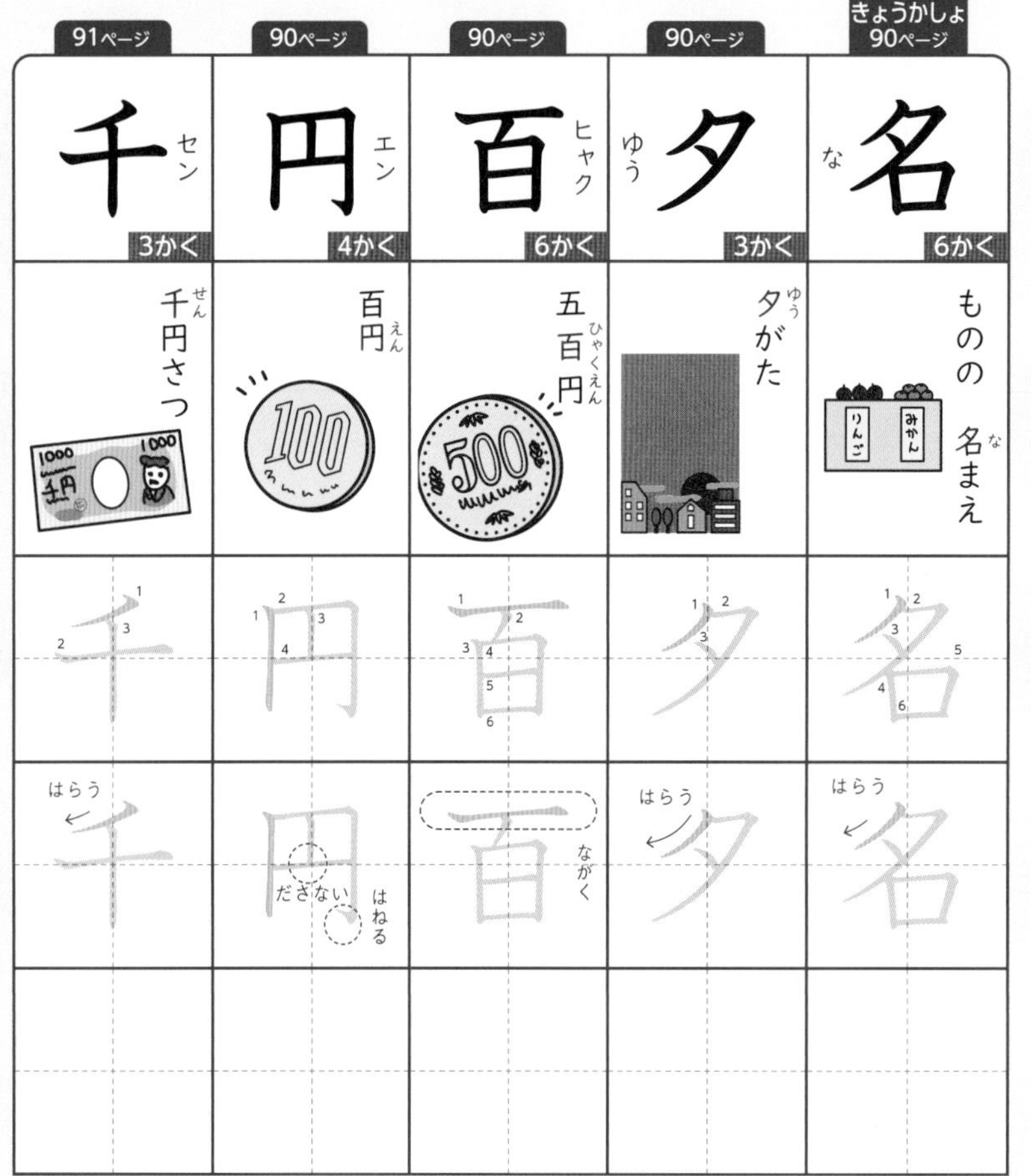

91ページ
90ページ
90ページ
90ページ
きょうかしょ 90ページ
千 セン 3かく
円 エン 4かく
百 ヒャク 6かく
夕 ゆう 3かく
名 な 6かく
千円さつ
百円
五百円
夕がた
ものの　名まえ
はらう
だざない
はねる
ながく

1 □に　よみがなを　かきましょう。

① 千円（　）さつを　出（　）す。

② 名（　）まえを　かく。

2 □に　かん字を　かきましょう。

① きれいな　□（ゆう）やけ。

② □□□（ご　ひゃく　えん）で　かう。

●よみかたが　あたらしい　字

3 文しょうを　よんで、こたえましょう。

ものには、一つ一つに　名まえが　ついて　います。**りんご**、**みかん**、**バナナ**などは、一つ一つの　名まえです。

一つ一つの　ものを、まとめて　つけた　名まえも　あります。りんご、みかん、バナナなどを　まとめて　つけた　名まえは、**くだもの**です。

さかなも、まとめて　つけた　名まえです。一つ一つを　わけて　いう　ときには、**あじ**、**さば**、**たい**などと、一つ一つの　名まえを　つかいます。

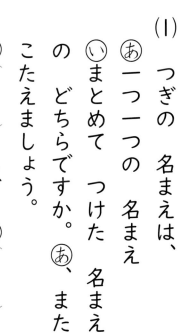

「ものの　名まえ」より

(1) つぎの　名まえは、
あ一つ一つの　名まえ
いまとめて　つけた　名まえ
の　どちらですか。あ、または　いで　こたえましょう。

①（　　）りんご　②（　　）くだもの
③（　　）さかな　④（　　）あじ

(2) つぎの　ものを　まとめて　いう　ことばを　ひらがなで　かきましょう。

① ばら・きく・カーネーション　[　　]

② すずめ・つばめ・はと　[　　]

(3) あなたが　もしも「がっきの　おみせ」を　ひらくと　したら　なにを　うりますか。二つ　かきましょう。

ぴったり1 じゅんび

ふたりで　かんがえよう
かたかなの　かたち
ことばあそびを　つくろう
これは、なんでしょう

かたかなの　かたち

1 えに　あう　ことばを　かたかなで　かきましょう。

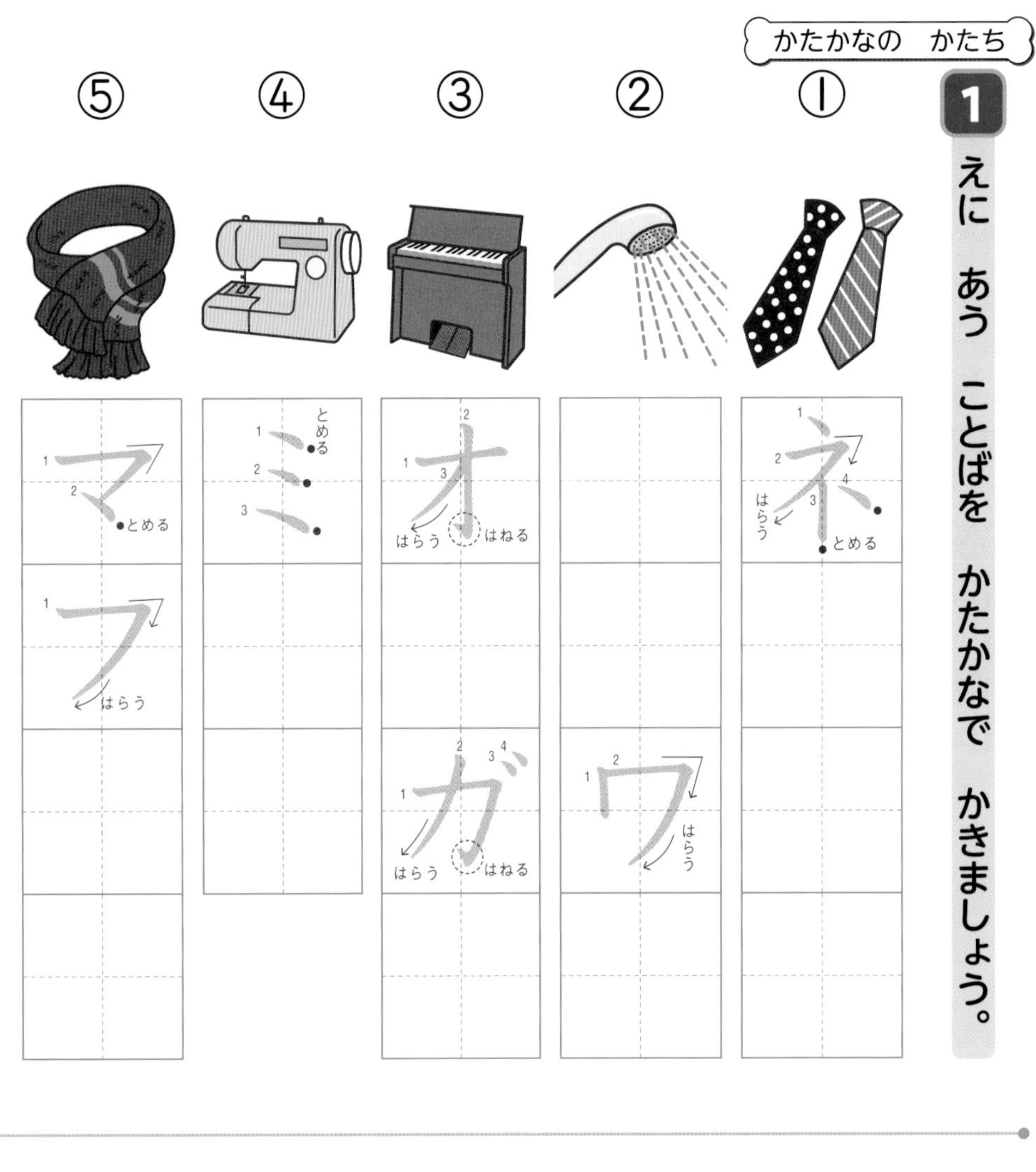

2 ちがいに　気を　つけて　かたかなを　かきましょう。

「ヲ」は　かきじゅんにも
気を　つけよう。

3 かたちの　にて　いる　字が　あります。ひらがなを　かたかなで　かきましょう。

めあて

★かたちの　にて　いる　かたかなを　おぼえよう。
★ことばあそびを　たのしもう。
★もんだいと　こたえを　かんがえよう。

がくしゅうび
月　日

きょうかしょ
下98〜107ページ

こたえ
25ページ

4 えを　ヒントに　して　ことばを　見つけ、□に　かきましょう。

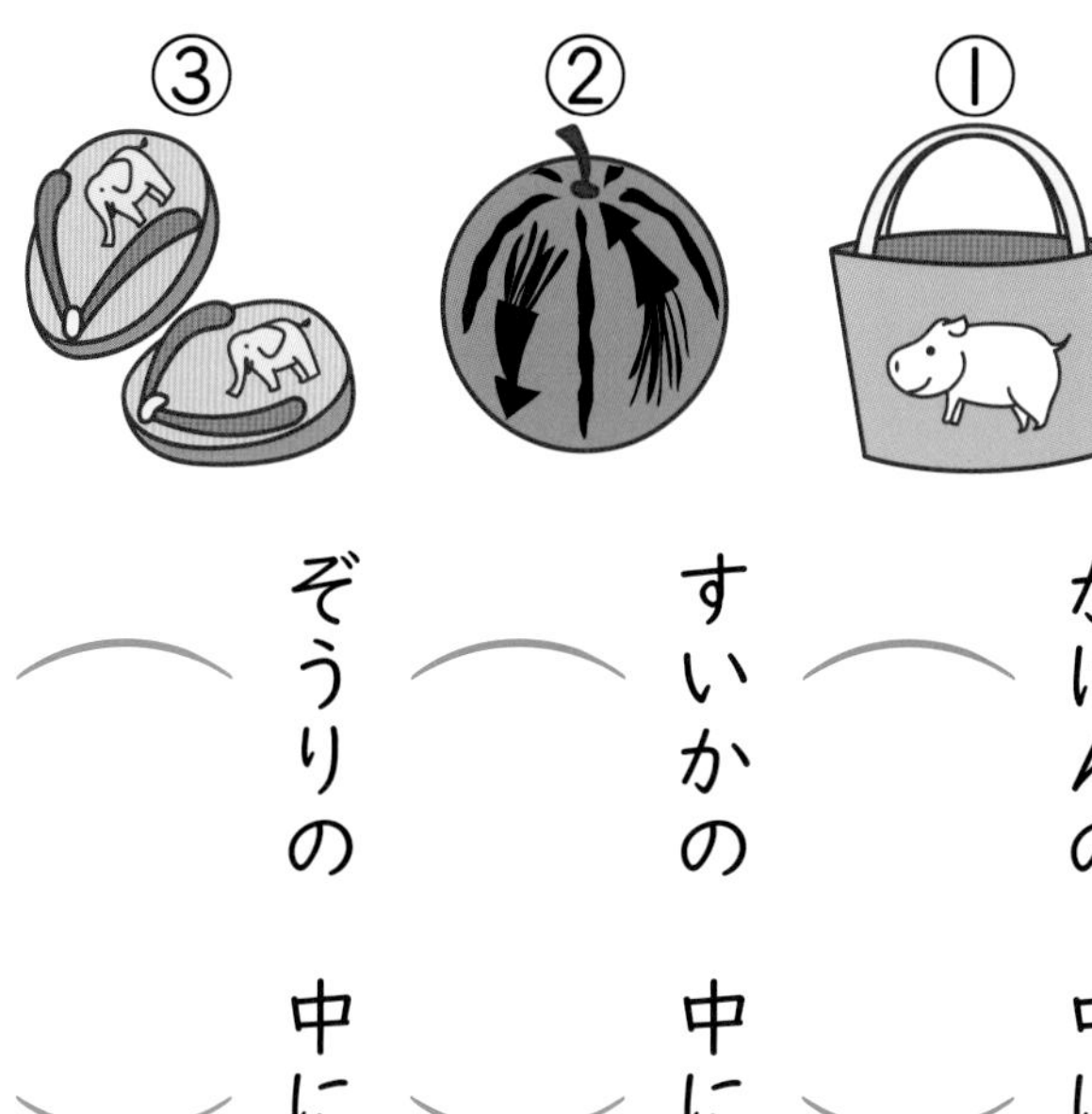

① かばんの　中に（　　）が　いる。

② すいかの　中に（　　）が　いる。

③ ぞうりの　中に（　　）が　いる。

④ はたけの　中に（　　）が　ある。

⑤ みかんの　中に（　　）が　ある。

5 □に　あう　ことばを　□から　えらびましょう。

① ぼうしの　中には（　　）が　いる。

② ぼうしの　中には（　　）が　ある。

ぼう　うし

6 つぎの、学校に　ある　ものに　ついての　もんだいを　よんで、□に　こたえを　かきましょう。

きょうしつに　あります。
くろくて　大きいです。
チョークで　字を　かきます。
これは、なんですか。

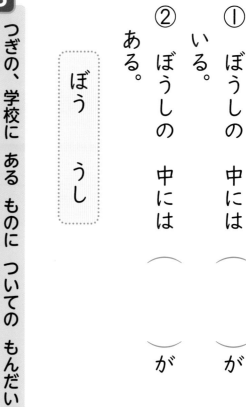

（　　）

ぴったり3 たしかめのテスト①

どうぶつの 赤ちゃん ～これは、なんでしょう

二つの 文しょうを よんで、こたえましょう。 思考・判断・表現

ライオンの 赤ちゃんは、生まれた ときは、子ねこぐらいの 大きさです。目や 耳は、とじた ままです。ライオンは、どうぶつの 王さまと いわれます。けれども、赤ちゃんは、よわよわしくて、おかあさんに あまり にて いません。

ライオンの 赤ちゃんは、じぶんでは あるく ことが できません。よそへ いく ときは、おかあさんに、口に くわえて はこんで もらうのです。

ますい みつこ「どうぶつの 赤ちゃん」より

1 生まれて すぐに じぶんでは あるく ことが できないのは、どちらですか。一つに ○を つけましょう。 15てん

あ（　）ライオン　い（　）しまうま

2 生まれて すぐに じぶんで 立ち上がるのは、どちらですか。一つに ○を つけましょう。 15てん

あ（　）ライオン　い（　）しまうま

できたらスゴイ！

3 ライオンの 赤ちゃんは、よそへ いく ときは、どのように して いきますか。文しょうから かきぬきましょう。 20てん

おかあさんに

（　　　　　　　　　　）

のです。

じかん 20ぷん
／100
ごうかく 80てん

がくしゅうび
月　日

きょうかしょ
下80～107ページ

こたえ
25ページ

〔写真提供：アマナイメージズ〕

　しまうまの　赤ちゃんは、生まれた　ときに、もう　やぎぐらいの　大きさが　あります。目は　あいて　いて、耳も　ぴんと　立って　います。しまの　もようも　ついて　いて、おかあさんに　そっくりです。

　しまうまの　赤ちゃんは、生まれて　三十ぷんも　たたない　うちに、じぶんで　立ち上がります。そして、つぎの　日には、はしるように　なります。だから、つよい　どうぶつに　おそわれても、おかあさんや　なかまと　いっしょに　にげる　ことが　できるのです。

ますい　みつこ「どうぶつの　赤ちゃん」より

4 しまうまの　赤ちゃんは　生まれて　どのくらいで　立ち上がりますか。　15てん

[　　　　] も　たたない　うち。

よく出る

5 しまうまの　赤ちゃんが、つよい　どうぶつに　おそわれても　にげる　ことが　できるのは　なぜですか。一つに　○を　つけましょう。　15てん

あ（　）おかあさんが　口に　くわえて　はこんで　くれるから。

い（　）じぶんで　はしる　ことが　できるから。

かんがえを　かこう

6 ライオンと　しまうまの　赤ちゃんの　生まれた　ときの　大きさを　くらべて、わかった　ことを　かきましょう。　20てん

ふりかえり　6が　わからない　ときは、93ページの　3分でワンポイント　に　もどって　かくにんしよう。

ぴったり3
たしかめのテスト②
じかん20ぷん
／100
ごうかく80てん
がくしゅうび
月　日
きょうかしょ
下80～107ページ
こたえ
26ページ

どうぶつの　赤ちゃん　～これは、なんでしょう

1 （　）に　よみがなを　かきましょう。　一つ5てん（20てん）

①（　）夕だち

②（　）草を　ふむ。

③（　）赤い　ふく。

④（　）耳を　すます。

2 □に　かん字を　かきましょう。　一つ5てん（20てん）

① □□（いちねん）

② □□（せんえん）さつ

③ □（くち）を　出す。

④ □（た）つ

3 まちがって　いる　かたかなを　なおして、みぎの□に　正しく　かきましょう。　一つ6てん（18てん）

① 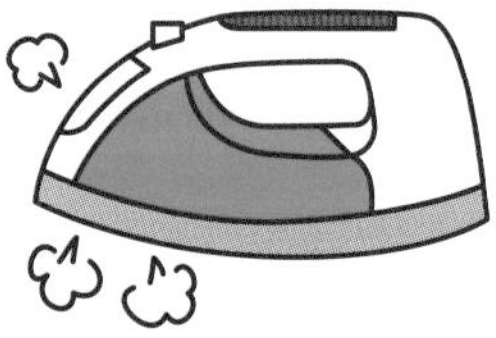 マイロソ

②  ンース

③  ツヤシ

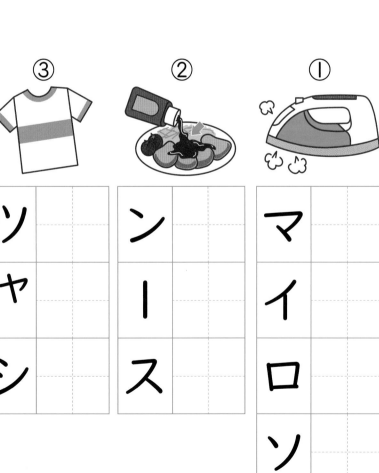

4 上の　えの　人は　なんの　おみせで、なにを　かったのか、こたえましょう。　一つ5てん（30てん）

①
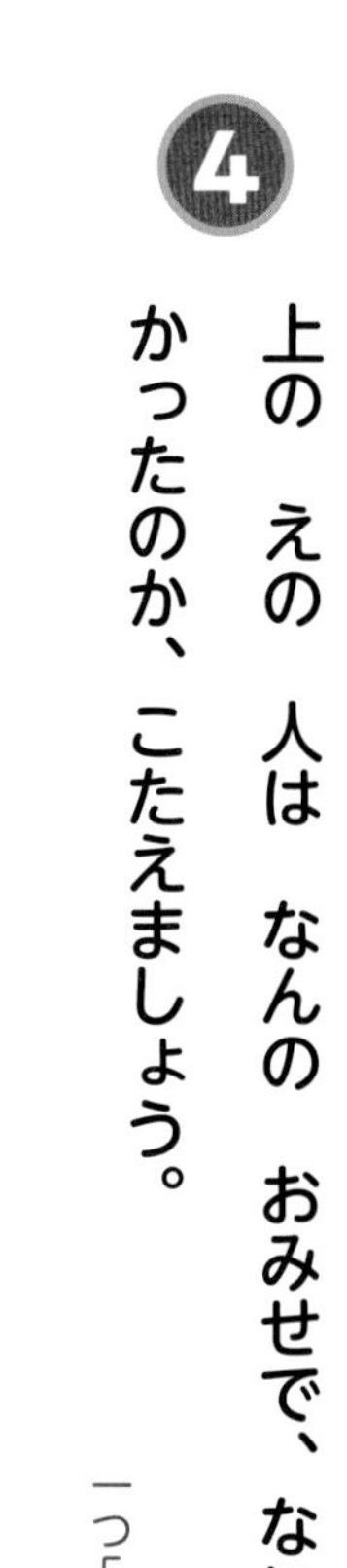
（　　　）さんで（　　　）を　かった。

②

（　　　）さんで（　　　）を　かった。

③
（　　　）さんで（　　　）を　かった。

5 思考・判断・表現
つぎの「これは、なんでしょう」の　もんだいに　こたえる　ために、どんな　しつもんを　すると　よいですか。二つに　○を　つけましょう。　一つ6てん（12てん）

白い　字が　かけます。
学校に　ある　ものです。
つかうと、小さく　なります。
これは、なんでしょう。

㋐（　）どんなふうに　なきますか。
㋑（　）大きさは、どれくらいですか。
㋒（　）すきな　ものは　なんですか。
㋓（　）きょうしつで　つかいますか。
㋔（　）あさは、いつも　なんじに　おきますか。

ふりかえり　**5**が　わからない　ときは、99ページの　**6**に　もどって　かくにんしてみよう。

ぴったり1 じゅんび

3分でまとめ

よんで かんじた ことを はなそう

ずうっと、ずっと、大すきだよ

にて いる かん字

ハンス＝ウイルヘルム さく
ひさやま たいち やく

めあて
★おはなしの ばめんを そうぞうしながら よもう。
★にて いる かん字を 正しく おぼえよう。

がくしゅうび　月　日
きょうかしょ　下108〜121ページ
こたえ　26ページ

かきトリ あたらしい かん字

きょうかしょ108ページ
犬（いぬ）4かく

すばらしい 犬（いぬ）
つける　はらう

109ページ
早（はやい・はやまる・はやめる）6かく

ずっと 早（はや）い
とめる

120ページ
貝（かい）7かく

貝（かい）がら
おなじ あき　とめる

120ページ
林（はやし）8かく
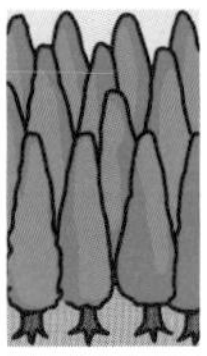
林（はやし）を ぬける
はらう

120ページ
右（みぎ）5かく

右（みぎ）がわ
はらう

120ページ
足（あし）7かく

右足（あし）で ける
はらう

120ページ
石（いし）5かく

石（いし）を ける
はらう

121ページ
左（ひだり）5かく

左（ひだり）を 見る
はらう

1 〔　〕に よみがなを かきましょう。

① 花〔　〕だんに 花〔　〕を うえる。

② 右手〔　〕で 文字〔　〕を かく。

③ さかを 上〔　〕る。

●よみかたが あたらしい 字

2 □に かん字を かきましょう。

●よみかたが あたらしい 字

① □(とし)を きく。 ② □□(ひだり あし)

③ □(かい)がらと □(いし)を ひろう。

3 正しい ほうに ○を つけましょう。

①
あ（　）きょうしつに 人る。
い（　）きょうしつに 入る

②
あ（　）学校で べんきょうする。
い（　）字校で べんきょうする。

③
あ（　）村の まつりに いく。
い（　）林の まつりに いく。

3分で ワンポイント

おはなしの じゅんばんを たしかめよう。

★おはなしの じゅんに、ばんごうを かきましょう。

（　）エルフが しんだので、にわに うめた。みんな ないて、かたを だきあった。みんな エルフが すきだった。

（　）ぼくは、いつか また どうぶつを かうときも、まいばん、「ずうっと、ずっと、大すきだよ。」と いう つもりだ。

（　）エルフと ぼくは、まい日 あそんだ。エルフは ママの 花だんを ほりかえすのが すきだった。

（　）エルフは、どんどん ふとって いった。年を とって、ねて いる ことが おおく なった。

よんで かんじた ことを はなそう

ずうっと、ずっと、大すきだよ

がくしゅうび
月　日
きょうかしょ
下108〜119ページ
こたえ
27ページ

文しょうを よんで、こたえましょう。

エルフと ぼくは、まい日いっしょに あそんだ。

エルフは、りすを おいかけるのがすきで、ママの 花だんをほりかえすのが すきだった。

ときどき、エルフが わるさをすると、うちの かぞくは、すごく おこった。でも、エルフを しかって いながら、みんなは、エルフの こと、大すきだった。

すきなら すきと、いってやれば よかったのに、

1 エルフが すきだった ことを 二つ かきましょう。

・（　　）を（　　）こと。

・ママの（　　）を（　　）こと。

ヒント 「すきだった。」で おわる 文を さがそう。

2 「すきなら すきと、いって やれば よかった」に ついて こたえましょう。

① そう おもったのは だれですか。一つに ○を つけましょう。

（　）ぼく　（　）エルフ　（　）かぞく

ヒント この 文しょうは、「ぼく」が はなして いるね。

② だれが だれに いって やれば

だれも、いって　やらなかった。
いわなくっても、わかると
おもって　いたんだね。

いつしか、ときが　たって　いき、
ぼくの　せが、ぐんぐん　のびる
あいだに、エルフは、どんどん
ふとって　いった。
　エルフは、年を　とって、ねて　いる
ことが　おおく　なり、さんぽを
いやがるように
なった。
ぼくは、とても
しんぱいした。

ハンス＝ウイルヘルム　さく・え／ひさやま　たいち　やく「ずうっと、ずっと、大すきだよ」より

よかったのですか。

［　　　］が［　　　］に　いって　やれば　よかった。

3 「いつしか、ときが　たって　いき」、ぼくと　エルフは　どう　なりましたか。

①　ぼく
（　　　　　　　　　　）

②　エルフ
（　　　　　　　　　　）

4 エルフは、年を　とって　どう　なりましたか。

①（　　　　　　　　　　）ことが　おおく　なった。

②（　　　　　　　　　　）を　いやがるように　なった。

ぴったり3

たしかめのテスト①

ずうっと、ずっと、大すきだよ　にて いる かん字

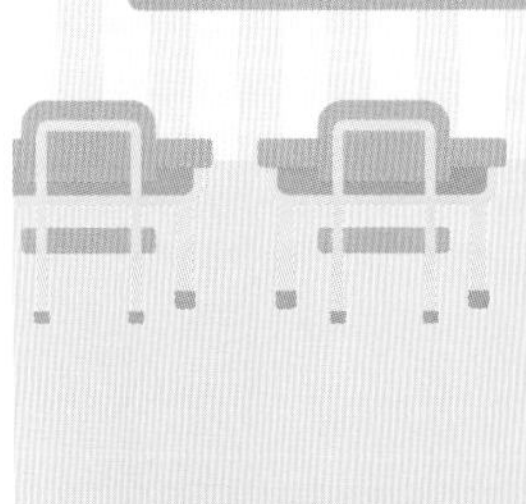

じかん 20 ぷん

／100

ごうかく 80 てん

がくしゅうび　月　日

きょうかしょ　下108～121ページ

こたえ　27ページ

文しょうを よんで、こたえましょう。　思考・判断・表現

ぼくたちは、エルフを にわに うめた。みんな ないて、かたを だきあった。

にいさんや いもうとも、エルフが すきだった。でも、すきって いって やらなかった。ぼくだって、かなしくて たまらなかったけど、いくらか 気もちが らくだった。だって、まいばん エルフに、「ずうっと、大すきだよ。」って、いって やって いたからね。

1 「エルフを にわに うめた。」とき、みんなが かなしんで いる ことが よく わかる 文を かきぬきましょう。　20てん

よく出る

2 「ぼく」が「いくらか 気もちが らくだった。」のは、なぜですか。一つに ○を つけましょう。　20てん

あ（　）エルフに 大すきだよって、いって やって いたから。

い（　）たくさん ないて 気もちが おちついたから。

う（　）エルフを みんなで、にわに うめたから。

となりの　子が、子犬を　くれると
いった。もらっても、エルフは　気に
しないって　わかって　いたけど、
ぼくは、いらないって　いった。
　かわりに、ぼくが、エルフの
バスケットを　あげた。ぼくより、
その　子の　ほうが、バスケット
いるもんね。
　いつか、ぼくも、
ほかの　犬を
かうだろうし、
子ねこや　きんぎょも
かうだろう。なにを
かっても、まいばん、
きっと　いって　やるんだ。
「ずうっと、ずっと、大すきだよ。」
って。

ハンス＝ウイルヘルム　さく・え／ひさやま　たいち　やく「ずうっと、ずっと、大すきだよ」より

3 「その　子」とは、だれの　ことですか。
一つに　○を　つけましょう。　15てん

あ（　）エルフ　い（　）子犬
う（　）となりの　子

できたらスゴイ!

4 「ぼく」が、これからの　ことを
そうぞうして　いって　いる　文の
はじめの　三字を　かきぬきましょう。　20てん

かんがえをかこう

5 この　おはなしを　よみおわって、「ぼく」の
気もちに　なって、楽しい　思い出を　く
れた　エルフへの　おれいの　ことばを
かきましょう。　25てん

エルフ、

ふりかえり　4が　わからない　ときは、105ページの　3分でワンポイント　に　もどって　かくにんしよう。

ぴったり3

たしかめのテスト②

ずうっと、ずっと、大すきだよ　にて　いる　かん字

じかん 20 ぷん

／100

ごうかく 80 てん

がくしゅうび　月　日

きょうかしょ　下108～121ページ

こたえ　28ページ

1 （　）に　よみがなを　かきましょう。　一つ4てん（24てん）

①（　　）林の　中を　あるく。

②（　　）早く　ねる。

③（　　）年を　とる。

④（　　）右足

⑤（　　）貝を　ほる。

⑥（　　）文字を　よむ。

2 □に　かん字を　かきましょう。　一つ4てん（16てん）

① □（みぎ）がわを　とおる。

② □□（こいぬ）を　かう。

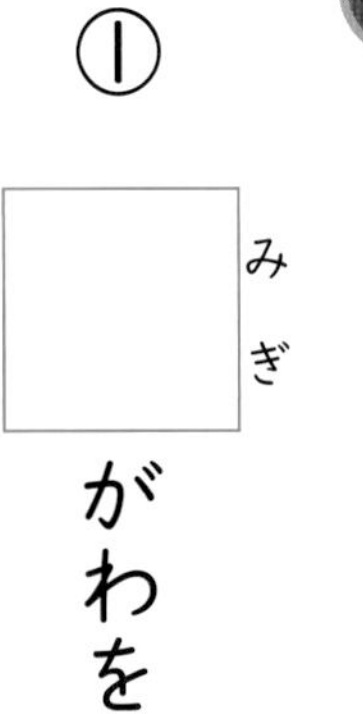

③ □□（ひだりて）で　□（いし）を　もつ。

3 かん字と　ひらがなで　かきましょう。　4てん

さかみちを　〔　　　〕（のぼる）。

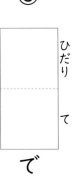

4 つぎの かん字の 赤い ところは なんかく目に かきますか。すう字を かきましょう。 一つ5てん(30てん)

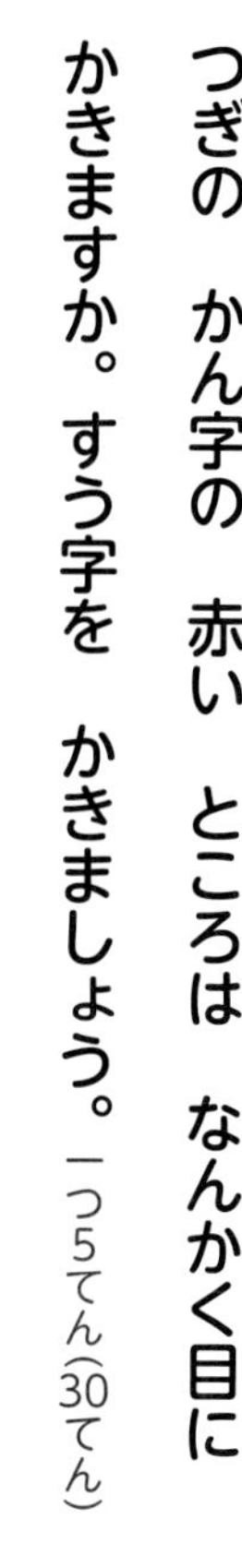
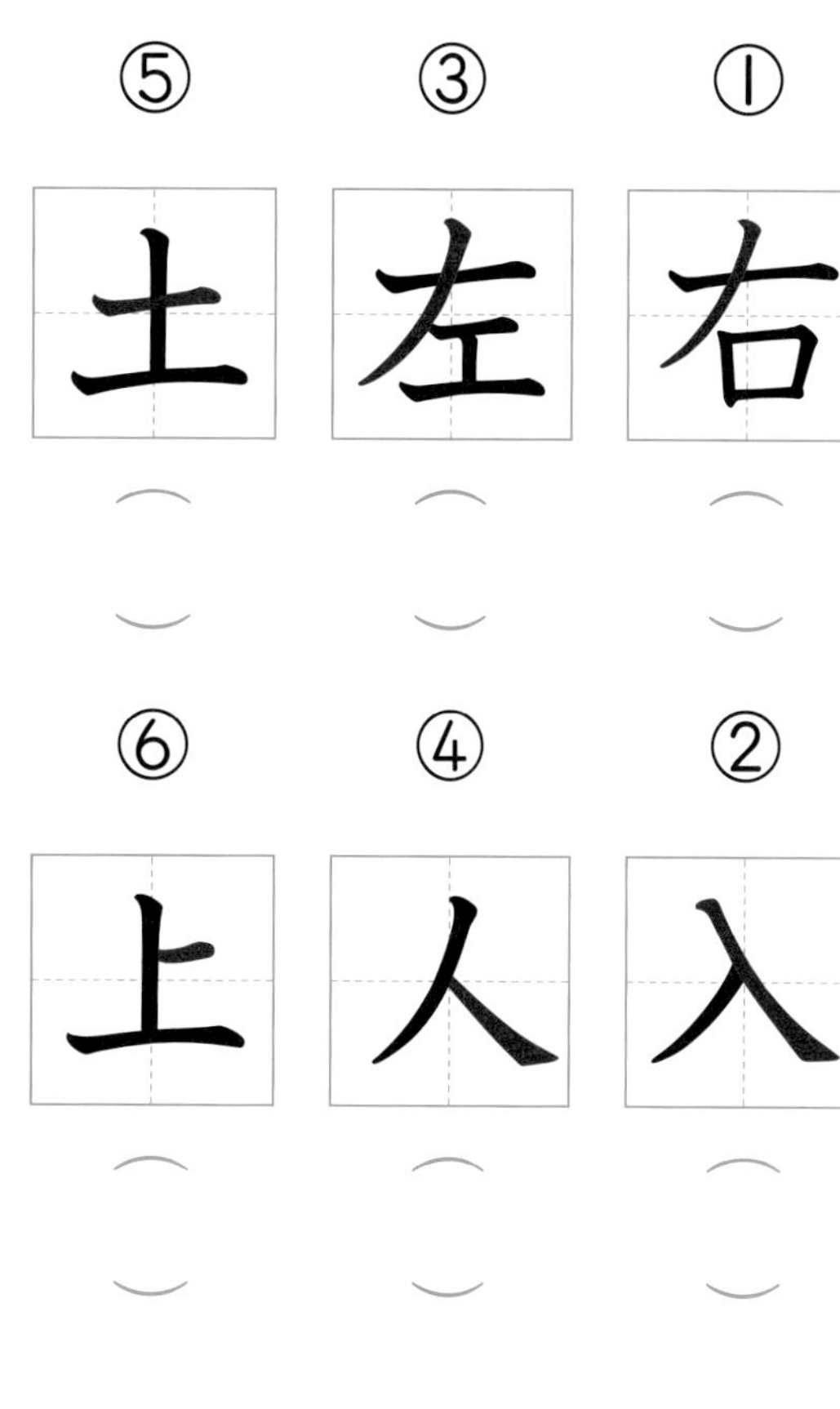
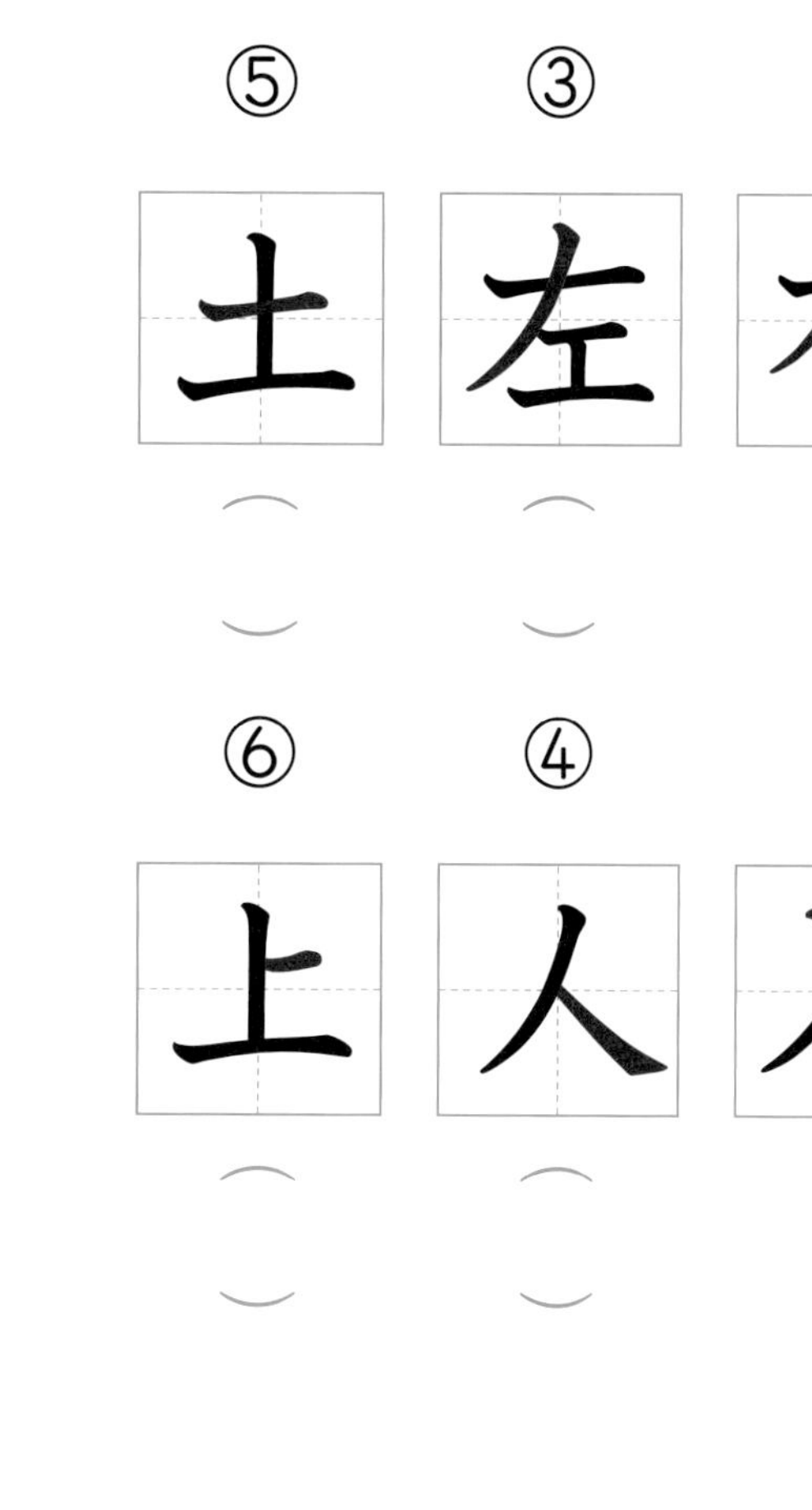

① 右 (　　)

② 入 (　　)

③ 左 (　　)

④ 人 (　　)

⑤ 土 (　　)

⑥ 上 (　　)

5 まちがって いる かん字を 正しく なおして 文を かきましょう。 一つ5てん(10てん)

① 花火を 貝る。

(　　　　)

② 石足で 右を ける。

(　　　　)

6 正しい いみに ○を つけましょう。 一つ4てん(16てん)

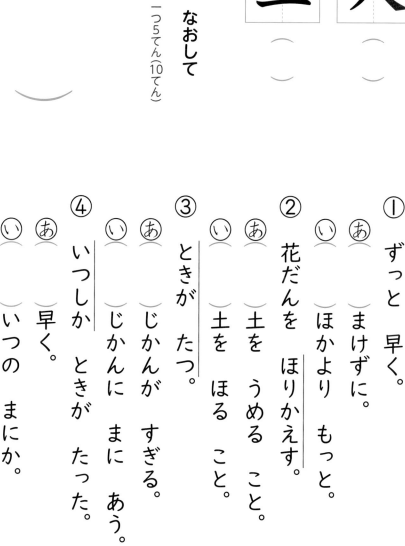

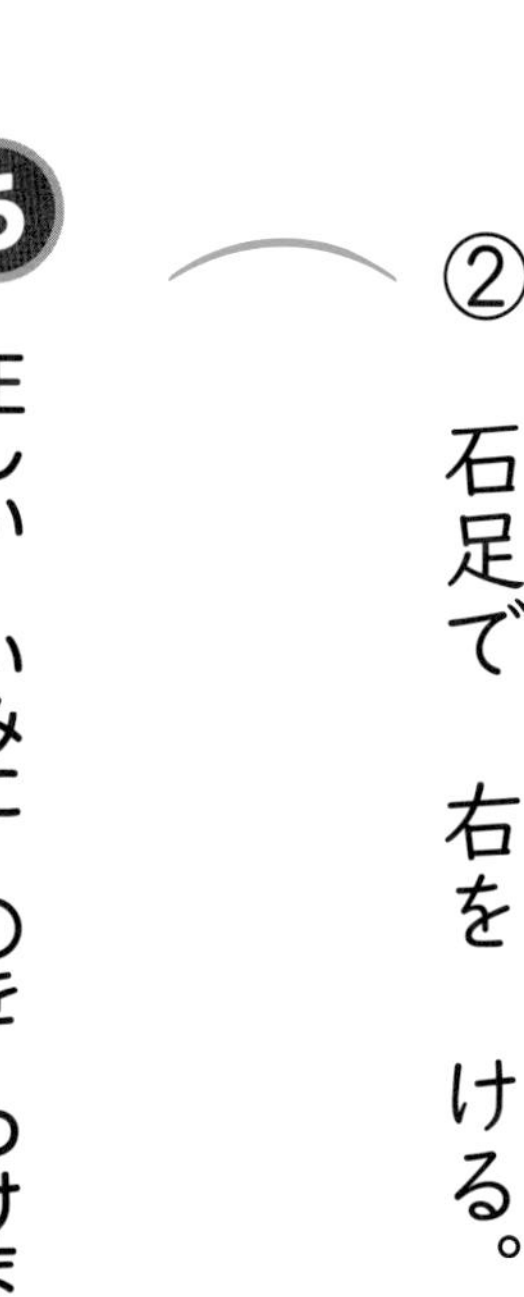
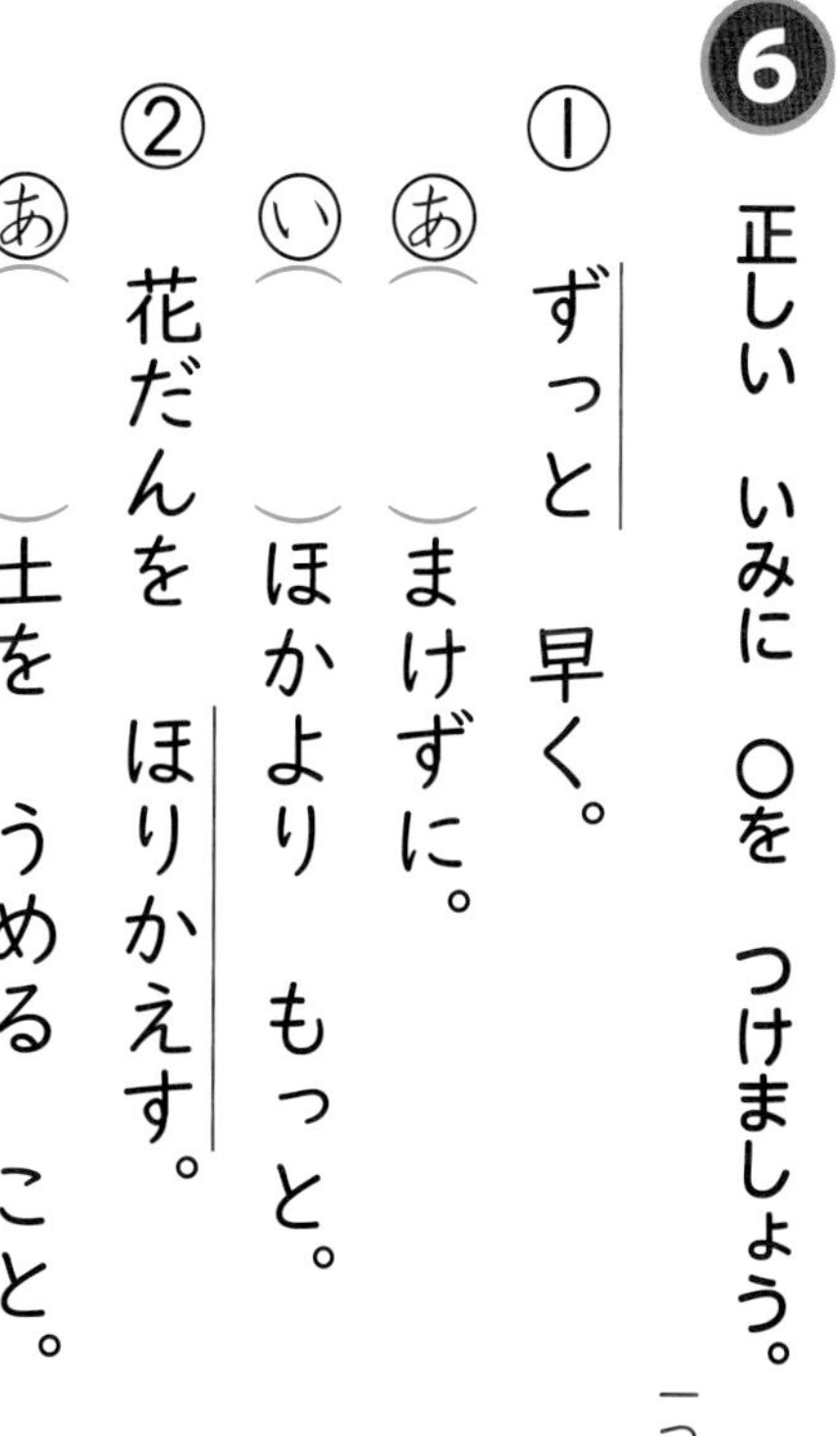
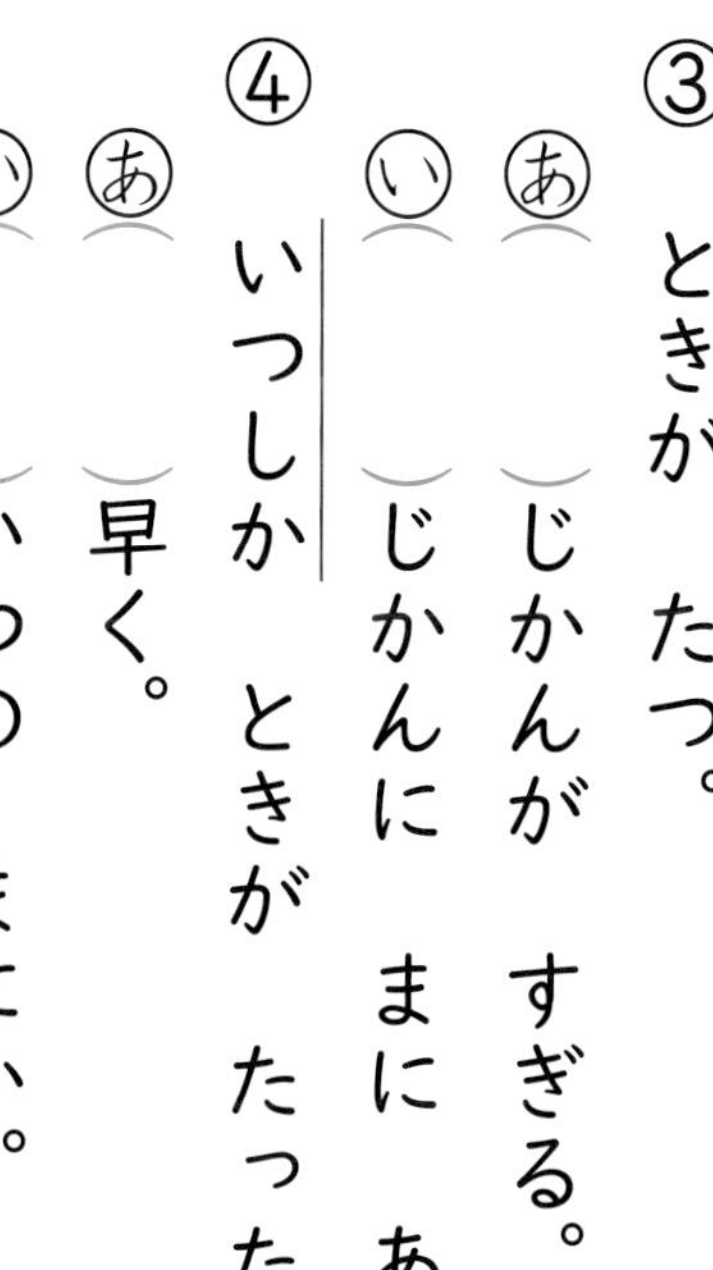

① ずっと 早く。

あ(　)まけずに。

い(　)ほかより もっと。

② 花だんを ほりかえす。

あ(　)土を うめる こと。

い(　)土を ほる こと。

③ ときが たつ。

あ(　)じかんが すぎる。

い(　)じかんに まに あう。

④ いつしか ときが たった。

あ(　)早く。

い(　)いつの まにか。

ふりかえり ❹が わからない ときは、104ページに もどって かくにんしよう。

おもい出して かこう

いい こと いっぱい、一年生

めあて
★一年生に なってからの いい ことを おもい出そう。
★おもい出した ことを かいて、つたえよう。

がくしゅうび 月 日

きょうかしょ 下122〜125ページ

こたえ 28ページ

かきトリ あたらしい かん字

きょうかしょ 123ページ

力 ちから 2かく

力を あわせる

はらう はねる

1 （ ）に よみがなを、□に かん字を かきましょう。

① たしざんを 学ぶ。

② □（ちから）が つよい。

③ 玉入れを する。

2 文しょうを よんで、こたえましょう。

がんばった玉入れ
一年二くみ あべ つぐみ

五月のうんどうかいで、玉入れをがんばりました。

おなじチームの二年生が、「かごのちかくにいってなげるといいよ。」と、おしえてくれました。やってみると、たくさん入りました。

らいねんは、わたしが一年生におしえてあげようとおもいます。

「いい こと いっぱい、一年生」より

① いわれた ことばの よこに ――（せん）を ひきましょう。

② おもった ことが かいて ある 文の よこに 〜〜（なみせん）を ひきましょう。

なつの チャレンジテスト

きょうかしょ 上1～95ページ

なまえ

がつ　にち

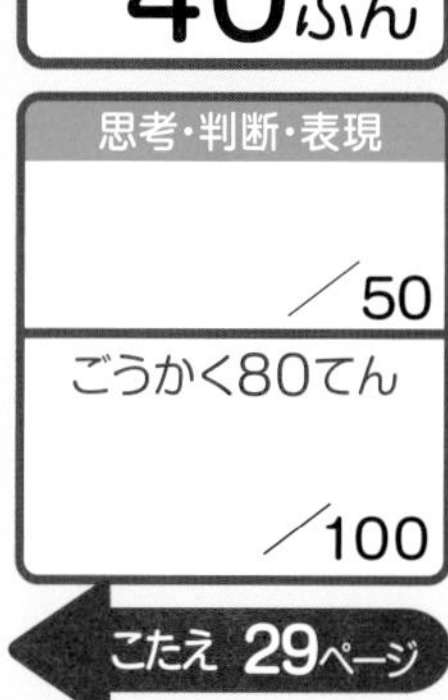

思考・判断・表現

／50

ごうかく80てん

／100

こたえ 29ページ

1

えに　あう　ことばに　なるように、□に「あ・い・う・え・お」の　どれかを　かきましょう。

ひとつ2てん（10てん）

①  おば□さん

②  おね□さん

③   ほ□き

④  け□さつ

3

□に、ただしい　ほうの　じを　かきましょう。

ひとつ3てん（15てん）

① かばん□（お・を）さ□（は・わ）る。

② いぬ□（は・わ）こう□（え・へ）んから

のはら□（え・へ）いった。

4

つぎの　さくぶんを　よんで　こたえましょう。

6 思考・判断・表現

しを　よんで、こたえましょう。

ゆうひ

ビル（びる）の　おくじょうに
おいてきぼりの　クレーン（くれえん）　２だい
くびを　のばして
ゆうひを　みてる

かぜの　さばくに
すみついた　キリン（きりん）が　２とう
くびを　のばして
ゆうひを　みてる

武鹿　悦子「たけのこ　ぐん！」より

（切り取り線）

(1) クレーンは　なにに　にて　いますか。　8てん

(2) クレーンは　なにを　みて　いますか。ひとつに　○を　つけましょう。　8てん

あ（　）びる
い（　）ゆうひ
う（　）さばく

(3) 「ゆうひ」の　ふうけいは、どんな　かんじの　する　ふうけいですか。　10てん

（　　　　　　）かんじの　する　ふうけい。

5 思考・判断・表現

しを　よんで、こたえましょう。

あくしゅ

あくしゅは
てと　ての　でんわ
ことばが　つたわる
こころが　つながる

あくしゅは
てと　ての　でんわ
きれたあとまで
あたたかい

武鹿悦子「たけのこ　ぐん！」より

（切り取り線）

(1) あくしゅは　なにのように　みえますか。□に　あう　ことばを　かきましょう。　かんとう8てん

□と□の　でんわ。

(2) あくしゅを　した　あいてとは　なにが　つながりますか。　8てん

（　　　　）が　つながる。

(3) あくしゅを　した　あと、どんな　きもちに　なりますか。ひとつに　○を　つけましょう。　8てん

あ（　）うれしい　きもち。
い（　）はずかしい　きもち。
う（　）かなしい　きもち。

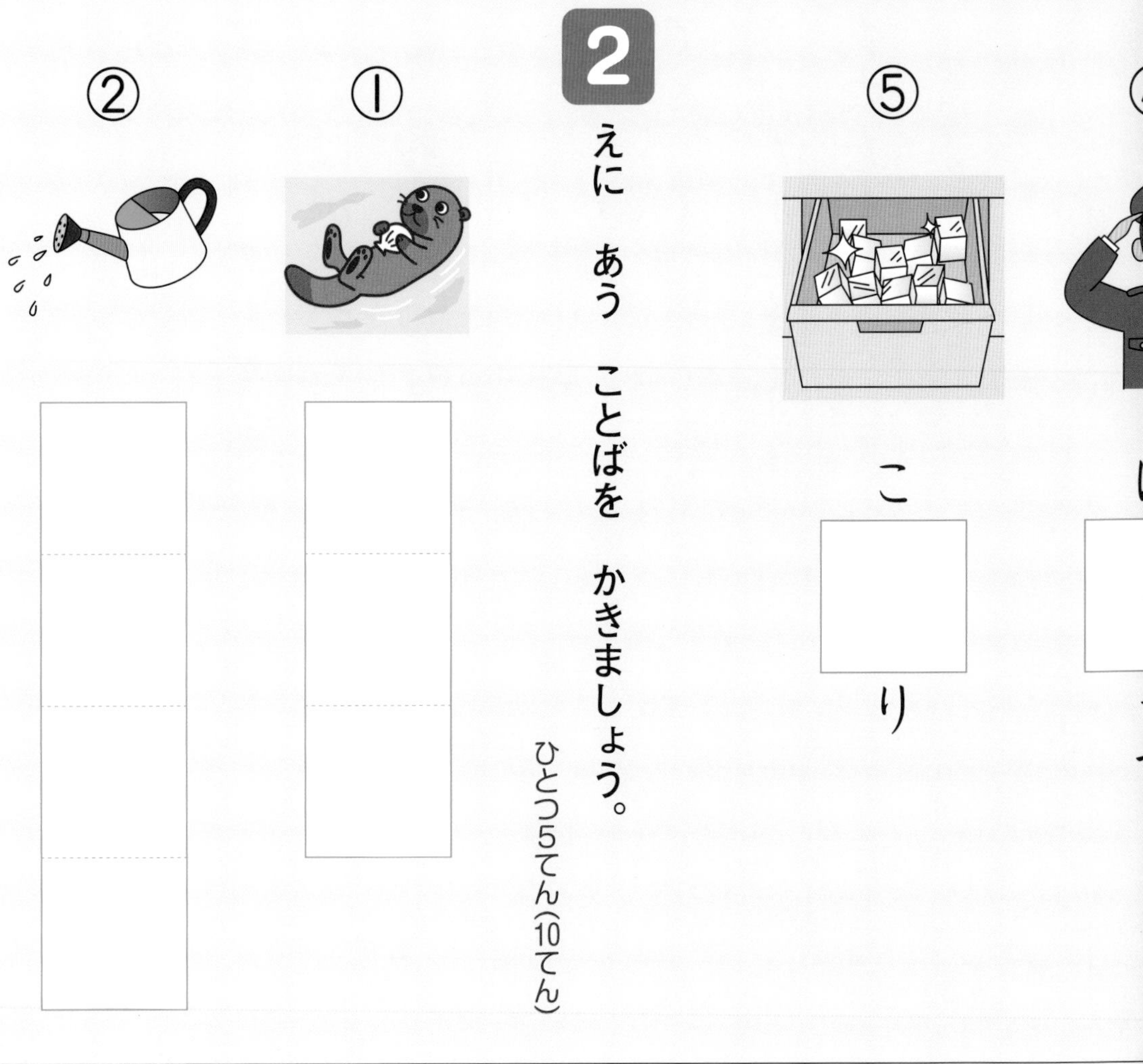

2 えに　あう　ことばを　かきましょう。　ひとつ5てん(10てん)

①

②

わたしは①
おんがくがす
きです②きぶ
んがよくなる
です。
③

(1)　①・②に　「、」か　「。」を　かきましょう。　ひとつ5てん(10てん)

(2)　③に　あう　ことばは、どれですか。ひとつに　◯を　つけましょう。　5てん

から　　まで　　でも

うらにも　もんだいが　あります。

(切り取り線)

ふゆの チャレンジテスト

きょうかしょ 上96〜下73ページ

なまえ

月　日

じかん 40ぷん

思考・判断・表現 ／50

ごうかく80てん ／100

こたえ 30ページ

1 よみがなを かきましょう。 一つ1てん(5てん)

① おもい ものを つり 上げる。（　）

② 森の 中。（　）

③ 五つの 石。（　）

④ 雨の 日。（　）

⑤ いえを 出る。（　）

2 かん字を かきましょう。 一つ2てん(20てん)

① □(かわ)で □(こ)どもが あそぶ。

② □(たけ)やぶに すむ □(むし)。

③ □(あお)い □(そら)。

④ □(よん)だいの じどう □(しゃ)。

⑤ □(がっこう)を □(やす)む。

3 つぎの ――の 日づけの よみがなを かきましょう。 一つ3てん(15てん)

① 一月 三日（　）

② 六月 六日（　）

③ 九月 九日（　）

④ 十月 十日（　）

⑤ 二月 七日（　）

4 つぎの さくぶんを よんで、もんだいに こたえましょう。 10てん

わたしは コスモスの はなが すきです。かぜが ふくと ゆれ ます。

□に あう ことばを えらんで かきましょう。

〈きらきら　ざらざら　ゆらゆら〉

うらにも もんだいが あります。

（切り取り線）

あいさつに　つづいて、
はなやかな　いしょうに　きがえた
クマコフさんが　ぶたいへ　でていくと、
いっせいに　はくしゅが　わきおこり、
「クマコフ、クマコフ、クマコフ、
　クマコフ……。」
　おおぜいの　こえが、あたりに
ひびきわたりました。
　クマコフさんは、おじぎを　ひとつ
すると、いきなり　おおきな　たまに
とびのり、くるくる、くるくる、
ぶたいの　うえを　ひとまわり。
「む、むちゃですよ。
　やめてください！」
　ククシの　よこで、だんちょうが
さけびましたが、クマコフさんの
みみには　とどきません。
　クマコフさんは、たまのりの　つぎに
つなわたりを　やり、つなの　うえでの
でんぐりがえりを　みごとに
やってみせました。
　ククシには、クマコフさんが
ひとまわりも　ふたまわりも　おおきく
みえました。
「おわったよ。さあ、かえろう。」
　きが　つくと、めの　まえに
クマコフさんが　たっていました。
うなずきは　したものの、ククシは、
まだ　ゆめを　みているような
きもちでした。

森山（もりやま）京（みやこ）「クマコフさん、もういちど」より

（切り取り線）

……には　どんな　いしょうを　きて　いましたか。　8てん

［　　　　］な　いしょう。

(2) おきゃくは、クマコフさんを　みて、なにを　しましたか。　8てん

［　　　　］

(3) クマコフさんは　はじめに　なにを　しましたか。　8てん

［　　　　］を　ひとつ　した。

(4) クマコフさんは　ぶたいで　なにを　しましたか。二つに　○を　つけましょう。　一つ8てん(16てん)

ⓐ（　）ブランコ
ⓘ（　）たまのり
ⓤ（　）つなわたり
ⓔ（　）おどり

(5) ククシが、ゆめを　みて　いるような　きもちに　なったのは、なぜですか。　10てん

クマコフさんの　えんぎが
［　　　　］
から。

はるの チャレンジテスト

きょうかしょ 下74～下125ページ

なまえ

月 日

じかん 40ぷん

思考・判断・表現 ／50

ごうかく80てん ／100

こたえ 31ページ

1 よみがなを かきましょう。 一つ2てん(10てん)

① かばんに 入れる。

② 林の 中。

③ 力もち

④ 年を とる。

⑤ 生まれる

2 かん字を かきましょう。 一つ2てん(10てん)

3 かたちの にて いる 字に 気を つけて、――を かたかなに なおしましょう。 一つ5てん(15てん)

① おいしい めろんを たべる。

② ぽけっとの 中の おかし。

③ しゃわあの 水を あびる。

(切り取り線)

した。 そのうちに、 大きな やしきの
前を 通りかかりました。
やしきの 中から、 その 家の
しゅじんが、 手を ふりながら 出て
きました。

「おうい、 その 馬を くれないか。
今から、 たびに 出るので、 馬が
ひつようなのだ。 そうだ、 わたしの
かわりに、 この やしきに すんで
くれ。 もし、 わたしが、 いつまで
たっても もどって こなかったら、
やしきは あなたに さしあげよう。」

男は おどろきましたが、 言われた
とおり 馬を わたしました。 そして、
そのまま、 やしきで くらしました。

はちかい みみ「わらしべちょうじゃ」より

(切り取り線)

(4) 男が せわを すると、 馬は どうなりましたか。 8てん

(　　　　)

(5) 男は、 馬と なにを こうかんしましたか。 8てん

[　　　]

(6) 男が おどろいたのは なぜですか。 10てん

馬を くれたら、 かわりに、

(　　　　)

と 言われたから。

5 思考・判断・表現

文しょうを よんで、こたえましょう。

さらに 歩いて いくと、道ばたに
馬が たおれて いました。馬の
そばには、もちぬしが 立って います。
「どうしたのですか。」
「馬が うごかなく なって、こまって
います。しかたないので、ここに
すてて いこうかと 思って います。」
「それは かわいそうです。この きれいな
ぬのを さしあげますから、わたしに
その 馬を ゆずって ください。」
馬の もちぬしは、うれしそうに
ぬのを うけとると、立ちさりました。
男が やさしく せわを すると、馬は
元気を とりもどし、立ち上がりました。
男は 馬に のって、

(1) 「どうしたのですか。」と いったのは、だれですか。一つに ○を つけましょう。 8てん

あ（　）馬の もちぬし

い（　）男

(2) 「どうしたのですか。」と いったのは、なぜですか。一つに ○を つけましょう。 8てん

あ（　）人が たおれて いたから。

い（　）馬が たおれて いたから。

う（　）人と 馬が たおれて いたから。

(3) 男は、なにを 馬と こうかんしましたか。 8てん

（切り取り線）

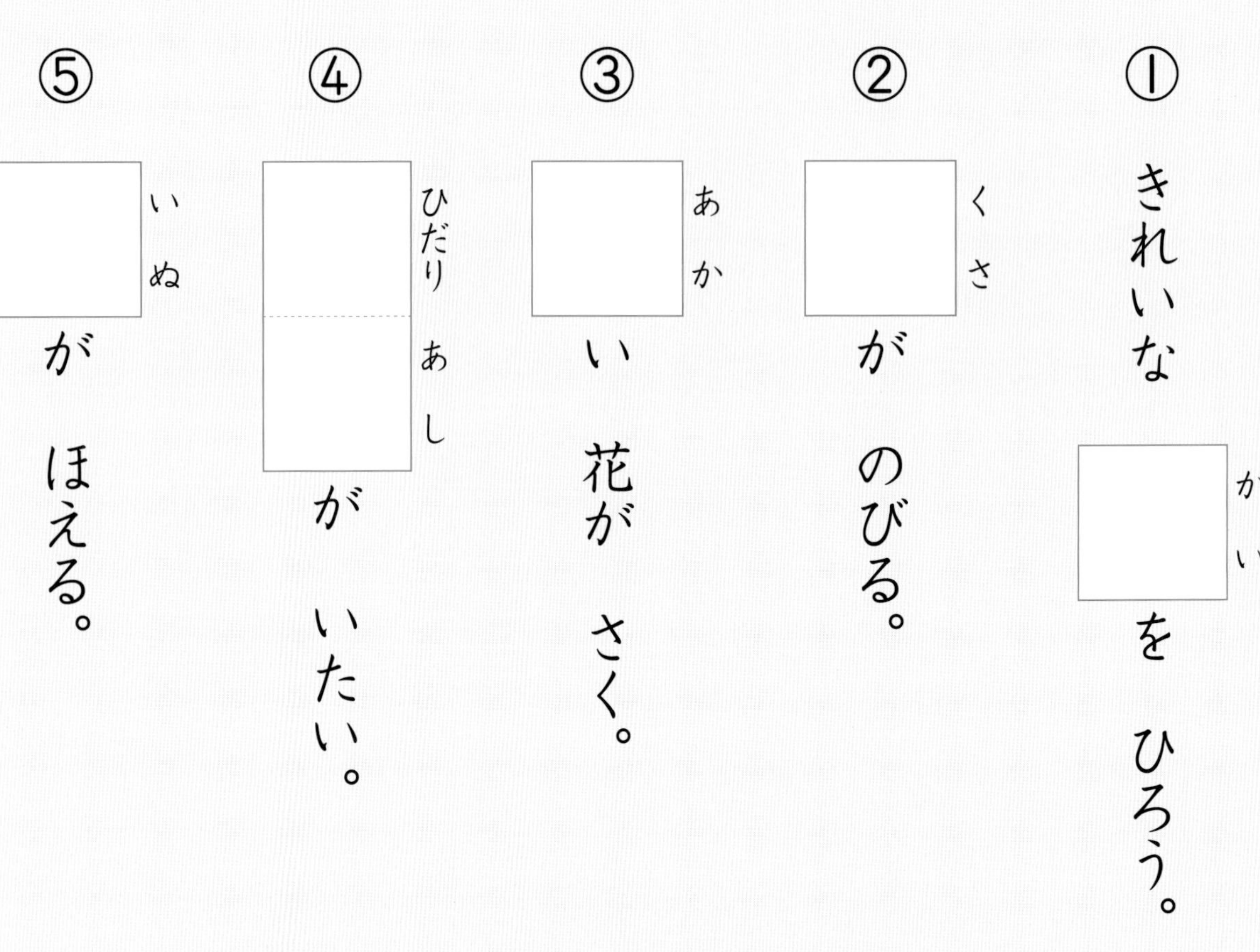

①　きれいな[かい]を　ひろう。
②　[くさ]が　のびる。
③　[あか]い　花が　さく。
④　[ひだり　あし]が　いたい。
⑤　[いぬ]が　ほえる。

（切り取り線）

4　つぎの　みかさんの　さくぶんを　よんで、もんだいに　こたえましょう。

わたしは、音(おん)がくかいでがっしょうをがんばりました。

れんしゅうのとき、ゆかりさんが、
もっと大きなこえでうたおう。

といいました。

音がくかいでは、みんな大きなこえで気もちよくうたえました。またみんなとうたをうたいたいとおもいました。

(1)　だれかが　はなした　ことばに　「　」を　つけましょう。　5てん

(2)　みかさんの　おもった　ことに　――を　ひきましょう。　10てん

うらにも　もんだいが　あります。

ふゆの チャレンジテスト

きょうかしょ 上96～下73ページ

なまえ

月　日

じかん 40ぷん

思考・判断・表現 ／50

ごうかく80てん ／100

こたえ 30ページ

1 よみがなを　かきましょう。　一つ1てん(5てん)

① おもい　ものを　つり　上げる。

② 森の　中。

③ 五つの　石。

④ 雨の　日。

⑤ いえを　出る。

2 かん字を　かきましょう。　一つ2てん(20てん)

3 つぎの　――の　日づけの　よみがなを　かきましょう。　一つ3てん(15てん)

① 一月　三日

② 六月　六日

③ 九月　九日

④ 十月　十日

⑤ 二月　七日

4 つぎの　さくぶんを　よんで、もんだいに　こたえましょう。　10てん

（切り取り線）

さけびましたが、クマコフさんの
みみには　とどきません。
　クマコフさんは、たまのりの　つぎに
つなわたりを　やり、つなの　うえでの
でんぐりがえりを　みごとに
やってみせました。
　ククシには、クマコフさんが
ひとまわりも　ふたまわりも　おおきく
みえました。
「おわったよ。さあ、かえろう。」
　きが　つくと、めの　まえに
クマコフさんが　たっていました。
うなずきは　したものの、ククシは、
まだ　ゆめを　みているような
きもちでした。

森山（もりやま）　京（みやこ）「クマコフさん、もういちど」より

（切り取り線）

なにを　しましたか。二つに　○を
つけましょう。　一つ8てん（16てん）

ⓐ（　）ブランコ
ⓘ（　）たまのり
ⓤ（　）つなわたり
ⓔ（　）おどり

(5)　ククシが、ゆめを　みて
いるような　きもちに　なったのは、
なぜですか。　10てん
クマコフさんの　えんぎが

（　　　　　　　　　　）

から。

5 思考・判断・表現

文しょうを　よんで、こたえましょう。

だんちょうの　あいさつに　つづいて、はなやかな　いしょうに　きがえた　クマコフさんが　ぶたいへ　でていくと、いっせいに　はくしゅが　わきおこり、

「クマコフ、クマコフ、クマコフ、クマコフ……。」

おおぜいの　こえが、あたりに　ひびきわたりました。

クマコフさんは、おじぎを　ひとつ　すると、いきなり　おおきな　たまに　とびのり、くるくる、くるくる、ぶたいの　うえを　ひとまわり。

「む、むちゃですよ。やめてください！」

ククシの　よこで、だんちょうが

---

(1) クマコフさんは　どんな　いしょうを　きて　いましたか。　8てん

[　　　　] な　いしょう。

(2) おきゃくは、クマコフさんを　みて、なにを　しましたか。　8てん

[　　　　]

(3) クマコフさんは　はじめに　なにを　しましたか。　8てん

[　　　　] を　ひとつ　した。

(4) クマコフさんは　ぶたいで

（切り取り線）

①　□(かわ)で　□(こ)どもが　あそぶ。

②　□(たけ)やぶに　すむ　□(むし)。

③　□(あお)い　□(そら)。

④　□(よん)だいの　じどう□(しゃ)。

⑤　□□(がっこう)を　□(やす)む。

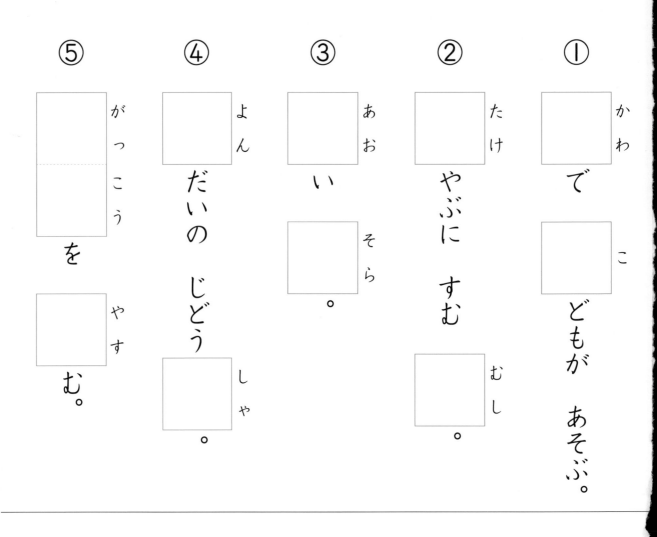

　わたしはコ
スモスのはな
がすきです。
かぜがふくと
□□□□ゆれ
ます。

□に　あう　ことばを
えらんで　かきましょう。
〔きらきら　ざらざら　ゆらゆら〕

うらにも　もんだいが　あります。

1年 こくごのまとめ

学力しんだんテスト

なまえ

月　日

じかん 40ぷん

ごうかく70てん

／100

答え32ページ

（切り取り線）

1 よみがなを　かきましょう。　一つ3てん（12てん）

①（　）九ひきの　こねこが（　）生まれた。

② かぜの（　）音に（　）耳を　すます。

2 かん字を　かきましょう。　一つ4てん（8てん）

① ［ひゃく］年まえの　できごと。

4 つぎの　文しょうは、なおきさんが　かいた　にっきです。よく　よんで、あとの　もんだいに　こたえましょう。

> あさから、ぼくわ、じぶんの　へやの　［　］を　しました。ゆかを　ほおきで　はいた　あと、ぞうきんで、ぴかぴかに　ふきました。きれいに　なって、うれしかったです。

① かなづかいが　まちがって　いる　字に　×を　つけ、□に　正しい　字を　かきましょう。二つ

ふみつけられた　かたい　じめんの
ところが　すきで、やわらかい　土は
きらいなのでしょうか。
　ほかの　草が　はえて　いない、
やわらかい　土の　ところでは、
おおばこも　大きく　そだちます。
　ところが、こういう　ところには、
せの　高くなる　草も　はえて
くるので、せの　ひくい　おおばこには、
太陽（たいよう）の　ひかりが　あたらなくなり、
かれて　しまうのです。
　おおばこは、せの　高く　なる　草が
そだたない　ところにしか
みられないのです。

真船（まふね）　和夫（かずお）「おおばことなかよし」より

（切り取り線）

いますか。三つに　○を
つけましょう。　一つ5てん（15てん）

あ（　）こうえん
い（　）高い　山
う（　）ちゅうしゃじょう
え（　）はたけ
お（　）うんどうじょう

⑷　おおばこが　かたい　じめんの
ところで　よく　みられるのは、
なぜですか。　15てん

かたい　じめんは、

［　　　　　　　　　　］

から。

5 思考・判断・表現

文しょうを　よんで、こたえましょう。

おおばこの　くきは　みじかく、土の　なかに　あります。根は　なん本も　しっかり　のびて　います。

それで、ひとや　車に　ふまれても、くきは、おれたり　ちぎれたり　しません。

うんどうじょうや　ちゅうしゃじょうにも　おおばこが　はえて　います。

日本アルプスのような　高い　山の　山小屋の　まわりにも、おおばこが　みられます。

それでは、おおばこは、ひとや　車に

(1) おおばこが、ふまれても　おれたり　ちぎれたり　しないのは　なぜですか。

一つ5てん(10てん)

くきが　[　　]の　なかに　あるから。

[　　　　]、

(2) おおばこは　どんな　草ですか。二つに　○を　つけましょう。

一つ5てん(10てん)

Ⓐ(　)やわらかい　土が　きらい。

Ⓘ(　)根は　なん本も　ある。

Ⓤ(　)根ごと　かんたんに　ぬける。

Ⓔ(　)せが　ひくい。

(3) おおばこは　どこに　はえて

(切り取り線)

② あさ□(はや)く おきる。

3 かたかなで かく ことばの よこに ——を ひき、( )に かたかなで かきましょう。 一つ5てん(15てん)

① きゃべつを やおやで かう。( )

② れいぞうこに ぷりんが ある。( )

③ ろけっとの うち上げを 見る。( )

(切り取り線)

あります。

じゅんに □ □ 一つ5てん(10てん)

② □に あう ことばを かんがえて 三字で かきましょう。 2てん

□□□

③ なおきさんが、じぶんの 気もちを あらわした ことばを、六字で かきぬきましょう。 3てん

□□□□□□

うらにも もんだいが あります。

教科書ぴったりトレーニング

まるつけラクラクかいとう

この「まるつけラクラクかいとう」はとりはずしてお使いください。

光村図書版
こくご１年

「まるつけラクラクかいとう」では問題と同じ紙面に、赤字で答えを書いています。

おうちのかたへ では、次のようなものを示しています。

- 学習のねらいやポイント
- 他の学年や他の単元の学習内容とのつながり
- まちがいやすいことやつまずきやすいところ

お子様への説明や、学習内容の把握などにご活用ください。

見やすい答え

おうちのかたへ

くわしいてびき

たしかめのテスト① 70~71ページ
じどう車くらべ ～ どんな　おはなしが　できるかな

1 トラックは、どんな　しごとを　していますか。
にもつを（はこぶ）しごと。
2 おもい　にもつを　のせる　トラックには、なにが　たくさん　ついて　いますか。
タイヤ
3 クレーン車は、どんな　しごとを　していますか。
おもい　ものを（つり上げる）しごと。
4 つぎの　ことばは、71ページの　上の　あ～うの　どこを　さして　いますか。
5 ① じょうぶな　うで（あ）
② しっかりした　あし（う）
クレーン車に　しっかりした　あしが　ついて　いるのは、なぜですか。
（車たい）が（かたむかないように）するため。
6 しごとに　ついて　かかれた　文に　つづくように、はしご車の　つくりを　□のことばを　つかって　かきましょう。
はしご車は、たかい　ところで　おきた　かじを　けす　しごとを　して　います。
（れい）そのために、ながい　はしごを　おりたたんで　のせて　います。
ながい　おりたたんで　そのために　はしご

たしかめのテスト② 72~73ページ
じどう車くらべ ～ どんな　おはなしが　できるかな

1 よみがなを　かきましょう。
① はしご（しゃ）車　② 人（ひと）が　くる。　③ まちがいに　気（き）が　つく。
2 かん字を　かきましょう。
① 人に　気を　つける。　② すい車　③ かおを　上げる。
3 ひらがなを　かたかなに　なおして　かきましょう。
① ころっけ　コロッケ
② くれよん　クレヨン
③ じゃんぷ　ジャンプ
④ ばっぐ　バッグ
4 かたかなが　正しい　ほうに　○を　つけましょう。
① あ　○ロープ　い　ロオプ
② あ　コツプ　い　○コップ
③ あ　ジユース　い　○ジュース
④ あ　○ショベルカー　い　ショベルカー
5 えを　見て、おはなしを　つくりましょう。だれが　なにを　いって　いるのでしょう。

（れい）くまが、「さるくん、サッカーをしないか。」とききました。「いいよ。みんなでしよう。」と、さるがいいました。くまとさるは、しあいをして、たのしくすごしました。

1 3 「しごとを　する」という点に着目して自動車を人間に見立てて、その働く内容をたずねています。
2 「おもい　にもつを　のせる　トラックには」と限定していることに注意します。
4 自動車を人間に見立てているので、物をつり上げる部分を「うで」、車体を支えて固定する部分を「あし」と呼んでいるのです。
5 問いと同じ「しっかりした　あしが」「ついて」という言葉を、本文から探します。「…するため。」につながるように書きます。
6 はしご車の仕事について書かれた文に続けることから、「そのために」という言葉で書き始めます。与えられた言葉を適切に用いて、はしご車のつくりを考えて答えましょう。「そのために」から書き始め、「ながい」「はしご」「おりたたんで」を適切に用いて文が書けていれば正解です。「のせて」をつけ加えて書けていればさらによいです。

2 ③「上」には、「うえ」の他に「あ（げる）」という読み方もあります。前後の言葉を読んで答えるようにしましょう。
3 4 のばす音「ー」や、小さい「ッ」「ャ」「ュ」「ョ」に気をつけましょう。
5 二つの絵を見てお話を作ります。問いに「だれが　なにを　いって　いるのでしょう」とあるので、かぎ（「」）を使った文を書きます。一つ目の絵で、サッカーボールを持ったくまがさるに声をかけ、二つ目の絵で、くまとさるは他の動物たちとサッカーを楽しむ様子が描かれています。それに合った内容が書けていれば正解です。正しい文章を書けているか、かぎ（「」）を正しく書けているかという点も注意しましょう。

おうちのかたへ
絵に合ったお話を作ることができたら、読んで、よかったところなど、感想を伝えてあげましょう。ここでは書ける量が限られていますが、さらにお話の続きを考えて、絵や文章を書いていくのもよい練習となるでしょう。

※紙面はイメージです。

じゅんび 6~7ページ

はるが　きた／おはなし　ききたいな／なんて　いおうかな

1 おうちの　ひとと　いっしょに　あかるい　こえで　しを　よんで　みましょう。

はるが　きた

そらの　たび

ふわり　きらきら

いろんな　ものを

みつけたよ

「はるが　きた」より

2 はるに　ついて　ともだちと　はなします。えに　あわせて　おはなしして　みましょう。

「はるで　しって　いる　ことは、なんですか。」

「はるは、さくらが　さきます。」

「はるは、ちょうが　とびます。」

3 しって　いる　おはなしの　□に　○を　つけましょう。

れい　（○）あかずきん

れい　（○）うらしまたろう

4 えに　あう　ことばの　□に　○を　つけて、おはなしして　みましょう。

じゅんび 8~9ページ

かく　こと　たのしいな／どうぞ　よろしく

1 えんぴつの　もちかたで　ただしい　ほうに　○を　つけましょう。

2 すわりかたで　ただしい　ほうに　○を　つけましょう。

3 えんぴつを　じょうずに　もって、なぞって　みましょう。

4 えに　あう　ことばを　ひらがなで　かき、こえに　だして　よみましょう。

① くつ

② いちご

5 がくねんと　なまえを　かいて、おともだちに　わたす　かみを　つくりましょう。

いちねん　もりた　はるか

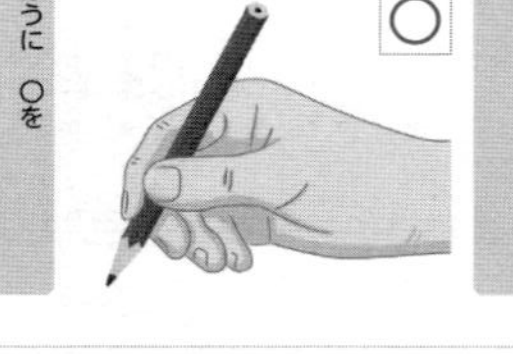

---

1 大きな声で明るく、詩を読みましょう。読んでどのような感想を持ったのかを話しながら、これから始まる学校生活に想いをめぐらすことができるとよいでしょう。

2 春に関する絵を見て、先生や友だちの前でお話をする練習です。質問に答えて、声に出して言ってみましょう。1の「はるが　きた」のイラストや教科書の春の絵を見て、春についてのお話をしてみるのもよいでしょう。

3 教科書にはいろいろなお話の本がのっています。興味を持ったお話をたくさん読んでみましょう。

4 毎日のように交わされているあいさつです。元気な声で、ていねいにあいさつができるように練習しましょう。

1 正しい鉛筆の持ち方をしましょう。鉛筆を持つ親指と人差し指が重ならないように気をつけましょう。

2 視線の角度や手の位置も意識して、正しい姿勢を保ちましょう。正しい姿勢で、鉛筆を正しく持って文字を書くことは、これから学習していくうえでとても大切です。文字を習い始めるこの時期に、しっかり身につくようにしましょう。

3 点線に沿って、自由に鉛筆を動かすことができるように練習しましょう。線を上手に描くことは、安定した文字学習につながります。

4 最初のひらがなの練習です。正しい姿勢で、紙をおさえます。トメ・ハネ・ハライ、書き順に気をつけて、ていねいになぞって書きましょう。声に出すことも大切です。

5 学年「いち」と自分の名前を書く練習です。名前はお手本を書いてあげるとよいでしょう。学年・名前の練習ができたら、教科書のように友だちに渡す紙作り（子ども用名刺）に挑戦しましょう。何枚か作るとだんだんと上手になるでしょう。紙を友だちにわたすときには、自分の名前をはっきりと声に出しましょう。たくさんの友だちとお話をするきっかけになります。

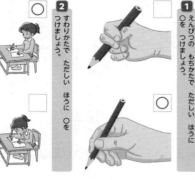

じゅんび　10～11ページ
こんな　もの　みつけたよ／うたに　あわせて　あいうえお

こんな　もの　みつけたよ

1 うんどうじょうで　みつけた　ものを　いいましょう。そのときの　きもちも　いいましょう。

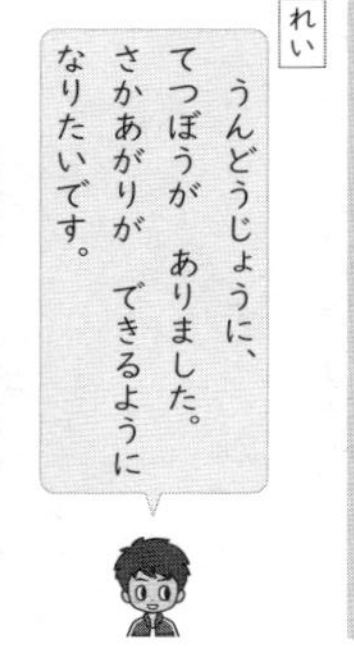

れい
うんどうじょうに、てつぼうが　ありました。さかあがりが　できるように　なりたいです。

2 としょかんで　みつけた　ものを　いいましょう。そのときの　きもちも　いいましょう。

れい
としょかんで　よみたい　ほんを　みつけました。かりたいです。

うたに　あわせて　あいうえお

3 「あいうえお」を　しっかり　よみましょう。くちの　かたちを　いしきしましょう。

あかるい　あさひだ　あいうえお
いい　こと　いろいろ　あいうえお
うたごえ　うきうき　あいうえお
えがおで　えんそく　あいうえお
おいしい　おむすび　あいうえお

「うたに　あわせて　あいうえお」より

4 「あいうえお」を、なぞったり、かいたり　しましょう。

じゅんび　12～13ページ
こえに　だして　よもう／よく　きいて、はなそう／ことばを　さがそう

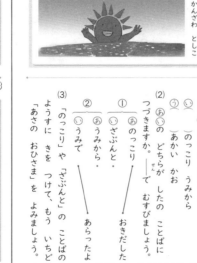

こえに　だして　よもう

1 「あさの　おひさま」を　よんで、こたえましょう。こえに　だして　よみましょう。

あさの　おひさま　　かんざわ　としこ

あさの　おひさま
おおきいな
のっこり　うみから
おきだした
あさの　おひさま
あかい　かお
ざぶんと　うみで
あらったよ

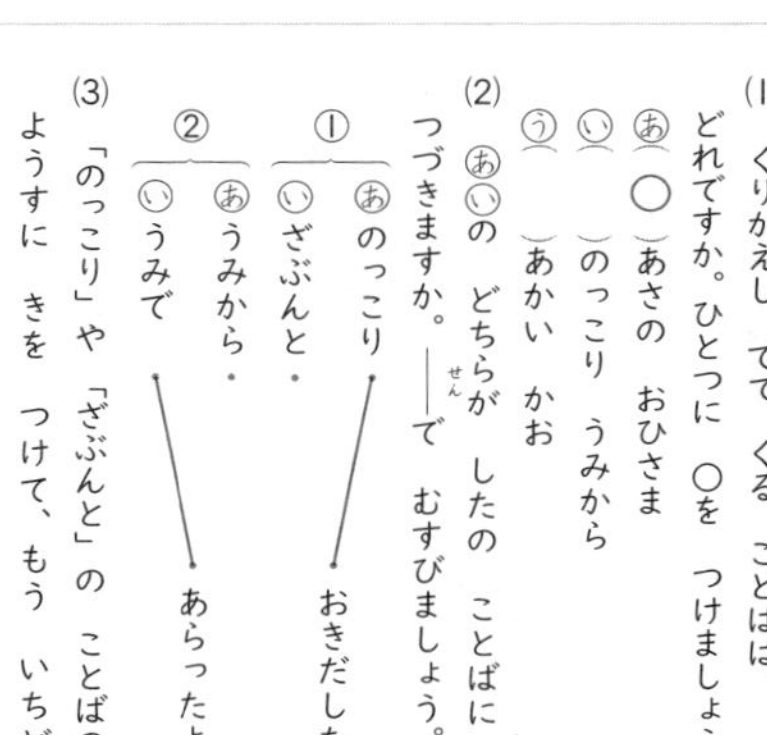

(1) くりかえし　でて　くる　ことばは、どれですか。ひとつに　○を　つけましょう。
あ（○）あさの　おひさま
い（　）のっこり　うみから
う（　）あかい　かお

(2) あいの　どちらが　したの　ことばに　つづきますか。――で　むすびましょう。
① あ のっこり・　い ざぶんと・　　・おきだした
② あ うみから・　い うみで・　　・あらったよ

(3) 「のっこり」や「ざぶんと」の　ことばの　ようすに　きを　つけて、もう　いちど　「あさの　おひさま」を　よみましょう。

よく　きいて、はなそう

2 ともだちに　あそびに　ついて　しつもんします。えを　みて　しつもんに　こたえましょう。

しつもん　「やすみじかんに　なにを　して　あそびましたか。」
こたえの　れい　「かくれんぼです。」

ことばを　さがそう

3 うえの　えに　あう　ことばを　ひらがなで　かき、こえに　だして　よみましょう。

① あり　② いか　③ うし　④ さか　⑤ つり

---

1 **2** イラストを参考に、運動場や図書館にどんなものがあるか、話しましょう。幼稚園や保育園になかったものなどが、印象に残っていたり、初めて見るものに興味を持ったかもしれません。運動場や図書館に関連した気持ちが言えているかも確認しましょう。

3 口の形を意識して発音することは大切なことです。イラストの口をよく見て、一音一音をはっきり発音したり（「あ・い・う・え・お」）、なめらかに続けて発音したり（「あいうえお」）しながら、詩を繰り返し読んでみましょう。

4 本格的なひらがなの練習のスタートです。一文字一文字をていねいになぞり、書くことを心がけましょう。

1 (1)繰り返し出てくる同じ言葉に注意して読みましょう。この詩には「あさの　おひさま」が二回出てきます。繰り返し出てくる言葉に気づく力は、これから物語や説明文を読むときに大切なものになります。
(2)様子を表す言葉についての問題です。詩をよく読み、言葉がどのように用いられているか確認しましょう。
(3)この詩は、七音・五音のリズムを感じながら読むようにしましょう。

2 質問をしてそれに答えるという場面をていねいに練習しましょう。質問に答える練習がしっかりできたら、質問をする練習もしてみましょう。

3 ひらがなの練習です。正しい姿勢で鉛筆を正しく持ち、一文字一文字ていねいに書くようにしましょう。下の絵を見て、「あいうえお」で始まる言葉を探してみましょう。

おうちのかたへ

様子を表す言葉などの語彙は、日常生活の出来事と、物語などの文学や説明文などの文章の中で使われている言葉とが、子どもの中で重なり合いながら育まれていくものです。お子さまに生活の中でさまざまな経験を積ませ、いろいろな種類の文章をたくさん読ませてください。それが言葉となってお子さまの中に豊かに蓄積されていくことでしょう。

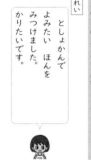

じゅんび 14~15ページ

はなの　みち

1 きょうかしょの　おはなしには　だれが　でて　きますか。ふたつに　○を　つけましょう。

（○）くまさん　（　）さるさん　（　）ぶたさん　（○）りすさん

2 くまさんは　りすさんに　なにを　ききに　いきましたか。ひとつに　○を　つけましょう。

㋐（　）はなの　こと。
㋑（○）ふくろの　なかみの　こと。

3 うえの　ことばに　つながるように、［　］から　ことばを　えらんで　かきましょう。

① くまさんが、（いきました）。
② かぜが、（ふきはじめました）。
③ いっぽんみちが、（できました）。

［できました　いきました　ふきはじめました］

4 ぶんしょうを　よんで、こたえましょう。

くまさんが、ふくろを　みつけました。「おや、なにかな。いっぱい　はいって　いる。」くまさんが、ともだちの　りすさんに、ききに　いきました。

おか　のぶこ「はなの　みち」より

(1) ものがたりの　はじめで　くまさんは、なにを　しましたか。ひとつに　○を　つけましょう。

㋐（　）ふくろを　つくった。
㋑（○）ふくろを　みつけた。

(2) 「　」の　ところは、だれが　いった　ことばですか。

くまさん

(3) くまさんは、りすさんに　なにを　ききに　いきましたか。ひとつに　○を　つけましょう。

㋐（○）ふくろに　いっぱい　はいって　いるのは　なにか。
㋑（　）ふくろに　いっぱい　いれたのは　だれか。

じゅんび 16~17ページ

としょかんへ　いこう／かきと　かぎ

1 としょかんは　どんな　ところですか。ふたつに　○を　つけましょう。

㋐（○）ほんを　たのしむ　ところ。
㋑（　）ともだちと　かくれんぼを　する　ところ。
㋒（○）ほんが　たくさん　ある　ところ。
㋓（　）おおきな　こえで　ともだちと　はなす　ところ。

2 としょかんで　きを　つける　ことに、ひとつ　○を　つけましょう。

㋐（　）ほんを　よんだら、そのまま　だして　おく。
㋑（○）ほんを　よんだら、もとの　たなに　もどす。

3 としょかんに　はいる　まえと　でた　あとに　する　ことを　せんで　むすびましょう。

てを ― あらう（たたく）

4 としょかんの　ほんの　よみかたを　せんで　むすびましょう。

ほんを ― ていねいに　めくる（いそいで　めくる）

5 えに　あう　ことばを　ひらがなで　かきましょう。

① さる　ざる
② かき　かぎ
③ まと　まど
④ さいふ
⑤ こんぶ
⑥ おんぷ

「゛」と「゜」の　ちがいに　きを　つけよう。

---

1 **2** 登場人物や物語の事件のきっかけをしっかり確認しましょう。このお話の登場人物はくまさんとりすさんの二人です。

3 上の主語につながる述語を見つけます。わからないときは、教科書を読んで同じ表現を探すとよいでしょう。

4 (1)(2)くまさんが袋を見つけたところからお話は始まります。登場人物の行動を読み取りましょう。

(3)袋の中身が何だかわからなかったくまさんは、友だちのりすさんに聞きに行ったのです。

おうちのかたへ

教科書に出てくる最初のお話です。声に出してしっかり読む練習をさせましょう。間違いや抜けがなく読めているかも確認してあげましょう。

このお話は、くまさんが知らずにやったこと（花の種をまいたこと）が、結果として、すばらしいこと（花の一本道ができたこと）につながったところに、おもしろさがあります。「花の一本道はなぜできたか」についてお子さまと話し合って、そのおもしろさを感じ取りましょう。

1 図書館は、みんなが本を読んだり勉強をしたりするところなので、他の人のめいわくにならないように静かに行動しましょう。大きな声で話したり、走ったりしてはいけません。

2 本はみんなが読むものなので、ていねいにあつかい、読んだら元の棚にもどしておきましょう。

3 図書館に入る前と出たあとは、手を洗いましょう。

4 図書館の本はみんなの本です。ていねいにめくり、折ったり、やぶったりすることのないように気をつけましょう。

5 濁点をつけることで言葉が変化する、言葉遊びを楽しみながら、濁点の使い方を覚えましょう。書き順にも気をつけて、濁点と半濁点を書き分ける練習をしましょう。言葉の違いがわかるように、はっきりと声にも出してみましょう。

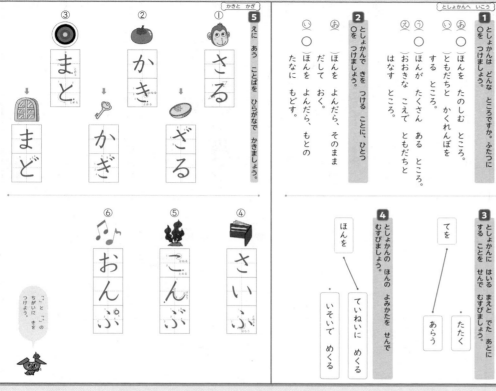

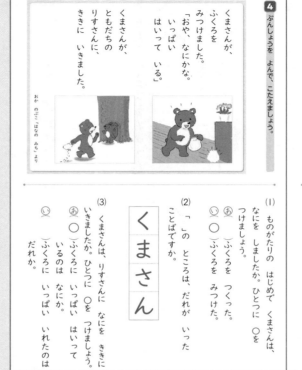

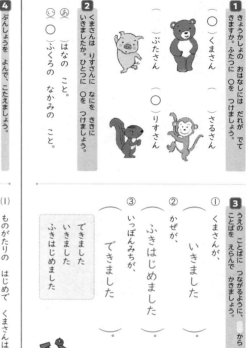

じゅんび　18~19ページ
ぶんを　つくろう／ねこと　ねっこ

ぶんを　つくろう

1 えを　みて　ぶんを　つくりましょう。

① きつねが　はしる。
② たぬきは　ねる。

ぶんの　おわりには、まる（。）を　つけるよ。

2 えに　あう　ことばを　ひらがなで　かきましょう。

へびが　すすむ。
③ からすは　とぶ。
④ ひまわりが　さく。

ねこと　ねっこ

3 えに　あう　ことばを　ひらがなで　かき、こえに　だして　よみましょう。

きって　らけっと　ばっと　もっきん　みかづき

4 つぎの　ことばを　こえに　だして　よみましょう。「は・ば・ぱ」を　かきましょう。

がっこう　えにっき　をかく。
はらっぱ　ばった
はばぱ

じゅんび　20~21ページ
わけを　はなそう／おばさんと　おばあさん

わけを　はなそう

1 どうぶつが　みたい　わけを　かきましょう。

① ぞうが　みたいです。どうしてかと　いうと　はなが　ながいからです。
② きりんが　みたいです。どうしてかと　いうと　くびが　ながいからです。

おばさんと　おばあさん

2 えに　あう　ことばを　ひらがなで　かき、こえに　だして　よみましょう。

① ゆうやけ　② まほう　③ ろうそく　④ すうじ

3 えに　あう　ぶんを　かき、こえに　だして　よみましょう。

① いもうとが　とぶ。
② こうえんへ　いく。

4 のばす　おとの　よこに　｜を　ひきましょう。

① おかあさん　② おにいさん　③ おとうと　④ おねえさん

5 つぎの　ことばの　うち、かきかたの　ただしい　ほうに　○を　つけましょう。

① あ ほうき　い ほおき　（あに○）
② あ せんせい　い せんせえ　（あに○）
③ あ こおり　い こうり　（あに○）
④ あ おおさま　い おうさま　（あに○）

1 **2** ひらがなの練習とともに、主語と述語を確認しながら、文を作る練習をしていきましょう。主語「○○が」・「○○は」と述語「○○する」が矛盾(むじゅん)なくつながるようにします。文末には、必ず句点（「。」）をつけましょう。文の構造を身につけるために、なるべくたくさんの文を作ってみるとよいでしょう。同じ主語で述語を変える練習や、同じ述語で主語を変えるなど、いろいろな文を作る練習も効果的です。

3 小さい「っ」（促音(そくおん)）の付く言葉を書いて練習しましょう。「っ」の書く位置や大きさにも気をつけましょう。ゆっくり声に出して読むことで、「っ」を感じることができるはずです。

4 ゆっくり声に出して読んで、促音、濁音、半濁音を意識するようにするとよいでしょう。

1 ぞうときりんの見たいわけを書いて、「どうしてかというと、…からです。」と相手に伝える練習です。わけを書いた文が成り立つように考えましょう。他の動物を挙げて、そのわけを話す練習もするとよいでしょう。わけを伝える言葉「どうしてかというと」「なぜかというと」「…（だ）からです」を使えるようになりましょう。

2 ～ **5** 長音（のばす音）の学習です。長音はのばして残った音を書くので、ゆっくり声に出しながら書くとよいでしょう。「おかあさん」の場合、「か」をのばすと「あ」が残るのでその音を書きます。「おにいさん」の場合、「に」をのばすと「い」が残るのでその音を書きます。ただし、「まほう」や「おとうと」のように「お」が残る場合のみ、発音とは異なる「う」を書きます。また、「せんせい」や「こおり」などは例外的な言葉で間違(まちが)えやすいので、言葉そのものを覚えるようにしましょう。例外は他に「とけい」「えいが」「けいさん」などがあります。「（目的地）＋へ」は、助詞で「え」と発音しますが、「へ」と「え」を使い分けられるように練習しましょう。

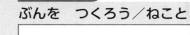

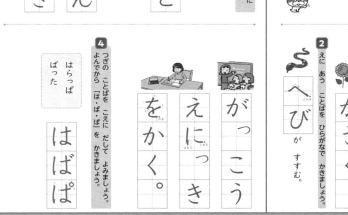

じゅんび 22~23ページ
あいうえおで　あそぼう

1 えに　あう　ひらがなを　かきましょう。

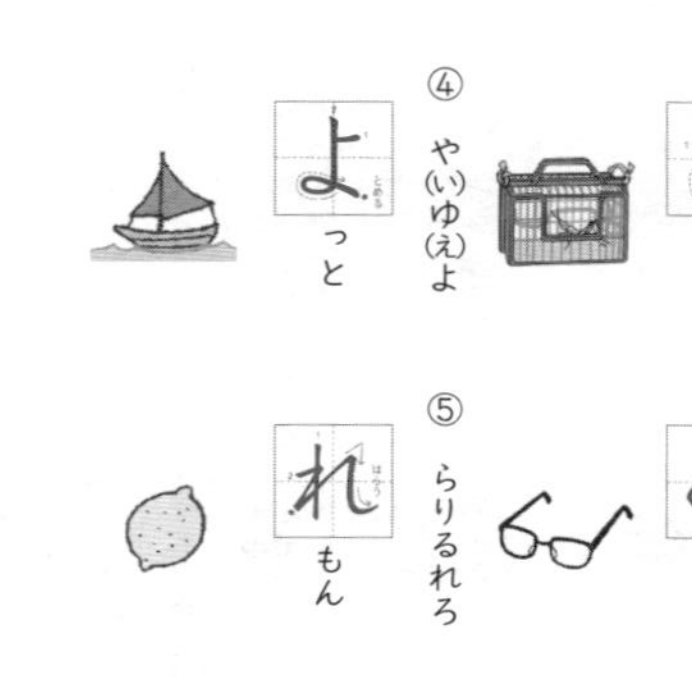

2 こえに　だして　リズムよく　よんで　みましょう。

あいうえおで　あそぼう　なかがわ　ひろたか

あやとり　いすとり　あいうえお
かきの　み　くわの　み　かきくけこ
さんかく　しかく　さしすせそ
たこいと　つりいと　たちつてと
なのはな　のの　はな　なにぬねの
はるの　ひ　ふゆの　ひ　はひふへほ
まつむし　みのむし　まみむめも
やかん　ようかん　やいゆえよ
らんらん　るんるん　らりるれろ
わくわく　わいわい　わいうえを
ん

3 えを　みて　しりとりに　なる　ひらがなを　かきましょう。

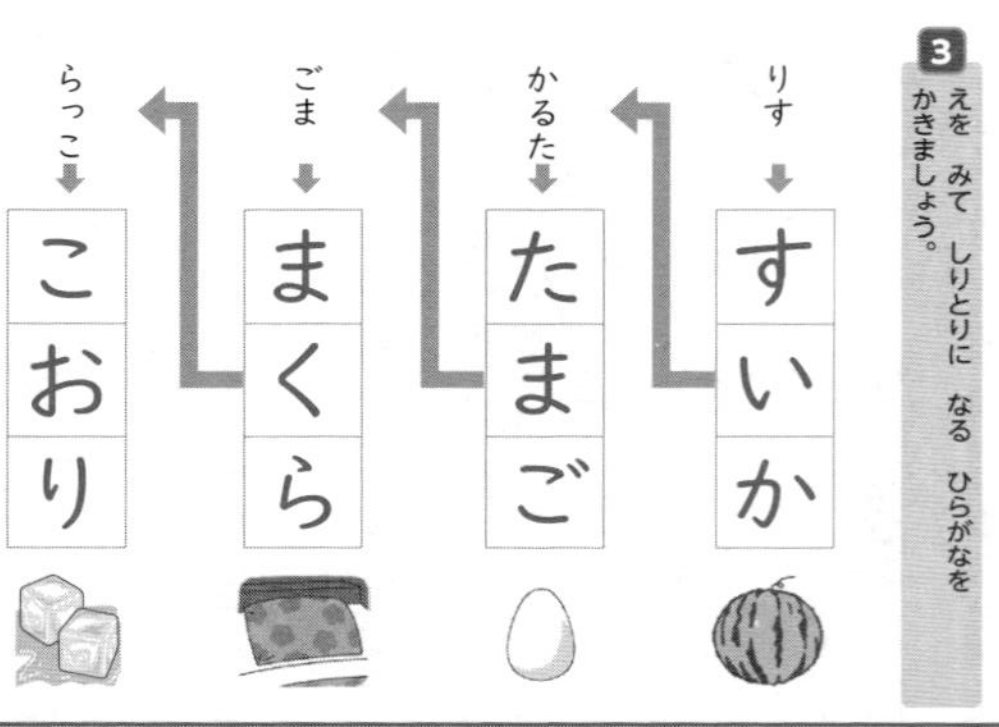

じゅんび 24~25ページ
つぼみ

1 うえの　せつめいに　あう　えを　──で　むすびましょう。

さきが　ねじれた　つぼみ。

ふうせんのような　かたちを　した　つぼみ。

おおきく　ふくらんだ　つぼみ。

2 ただしい　いみに　○を　つけましょう。

① ねじれた　ところが　ほどける。
あ（○）とけて　はなれる。
い（　）かたく　かたまる。

② さまざまな　ほうこうに　ひろがる。
あ（　）きまった　ところ。
い（○）いろいろな　むき。

3 つぎの　ぶんしょうを　よんで、しつもんを　して　いる　ぶんの　よこに　──を　ひきましょう。

あさ　さいた　はなです。
これは、なんの　はなでしょう。
これは、あさがおの　はなです。

4 ぶんしょうを　よんで　こたえましょう。

さきが　ねじれた　つぼみです。
これは、なんの　つぼみでしょう。
これは、あさがおの　つぼみです。
ねじれた　ところが　ほどけて、だんだんと　ひろがって　いきます。
そして、まるい　はなが　さきます。

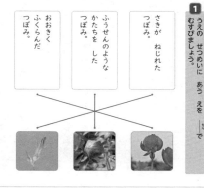

かわきた　あつし「つぼみ」より

(1) ここに　でて　くるのは、どんな　つぼみですか。
さきが　ねじれた　つぼみ。

(2) ここに　でて　くるのは、なんの　つぼみですか。
あさがおの　つぼみ。

(3)「ねじれた　ところが　ほどけて」、どうなりますか。
まるい　はなが　さきます。

---

1 ひらがなを練習しながら、五十音についての理解を深めましょう。これで新しいひらがなの練習は終わりです。書き順、トメ・ハネ・ハライに気をつけて、全てのひらがなを正しく書けるようにしましょう。

2 「あいうえおで　あそぼう」の詩を声に出して読み、言葉遊びを楽しみながら、五十音をしっかり覚えましょう。「まっかな　もみじだ　まみむめも」など、別の言葉に変えられるか、考えてみても楽しめます。

3 しりとりをしながら、ひらがなを練習します。しりとりなので、頭文字は前の言葉の最後の文字になることを理解し、入る言葉を考えます。この続きや、他のしりとりも考えて、ひらがなで書くとよい練習になるでしょう。

1 つぼみの形をよく見て答えましょう。先がねじれたつぼみは「あさがお」、風船のような形をしたつぼみは「ききょう」、大きくふくらんだつぼみは「はす」です。

3 質問して答えるという形の説明文であることを理解しましょう。

4 この文章では、あさがおのつぼみについて説明しています。あさがおのつぼみの特徴を理解しましょう。
(3)文章の最後の文に書かれています。あさがおのつぼみは、ねじれたところがほどけて、だんだんと広がり、丸い花が咲くことをとらえましょう。

おうちのかたへ

この教材は、初めて学ぶ説明文です。「あさがお」「はす」「ききょう」のつぼみと花が咲くまでの仕組みを学習しながら、説明文の基本的な文型（「質問を設定」→「答える」）を理解できるようになりましょう。まずは、文章をしっかり読み取ります。文章もだんだん長くなってきますので、音読をさせて、確実に読めているか確認してあげましょう。文章の内容を理解したら、その内容を活用してお話したり、絵や図を描いたりすることで、読解力を育むとよいでしょう。

「写真提供：ピクスタ／シンコーフォト」

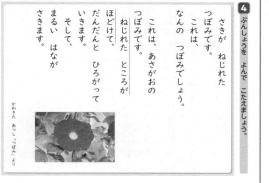

おもちやと　おもちゃ／おおきく　なった

おもちやと　おもちゃ

1 えに　あう　ことばを　ひらがなで　かき、こえに　だして　よみましょう。

① おもちゃ　② きしゃ　③ あくしゅ　④ しょっき

2 ひらがなの　つかいかたが　ただしい　ほうに　○を　つけましょう。

① あ（○）ぎゅうにゅう　い（　）ぎゆうにゆう
② あ（　）じてんしや　い（○）じてんしゃ
③ あ（○）じゃんけん　い（　）じやんけん
④ あ（　）きゆうしよく　い（○）きゅうしょく
⑤ あ（　）としよかん　い（○）としょかん

「や」「ゆ」「よ」と「ゃ」「ゅ」「ょ」の　ちがいに　きを　つけよう。

おおきく　なった

3 つぎの　カードを　おてほんに　して、しょくぶつを　みて　きづいた　ことを　あとの　カードに　かきましょう。

つぼみが　できた　かねこ　しのぶ

6がつ　29にち

かず　ふたつ。
かたち　とがっている。
いろ　さきが　すこし　あかい。

あさがおなど、あなたの　まわりで　せいちょうして　いる　しょくぶつを　よく　みて、きづいた　ことを、あとの　カードに　かいて　みよう！

「おおきく　なった」より

れい

しろつめくさの　はな　なまえ　たなか　ひろき

6がつ10にち

（えは　しょうりゃく）　※えを　かきましょう

「おおきさ」「かず」など　おおきさ　びいだま　くらい。
「かたち」「てざわり」など　かたち　まるっこい。
「いろ」など　いろ　しろ。

つぼみ　～　おおきく　なった

ぶんしょうを　よんで、こたえましょう。　思考・判断・表現

おおきく　ふくらんだ　つぼみです。
これは、なんの　つぼみでしょう。

これは、はすの　つぼみです。
いちまい　いちまいの　はなびらが、はなれて　いきます。
そして、さまざまな　ほうこうに　ひろがって、はなが　さきます。

ふうせんのような　かたちを　した　つぼみです。
これは、なんの　つぼみでしょう。

これは、ききょうの　つぼみです。
さきの　ほうから　いつつに　わかれて、ひらいて　いきます。
そして、とちゅうからは　つながった　まま、はなが　さきます。

かわきた　あつし「つぼみ」より

1 はすの　つぼみは　どんな　つぼみですか。ひとつに　○を　つけましょう。　15てん
あ（　）ほそく　とがった　つぼみ。
い（　）ちいさくて　まるい　つぼみ。
う（○）おおきく　ふくらんだ　つぼみ。

2 はすの　はなは　どのように　さきますか。ひとつに　○を　つけましょう。　15てん
あ（　）ひろがって　まるく　さく。
い（○）はなびらが　はなれて　さく。
う（　）はなびらが　われて　さく。

3 ききょうの　つぼみは、どんな　かたちですか。　15てん

ふうせん　のような

4 いくつに　「わかれて、ひらいて」　いくのですか。すうじで　かきましょう。　15てん
かたち。

5　つ

5 「とちゅう」からは、どのように　さきますか。ひとつに　○を　つけましょう。　15てん　（すこしむずかしい）
あ（　）たくさん　わかれて　さく。
い（○）つながった　まま　さく。
う（　）まるまって　さく。

6 しつもんを　して　いる　ぶんを　かきぬきましょう。　25てん　（よく出る）

これは、なんの　つぼみでしょう。

---

1 小さい「ゃ」「ゅ」「ょ」を書くときは、マス目の右上四分の一ぐらいに書くように練習しましょう。

2 声に出してゆっくり読み、「や」「ゆ」「よ」と小さい「ゃ」「ゅ」「ょ」の違いを意識しましょう。

3 上のカードを参考にしながら、下の自分のカードに書き込んでいきましょう。一年生はおおよそあさがおなどの栽培を学習していますが、観察する植物は、あさがおだけでなく、公園の植物や庭の植物など、いろいろなものに挑戦するとよいでしょう。答えは観察者（子ども）の数だけあります。○や×をつけるのではなく、どのような着眼点で観察したのかを見て、よく観察できていたら、ほめてあげましょう。

1 最初に、はすのつぼみの形について書かれています。

2 はすの花の咲きかたを説明している部分を読んで、特徴をとらえましょう。

3 「～ような」は、たとえに使われる表記です。

4 **5** 「ききょう」の花の咲きかたを説明している部分を読みます。特徴を整理して読み取りましょう。

6 「しつもん」（問いかける文）を設定し、それに答えていく、という形で説明文は展開されます。この文章では、同じ「しつもん」が二回出てくることを確認しましょう。また、文を書き抜く問題は、文字の抜けや転記ミスがないかも確認しましょう。句読点も忘れないようにしましょう。

おうちのかたへ

お子さまが初めての説明文にとまどっていたら、「質問をしている文はどれかな。」「その答えはどこにあるかな。」のように導いてあげてください。「質問」→「答え」の流れを理解させましょう。質問に着目することで、その文章が何について書かれた文章かをとらえることができるので、他の説明文を読むときにも、質問を意識しながら読むようにしましょう。

〔写真提供：ピクスタ／シンコーフォト〕

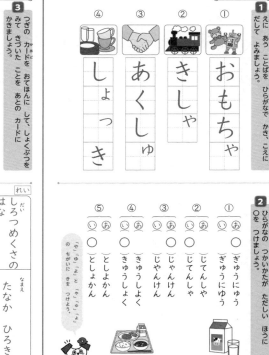

じゅんび　30〜31ページ

おおきな　かぶ

1 おはなしに　でて　くる　ひとや　どうぶつを　かくにんしましょう。

おじいさん　おばあさん　まご　いぬ　ねこ　ねずみ

2 おじいさんは、なにを　まきましたか。

かぶの　たね。

3 かぶを　ひっぱる　ときに　いった　かけごえに　○を　つけましょう。

あ（　）よいしょ、こらしょ。
い（　）がんばるぞ、ひきぬくぞ。
う（○）うんとこしょ、どっこいしょ。

4 ただしい　いみに　○を　つけましょう。

① とてつもなく　おおきい　いわ。
あ（○）とても
い（　）それほど　おおきく　ない。

② やっと　いえに　ついた。
あ（　）すぐに。
い（○）ようやく。

5 おはなしの　じゅんじょに　そって、それぞれの　ときに　かぶを　いっしょに　ひっぱった　ひとや　どうぶつを　○で　かこみましょう。「ぬけた。」か「ぬけない。」かも　○で　かこみましょう。

おおきな　かぶが　できた。

	おじいさん	おばあさん	まご	いぬ	ねこ	ねずみ	かぶは
1かいめ	○						ぬけた。／（ぬけない。）
2かいめ	○	○					ぬけた。／（ぬけない。）
3かいめ	○	○	○				ぬけた。／（ぬけない。）
4かいめ	○	○	○	○			ぬけた。／（ぬけない。）
5かいめ	○	○	○	○	○		ぬけた。／（ぬけない。）
6かいめ	○	○	○	○	○	○	（ぬけた。）／ぬけない。

1 お話をしっかり読み、順に出てくる登場人物と動物を把握しましょう。

2 おじいさんがかぶの種をまいたことからお話は始まります。

3 かぶをひっぱるときの掛け声は何度も出てきます。

4 お話の中に出てくる言葉で、他にも意味が分からない言葉がないか、確認しましょう。

5 「おおきな　かぶ」は、おじいさんが種をまいて育てたかぶが大きくなり、一人では抜けないために、みんなで力を合わせて、やっと抜くことができたというお話です。次々に人物や動物が加わって、同じ行動を繰り返します。どんな順に人物や動物が増えていくか、お話を読んで確認しましょう。1「おじいさん」→2「おばあさん」→3「まご」→4「いぬ」→5「ねこ」→6「ねずみ」の順です。かぶは5回目まで「ぬけない。」のですが、最後にねずみが加わって6回目に、とう「ぬけた。」のです。

れんしゅう　32〜33ページ

おおきな　かぶ

ぶんしょうを　よんで、こたえましょう。

おじいさんが、かぶの　たねを　まきました。
「あまい　あまい　かぶに　なれ。
おおきな　おおきな　かぶに　なれ。」
あまい　あまい、おおきな　おおきな　かぶに　なりました。
おじいさんは、かぶを　ぬこうと　しました。
「うんとこしょ、どっこいしょ。」
けれども、かぶは　ぬけません。
おじいさんは、おばあさんを　よんで　きました。
かぶを　おじいさんが　ひっぱって、
おじいさんを　おばあさんが　ひっぱって、
「うんとこしょ、どっこいしょ。」
それでも、かぶは　ぬけません。

（ロシアの　みんわ／さいごう　たけひこ　やく「おおきな　かぶ」より）

1 おじいさんは、なにを　まきましたか。

かぶ　の　たね。

2 おじいさんは、どんな　かぶに　なって　ほしいと　おもいましたか。ふたつに　○を　つけましょう。

あ（　）おいしい　おいしい
い（○）あまい　あまい
う（　）にがい　にがい
え（　）ちいさな　ちいさな
お（○）おおきな　おおきな

ヒント　あう　もの　ふたつに　○を　つけるんだよ。

3 おじいさんは、なんと　いって　かぶを　ひっぱりましたか。ぶんしょうから　かきぬきましょう。

「うんとこしょ、どっこいしょ。」

ヒント　くりかえし　でて　くる　ことばに　ちゅういしよう。

4 おじいさんは、だれを　よびましたか。

おばあさん

5 「うんとこしょ、どっこいしょ。」から、どのように　ひっぱって　いる　ことが　わかりますか。ひとつに　○を　つけましょう。

あ（　）かるがると
い（　）そっと
う（○）ちからを　いれて

1 文章の初めに「おじいさんが、かぶのたねを　まきました。」とあります。

2 おじいさんの言葉の中から探しましょう。言葉が繰り返されていることから、甘くて大きなかぶになってほしいというおじいさんの強い気持ちを読み取りましょう。合うもの二つに○をつけることを忘れないようにしましょう。

3 おじいさんはかぶをひっぱったときに二度同じことを言っています。文章から言葉を書き抜くときは、一字一字を確実に書きます。小さい「よ」の書き方や句読点を忘れないように注意しましょう。

4 「おじいさんは、おばあさんを　よんで　きました。」とあります。

5 かぶはおじいさんがひっぱってもなかなか抜けなかったのです。大きなかぶを、声を出して力を込めて抜こうとしている様子から考えましょう。

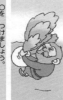

じゅんび 34~35ページ

はをへを つかおう／すきな こと、なあに

1 つぎの ふたつの ぶんから、ひとつの ぶんを つくりましょう。（はをへを つかおう）

① ・かめは あらう。 ・かおを あらう。

かめは、かおを あらう。

② ・かには かえる。 ・いえへ かえる。

かには、いえへ かえる。

2 ―の ひらがなの つかいかたが ただしい ほうに ○を つけましょう。

① あ（ ）あれわ、はとです。 い（○）あれは、はとです。

② あ（○）おにごっこを しました。 い（ ）おにごっこお しました。

③ あ（ ）ほんお よむ。 い（○）ほんを よむ。

④ あ（○）ぼくは、へやへ はいる。 い（ ）ぼくは、へやえ はいる。

⑤ あ（ ）わたしわ、いちねんせいです。 い（○）わたしは、いちねんせいです。

3 □に あう ことばを、あとの □から えらんで かきましょう。（すきな こと、なあに）

ぼくは、こうえんで あそぶ（こと）が すきです。

（どうして）かと いうと、

ぶらんこや てつぼうで あそぶと、たのしい（から）です。

どうして　から　こと

4 □に あてはまる「、」や「。」を いれて、つぎの ぶんを げんこうように かきましょう。

わたしは□はしることがすきです□かけっこが□たのしいからです□

　わたしは、
はしることが
すきです。か
けっこが、た
のしいからで
す。

げんこうようしに かく ときは、いちますめを あけて かきはじめよう。

たしかめのテスト 36~37ページ

おおきな かぶ ～ すきな こと、なあに

ぶんしょうを よんで、こたえましょう。 思考・判断・表現

いぬは、ねこを よんで きました。
かぶを
ねこが いぬを、
いぬが まごを、
まごが おばあさんを、
おばあさんが おじいさんを、
おじいさんが かぶを、
ねこが ひっぱって、
いぬが ひっぱって、
まごが ひっぱって、
おばあさんが ひっぱって、
おじいさんが ひっぱって、
「うんとこしょ、どっこいしょ。」
なかなか、かぶは ぬけません。

ねこは、ねずみを よんで きました。
かぶを おじいさんが ひっぱって、
おじいさんを おばあさんが ひっぱって、
おばあさんを まごが ひっぱって、
まごを いぬが ひっぱって、
いぬを ねこが ひっぱって、
ねこを ねずみが ひっぱって、
「うんとこしょ、どっこいしょ。」
とうとう、
かぶは ぬけました。

ロシアの みんわ／さいごう たけひこ やく「おおきな かぶ」より

1 ねこは だれに よばれて きましたか。ひとつに ○を つけましょう。15てん

あ（ ）おじいさん　い（ ）ねずみ　う（○）いぬ

2 よく出る この おはなしに でて くるのは、なんにんと なんびきですか。（ ）に ひらがなを かきましょう。15てん

（さん）にんと、（さん）びき。

3 かぶを ひっぱった じゅんに ばんごうを かきましょう。20てん

（1）おじいさん　（6）ねずみ　（3）まご　（2）おばあさん　（4）いぬ　（5）ねこ

4 かぶを ひっぱる ときの みんなの ようすに ついて、ひとつに ○を つけましょう。15てん

あ（ ）たのしく えがおで ひっぱる。
い（○）ちから いっぱい ひっぱる。
う（ ）しずかに やさしく ひっぱる。

5 「とうとう」と おなじ いみの ことばを えらんで、ひとつに ○を つけましょう。15てん

あ（ ）やっぱり　い（○）やっと　う（ ）まだまだ

6 かんがえて かこう かぶが ぬけたのは なぜですか。あなたの かんがえを かきましょう。20てん

れい みんなが ちからを あわせて かぶを いっしょうけんめい ひっぱったから。

---

1 **2** 助詞の「は」「を」「へ」は他の言葉につき「ワ」「オ」「エ」と発音しますが、書くときは「は」「を」「へ」と書くことをしっかり覚えましょう。発音と表記が違うことで、混乱しがちですが、語のかたまり、文や文章で読めるようになってくると、自然と間違いが減ってくるので、たくさんの文を読む練習をしましょう。

3 好きなこととその理由を書きます。理由を書くときに「…からです」はよく使われるので、覚えておきましょう。

4 好きなことは何か、なぜ好きかということを二文で書いています。マス目の入った原稿用紙に書くので、文の初めを一マス（一字）あけて書き始めます。

1 文章の初めに「いぬは、ねこを よんで きました。」とあります。設問文では「ねこは だれに よばれて」と主語が変わっていますが、お話に出てくる動物の順番を正しく整理すれば、間違えることはないでしょう。

2 おじいさん・おばあさん・まごの三人と、いぬ・ねこ・ねずみの三匹です。

3 かぶが抜ける前の文に、「かぶを おじいさんが ひっぱって、おじいさんを おばあさんが ひっぱって、…」と、順に書かれています。

4 ひっぱるときの掛け声から想像してみましょう。

5 「なかなか」抜けなかったかぶが、「とうとう」抜けたのです。言葉の変化を読み取りましょう。

6 「みんなが力を合わせた」ことや「みんなが一生懸命ひっぱった」ことが書かれていれば正解です。

おうちのかたへ

おじいさん一人では抜くことができなかったかぶを、たくさんの人間や動物が協力することで「とうとう」抜くことができました。最後に加わったのは、小さな動物のねずみです。小さな力でもみんなと合わせることでかぶが抜けたというお話のつくりから、みんなで協力することの大切さや、小さな力でも大きな意味を持つことがあるということを学べるように、しっかり読みましょう。

じゅんび　38~39ページ

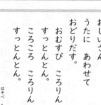

おむすび　ころりん／こんな　ことが　あったよ／としょかんと　なかよし

おむすび　ころりん

1 つぎの　えに　あうように、ことばを　かきましょう。

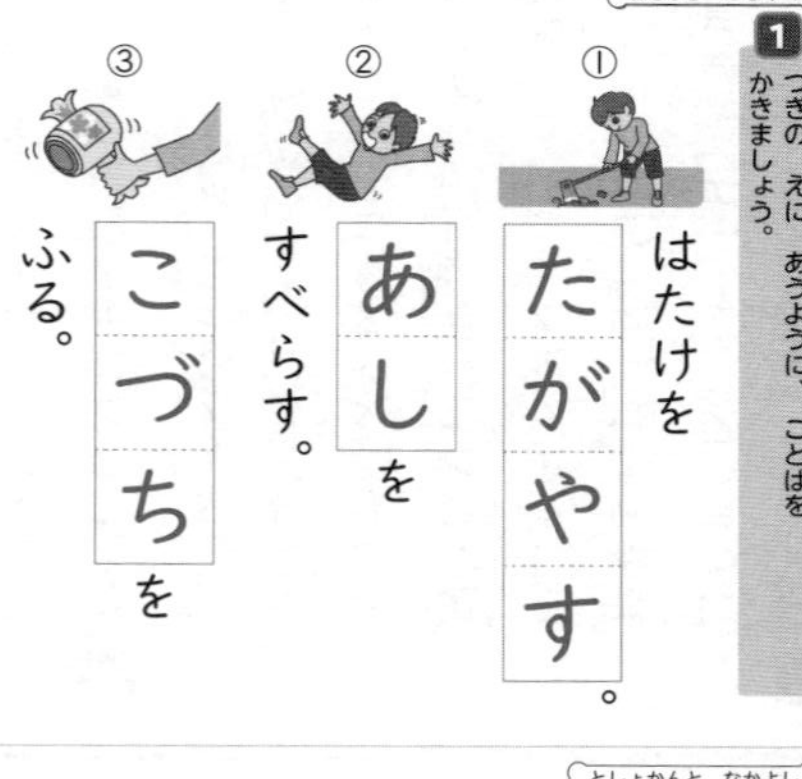

① はたけを　たがやす。

② あしを　すべらす。

③ こづちを　ふる。

こんな　ことが　あったよ

3 つぎの〈した　こと〉を　みて、したの　にっきの［　］に　あう　ことばを　いれましょう。

〈した　こと〉
・なつまつりに　いった。
・どようびに　いった。
・おじいちゃんと　いった。
・わたがしを　たべた。
・とても　おいしかった。

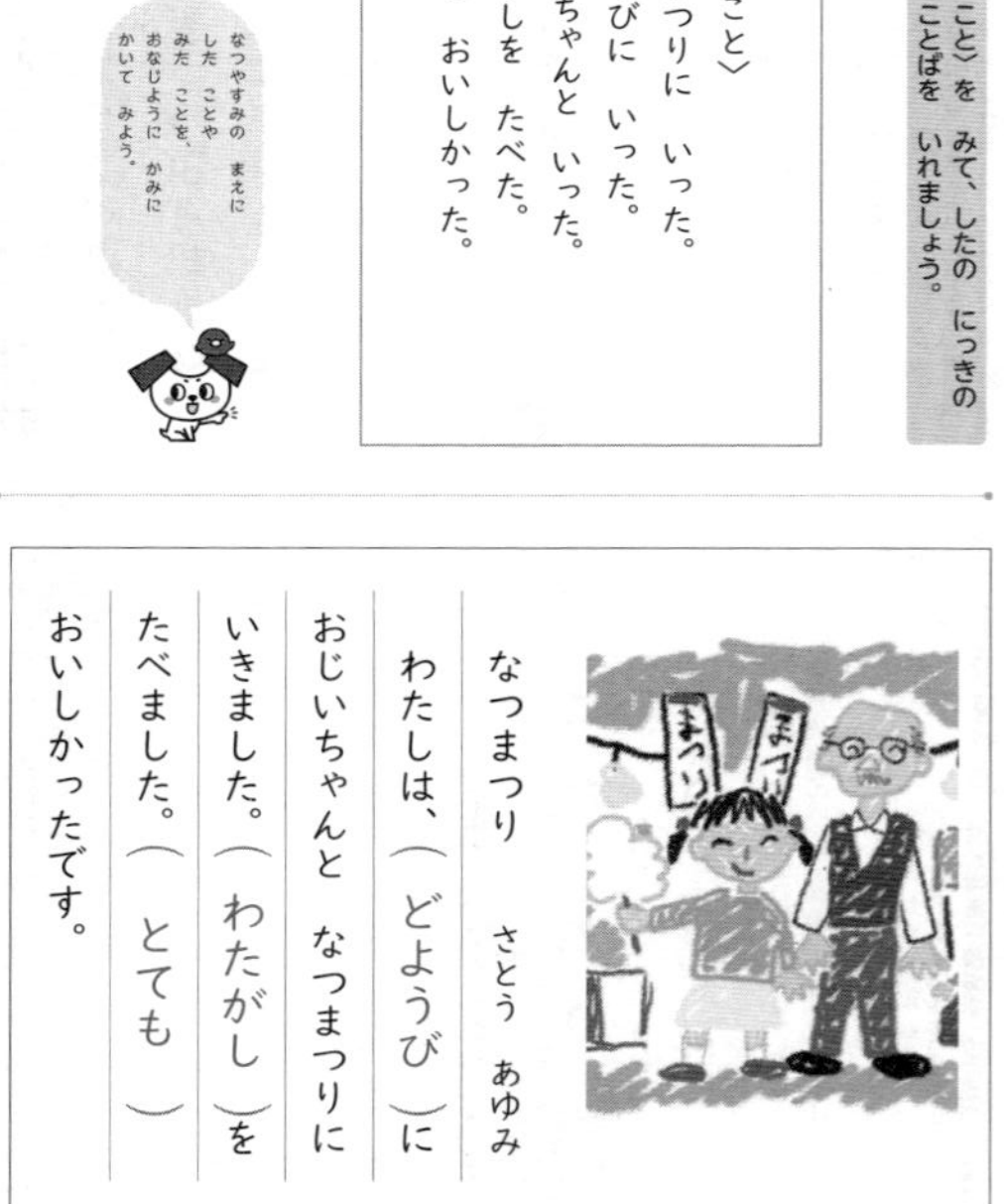

なつまつり　　さとう　あゆみ
わたしは、（どようび）に
おじいちゃんと　なつまつりに
いきました。（わたがし）を
たべました。（とても）
おいしかったです。

としょかんと　なかよし

2 としょかんで、ほんを　さがします。あう　ものを　――で　むすびましょう。

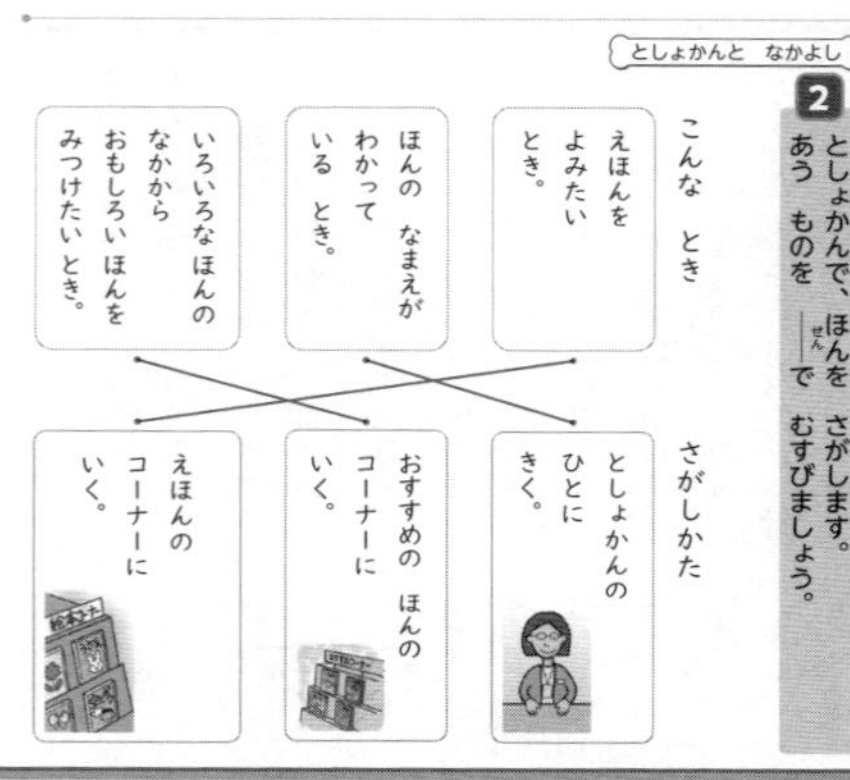

こんな　とき	さがしかた
えほんを　よみたい　とき。	としょかんの　ひとに　きく。
ほんの　なまえが　わかって　いる　とき。	おすすめの　ほんの　コーナーに　いく。
いろいろな　ほんの　なかから　おもしろい　ほんを　みつけたい　とき。	えほんの　コーナーに　いく。

れんしゅう　40~41ページ

おむすび　ころりん

ぶんしょうを　よんで、こたえましょう。

のぞいて　みたが
まっくらで、
みみを　あてたら
きこえたよ。
おむすび　ころりん
すっとんとん。
ころころ　ころりん
すっとんとん。

これは　これは
おもしろい。
ふたつめ　ころんと
ころがすと、
きこえる　きこえる
おなじ　うた。
おむすび　ころりん
すっとんとん。
ころころ　ころりん
すっとんとん。

おなかが　すいてる
ことなんか、
わすれて　しまった
おじいさん。
うたに　あわせて
おどりだす。
おむすび　ころりん
すっとんとん。
ころころ　ころりん
すっとんとん。

はそべ　ただし「おむすび　ころりん」より

1 おじいさんが「のぞいて　みた」のは、どこですか。ひとつに　○を　つけましょう。

あ（　）おばあさんが　いる　いえ。
い（○）おむすびが　とびこんだ　あな。
う（　）たくさんの　ねずみが　いる　もりの　なか。

2 おじいさんが「おもしろい。」と　おもった　こと　ひとつに　○を　つけましょう。

あ（　）あなの　なかが　まっくらな　こと。
い（　）おむすびが　ころがる　こと。
う（○）あなの　なかから、うたが　きこえて　きた　こと。

3 おじいさんは、「ふたつめ」の　なにを　ころがしましたか。

おむすび

ヒント　うたの　ないようから　かんがえよう。

4「おなじ　うた。」とは、どんな　うたですか。ぶんしょうから　かきぬきましょう。

おむすび　ころりん
すっとんとん。
ころころ　ころりん
すっとんとん。

ヒント　ひとつめを　ころがした　ときと　おなじ　うただね。

---

1 どれもお話の中に出てくる言葉です。日ごろあまり使わない言葉もあるので、絵などで確認しておきましょう。また、③「こづち」を間違えて「こずち」と書いていないか注意しましょう。「こづち」は、「小さい『つち』」のことです。

2 図書館で、読みたい本の探し方を確認しましょう。探して読んだ本は、題名や読んだ日などを記録しておくとよいでしょう。

3 上に書いてあることを下にまとめる問題です。夏休みになったら、いろいろなところへ行ったり、いろいろなことをしたりするでしょう。夏休みにどんなことをしたか、友だちに教えられるように練習しておきましょう。そのときは、「いつ」「どこで」「だれと」「何」をしたか、そして「どのように思ったか」を説明できるようにしましょう。夏休みの思い出をいくつか、絵日記にして書くのもよいでしょう。

1 文章の中には答えとなる「あな」という言葉は出てきませんが、「のぞいて　みた」の後の「まっくら」という言葉やさし絵に着目して考えましょう。また、「おむすび　ころりん　すっとんとん。」という歌から、おじいさんが穴におむすびを落としたことをとらえておきましょう。

2 おじいさんは、おむすびが転がって入ってしまった穴をのぞきましたが、真っ暗で何も見えません。そこで耳をあててみたところ、歌が聞こえてきたので、それをおもしろいと思ったのです。

3 穴の中では、おむすびが転がってきたから「おむすび　ころりん…。」という歌が歌われていることを理解しましょう。一つめのおむすびは偶然落としてしまったのですが、穴から聞こえる歌がおもしろいと思ったおじいさんは、二つめのおむすびを穴に向かってわざと転がしたのです。

4 このお話の中で何度も出てくる歌です。一字一字を確実に書きましょう。特に、「すっとんとん」の書き方は間違えやすいので、気をつけて書きましょう。

たしかめのテスト 42~43ページ
おむすび ころりん ～ としょかんと なかよし

ぶんしょうを よんで、こたえましょう。 思考・判断・表現

とうとう あしを すべらせて、
じぶんも あなへ すっとんとん、
ねずみの おうちに とびこんだ。
おじいさん ころりん すっとんとん。
おむすび たくさん
ありがとう。
おいしい ごちそう
さあ どうぞ。
ねずみの おどりを
みて ください。
おれいに こづちを
あげましょう。

おれいの こづちを
てに もって、
おうちに かえって
おばあさんと、
おどった おどった
すっとんとん。
こづちを ふり ふり
すっとんとん。
すると どう した
ことだろう。
こづちを ふる たび、
あれ あれ あれ、
しろい おこめが
ざあらざら。
きんの こばんが
ざっくざく。

はそべ ただし「おむすび ころりん」より

1 「じぶん」とは、だれの ことですか。ひとつに ○を つけましょう。 10てん
あ（ ）ねずみ
い（ ）おばあさん
う（○）おじいさん

2 よく出る 「おむすび たくさん ありがとう。」と いったのは、だれですか。 15てん
（ ねずみ ）

3 ねずみが、おじいさんに こづちを あげたのは なぜですか。ひとつに ○を つけましょう。 20てん
あ（ ）おどりを ほめて くれたから。
い（ ）あそびに きて くれたから。
う（○）おむすびを くれたから。

4 おじいさんは こづちを だれと ふりましたか。 15てん
（ おばあさん ）

5 こづちを ふる たびに なにが でて きましたか。ふたつ かきぬきましょう。 ひとつ10てん（20てん）
おこめ
こばん

6 こづちを もらった おじいさんは、どんな きもちに なったと おもいますか。 20てん
（れい うれしい ）きもち。

じゅんび 44~45ページ
こえを あわせて よもう／みんなに しらせよう／ことばを みつけよう

1 しを よんで、こたえましょう。 （こえを あわせて よもう）

いちねんせいの うた　なかがわ りえこ

あおい そらの こくばんに
なに かこう
うでを のばし
ちからを こめて
まっすぐ
いちねんせいの 「一」
ぼくも かく
わたしも かく
いちねんせいの
いちばん はじめの 「一」
おひさま みてる
かぜが ふく

(1) いちねんせいの 「一」を どこに かくと いって いますか。ひとつに ○を つけましょう。
あ（ ）きょうしつの こくばん
い（○）あおい そらの こくばん
う（ ）こくごの ノート

(2) いちねんせいの 「一」を どのように かくと いって いますか。
（ うで ）を のばし、
（ ちから ）を こめて、
（ まっすぐ ）かく。

2 れいのように なつやすみに した ことを ひとつ かきましょう。 （みんなに しらせよう）

れい わたしは、かぶとむしを とりに やまへ いきました。あさ、はやくに おきました。たくさん かぶとむしを みつけました。とても たのしかったです。

れい わたしは、おとうさんと やまのぼりをしました。いろんなきやはなをみました。やまでおべんとうをたべました。とてもつかれましたが、たのしかったです。

3 たて、よこ、ななめに、したの えの むっつの やさいの なまえが かくれて います。みつけて □に なまえを かきましょう。 （ことばを みつけよう）

せ	こ	は	ら	や	か
に	ん	に	く	す	ぶ
ん	め	び	お	さ	み
じ	あ	け	り	ぐ	い
ん	ず	だ	い	こ	ん
と	う	も	ろ	こ	し

（ かぶ ）（ はくさい ）
（ だいこん ）（ にんじん ）
（ にんにく ）（ とうもろこし ）
※順番はちがっていてもよい。

1 「じぶん」は穴に落ちた人を指します。「おじいさん ころりん すっとんとん。」という歌から、おじいさんが穴に落ちたことをとらえましょう。「じぶん」の後の「も」から、おむすびを穴に落として、落としたおじいさんも穴に落ちたことがわかります。

2 3 ねずみは「おむすび たくさん ありがとう。」と言った後に、「おれいに こづちを あげましょう。」と言っています。おむすびをもらったねずみがおじいさんにしたお礼は、「おいしいごちそう」「おどり」、そして「こづち」です。

4 こづちをもらったおじいさんは、家に帰ります。おばあさんと踊りながら、楽しそうにこづちをふるおじいさんの様子を想像しましょう。

6 こづちをもらったおじいさんは楽しそうに踊っています。「きもち」につながる、「うれしい」「たのしい」ということが書かれていれば正解です。

おうちのかたへ

この話のおもしろさは、一つめのおむすびをうっかり落としてしまったおじいさんが、おむすびの入った穴から聞こえる歌を聞いて、二つめのおむすびをわざと落とすところにあります。登場人物の行動や言葉、場面を、順を追って確認しながら、味わって読みましょう。

1 (1)字を書くということから、「こくばん」と呼んでいるのでしょう。ここでは、遠くまで広がった青空を指しています。
(2)詩の中から情報を適切に取り出し、情景を想像しながら答えましょう。

2 夏休みにしたことをたくさん思い出しましょう。その中から、みんなに知らせたいことを選び、説明できるようにまとめます。まとめるときは、事実だけでなく、そのとき自分はどのように思ったか、どのように感じたかをあわせて書けるとよいでしょう。

3 縦、横、斜めに表を見て、絵に合う野菜の名前を見つけましょう。そしてその名前を正しくひらがなで書きます。文字遊び、言葉遊びを楽しみながら書きましょう。

じゅんび 46~47ページ
やくそく／かたかなを みつけよう

かきトリ
あたらしい かんじ
きょうかしょ102ページ
木
4かく
おおきな木
1 「やくそく」には だれが でて きましたか。
・さんびきの
あおむし
・おおきな
木。
2 えに あう かたかなを かきましょう。
① コップ

② サラダ ③ パン ④ ジャム ⑤ スープ ⑥ ゼリー

3 ぶんしょうを よんで、こたえましょう。

ある とき、いつものように はを たべて いると、どこからか、むしゃむしゃ むしゃむしゃと、おとが きこえます。なんと、じぶんと そっくりな あおむしが、おなじ 木で、はを たべて います。

「だめ だめ。この 木は、ぼくの 木。ぼくの はっぱ。」

その あおむしが いうと、あおむしも、いいました。

「この 木は、わたしの 木。だから、はっぱも、わたしの はっぱ。」

こかぜ さち「やくそく」より

(1) おなじ 木に あおむしは なんびき いますか。ひらがなで かきましょう。
（ にひき ）

(2) 「むしゃむしゃ むしゃむしゃ」は、なにを して いる おとですか。
はを（ たべて ）いる おと。

(3) 「だめ だめ。」と あおむしが いったのは なぜですか。ひとつに ○を つけましょう。
㋐（ ）はっぱが なくなると おもったから。
㋑（○）じぶんだけの 木だと おもったから。
㋒（ ）おなかが すいて いたから。

たしかめのテスト 48~49ページ
やくそく／かたかなを みつけよう

ぶんしょうを よんで、こたえましょう。 思考・判断・表現

「うるさいぞ。」

おおきな 木が、ぐらりと ゆれて いいました。

「みんな、もっと うえまで のぼって、そとの せかいを みて ごらん。」

あおむしたちは、いわれた とおりに、のぼって いきました。

いちばん たかい えだに つくと、さんびきは、めを まるく しました。

この おおきな 木は、はやしの なかの たった いっぽんだったのです。

「ぼくら、こんなに ひろい ところに いたんだね。」

「そらも、こんなに ひろいんだね。」

とおくには、うみが みえます。

あおむしたちは、まだ うみを しりません。

「あの ひかって いる ところは、なんだろう。」

さんびきは、えだに ならぶと、せのびを しました。

「きれいだね。」

からだが ちょうに かわったら、あそこまで とんで みたいな。」

「わたしも、あそこまで とんで みたい。」

「それなら、みんなで いこう。」

さんびきの あおむしは、やくそくを しました。

こかぜ さち「やくそく」より

よく出る

1 この おはなしには、だれが でて きますか。 ひとつ10てん(20てん)
（ あおむし ）と（ 木 ）。

2 「みんな、もっと うえまで のぼって、そとの せかいを みて ごらん。」と いったのは、だれですか。 10てん
おおきな木

てきたらスゴイ！

3 「のぼって いきました。」と ありますが、なにを のぼって いったのですか。 15てん
おおきな木

4 あおむしは みんなで なんびき いますか。ひらがなで かきましょう。 10てん
さんびき

5 「めを まるく しました。」の ただしい いみに ひとつ ○を つけましょう。 10てん
㋐（ ）とても つかれた。
㋑（ ）めを ひらいて よく みた。
㋒（○）とても おどろいた。

てきたらスゴイ！

6 「あの ひかって いる ところ」とは なんですか。 15てん
（ うみ ）

がんばるを かこう

7 あおむしたちの 「やくそく」は、どの ような ものでしたか。 ひとつ10てん(20てん)
からだが（ ちょう ）に かわったら、みんなで（ ひかって ）いる ところまで いこうと いう やくそく。

---

1 「やくそく」には、「三匹(びき)の青虫」と「大きな木」が出てきます。教科書をもう一度しっかり読みましょう。

2 小さい「ッ」「ャ」や、のばす音「ー」に気をつけて書きましょう。かたかなも五十音全てを書けるように練習していきましょう。

3 (1)同じ木にもう一匹の青虫がいて、葉を食べていることに気づいた場面です。二匹の青虫の会話に注目しましょう。

(3)「だめ だめ。」と青虫が言ったのは、葉を食べている木が自分だけの木だと思ったからであることに気づかせましょう。そして、言われたほうの青虫も、同じように自分だけの木だと思っていることを読み取れるとなおよいでしょう。

1 このお話には、「三匹の青虫」と「大きな木」が出てくることを、もう一度確認しましょう。解答はマス目に合う「あおむし」と「木」です。

2 ぐらりとゆれて「うるさいぞ。」と言ったのは大きな木ですね。その後の「みんな、もっと…みて ごらん。」も、大きな木が言っています。

3 すぐ後に「いちばん たかい えだに つくと」とあることから分かります。

4 文章中に「さんびきは」とあります。

5 「目を丸くする」とは、とても驚(おどろ)いたときの様子を表しています。

6 「とおくには、うみが みえます。」とあります。青虫たちは海を見ているのですが、それが何か分からなかったので、「あの ひかって いる ところは、なんだろう。」と言っているのです。

7 前の文までの会話をよく読んで、青虫たちの約束がどのようなものだったかを読み取りましょう。

> **おうちのかたへ**
>
> お話を読むときには、まずだれが出てくるか（登場人物がだれか）を読み取ることが大切です。そして、だれが何を言っているか、何をしたかに気をつけて読むようにしましょう。また、場面の様子や登場人物の行動などを想像しながら読むとよいでしょう。

じゅんび　50〜51ページ
うみの　かくれんぼ／かずと　かんじ

かきトリ あたらしい　かんじ

大	小	一	二	三	四
大きな　くじら	小さい　こども	ほしが　一つ	ほしが　二つ	ほしが　三つ	ほしが　四つ

五	六	七	八	九	十
ほしが　五つ	ほしが　六つ	ほしが　七つ	ほしが　八つ	ほしが　九つ	ほしが　十

1 □に　よみがなを　かきましょう。

① 三（さん）じかん　② 五（いつ）つ　③ 小（ち）さい（い）て　④ 九（く）がつ

2 □に　かんじを　かきましょう。

① 大（おお）きな　かぶ。
② 七（しち）ひきの　こいぬ。
③ 六（むっ）つに　わける。

3分でワンポイント　うみの　いきものに　ついて　しろう。

★それぞれの　いきものに　ついて、ただしい　かくれかたを　——で　むすびましょう。

	①はまぐり	②たこ	③もくずしょい
できる　こと	つよい　あしを　すなの　なかに　のばせる。	からだの　いろを　かえられる。	はさみで　かいそうなどを　きれる。
かくれかた	からだに　かいそうを　つけて　へんしんする。	まわりと　おなじ　いろに　なる。	すなの　なかに　すばやく　もぐる。

たしかめのテスト　52〜53ページ
うみの　かくれんぼ／かずと　かんじ

ぶんしょうを　よんで、こたえましょう。　思考・判断・表現

たこが、うみの　そこに　かくれて　います。
たこは、からだの　いろを　かえる　ことが　できます。まわりと　おなじ　いろに　なって、じぶんの　からだを　かくします。

かにの　なかまの　もくずしょいが、いわの　ちかくに　かくれて　います。
もくずしょいは、はさみで、かいそうなどを　小さく　きる　ことが　できます。かいそうなどを　からだに　つけて、かいそうに　へんしんするのです。

「うみの　かくれんぼ」より

1 うみには　なにが　かくれて　いますか。二つ　かきぬきましょう。（一つ10てん〔20てん〕）
※順番はちがっていてもよい。
（たこ）（もくずしょい）

2 「うみの　そこ」や「いわの　ちかく」が　こたえに　なる　といかけは　どれですか。一つに　○を　つけましょう。15てん
あ（　）なにが　かくれて　いますか。
い（○）どこに　かくれて　いますか。
う（　）どのように　かくれて　いますか。

3 からだに　ものを　つけて　へんしんする　いきものは　なんですか。15てん
（もくずしょい）

4 **3**の　いきものは　なにに　へんしんしますか。15てん
（かいそう）

5 れいのように　かきかえましょう。15てん
れい　へんしんします。→（へんしんするのです。）
かくれます。→（かくれるのです。）

6 「へんしんします。」と　かかずに　「へんしんするのです。」と　かいたのは、なぜですか。20てん
（れい　へんしんする）ことを、しっかり　つたえたかったから。

---

1 正しく読めているかを確認しましょう。漢数字は数え方（助数詞）によって読み方が変わるので注意しましょう。

2 漢字が正しく書けているかを確認しましょう。

3分でワンポイント

海の生き物は外敵から身を守るために、それぞれが独自の隠れ方をもっています。その方法と、それを実現させるための能力や体の特徴を整理しましょう。陸上の身近な生き物が、どのような能力や特徴をもって外敵から自分を守っているかも調べてみるとよいでしょう。

1 文章全体を読み、何について説明しているかを確認する問題です。説明されている事物の確認は、一年生の間にきちんと身につけたい重要な事柄です。

2 「うみの　そこ」や「いわの　ちかく」はどちらも場所を表す言葉です。お子さまが答えにつまずいたときは、それぞれの選択肢の文を問いかけてみて、答えを考えさせてください。

3 **4** それぞれの生き物の特徴を整理して答えましょう。「からだの　いろを　かえる」のはたこです。

5 **6** 「するのです。」という表現は、「します。」が事実をそのまま伝えていることに比べ、筆者の気持ちや考えが表れています。**6**は、「へんしんする」という事実を強調して読み手に伝えようとしていることを理解しましょう。

おうちのかたへ

筆者は、文章の最後の文で、あえて「へんしんします。」ではなく、「へんしんするのです。」と文末を変えています。「はまぐりは、…かくします。」「たこは、…かくれます。」と表現しているのに対して、「もくずしょいは、…へんしんするのです。」と表現を変えています。読み方を強調するなど、その違いに気づかせましょう。そのうえで、どうして表現を変えているのか、話し合ってみましょう。表現の違いに気づきながら読むことができると、説明文を読むことが楽しくなってくるでしょう。

〔写真提供：アマナイメージズ〕

じゅんび 54~55ページ
くじらぐも

あたらしい かんじ

子
空
先
生
男
女
子どもたち
青い 空
ゆび先
生まれる
男の子
女の子
手
天
青
手を つなぐ
天まで とどけ
青い 空

1 えに あう ことばを かたかなで かきましょう。

① チャイム　② ノート

2 □に よみがなを かきましょう。

① 青い うみ。（あお）　② 先生（せんせい）　③ 男の子（おとこ）　④ 女の子（おんな）

3 □に かんじを かきましょう。

① 天まで のぼる。　② 空の なかを すすむ。　③ 手を ふる。

3分で ワンポイント

★おはなしの じゅんに、ばんごうを かきましょう。

おはなしの じゅんばんを たしかめよう。

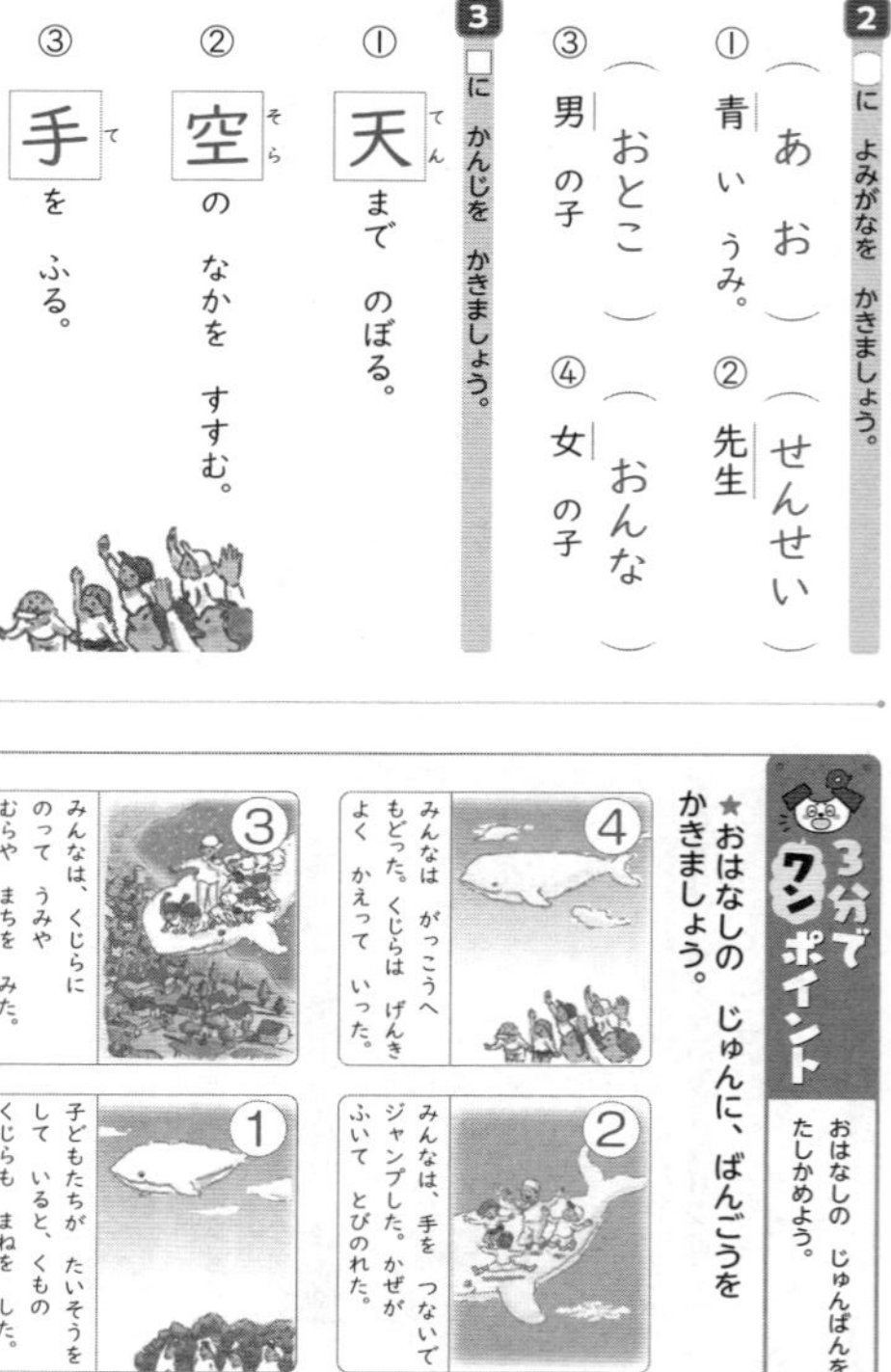

みんなは、がっこうへ もどった。くじらは げんきよく かえって いった。
みんなは、手を つないで ジャンプした。かぜが ふいて とびのれた。
みんなは、くじらに のって うみや むらや まちを みた。
子どもたちが たいそうを して いると、くもの くじらも まねを した。

れんしゅう 56~57ページ
くじらぐも

ぶんしょうを よんで、こたえましょう。

みんなは、手を つないで、まるい わに なると、

「天まで とどけ、一、二、三。」

と ジャンプしました。

でも、とんだのは、やっと 三十センチぐらいです。

「もっと たかく。もっと たかく。」

と、くじらが おうえんしました。

「天まで とどけ、一、二、三。」

こんどは、五十センチぐらい とべました。

「もっと たかく。もっと たかく。」

と、くじらが おうえんしました。

「天まで とどけ、一、二、三。」

その ときです。

いきなり、かぜが、みんなを 空へ ふきとばしました。

そして、あっと いう まに、
先生と 子どもたちは、手を つないだ まま、くもの くじらに のって いました。

なかがわ りえこ「くじらぐも」より

1 みんなは、ジャンプするとき、どんな かたちに なりましたか。

まるい わ に なった。手 を つないで

2 どれくらい とべましたか。一かいめ、二かいめ、それぞれ かきましょう。

① 一かいめ（三十センチ）ぐらい。
② 二かいめ（五十センチ）ぐらい。

ヒント 「とんだ」「とべました」と いう ぶんを さがそう。

3 一かいめと 二かいめに とんだ あと、くじらは、なんと いいましたか。ぶんしょうから かきぬきましょう。

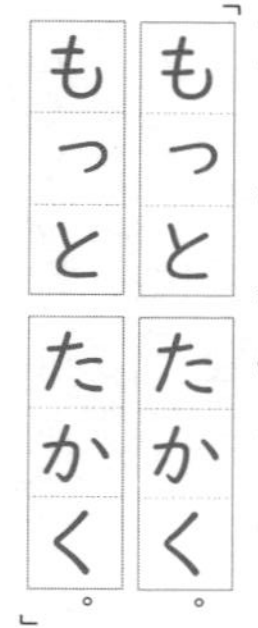

「もっと たかく。もっと たかく。」

4 かぜが ふいた あと、先生と 子どもたちは どう なりましたか。一つに ○を つけましょう。

あ（○）くもの くじらに のって いた。

い（　）がっこうに もどって いた。

う（　）たいそうを して いた。

ヒント さいごの ぶんを よく よもう。

---

1 ①小さい「ャ」は、マスの四分の一の大きさで書きましょう。②長音（のばす音）「ー」は、「オ」と書かないようにしましょう。

2 正しい読みがなを書けるようにしましょう。②「せんせえ」と書かないように注意しましょう。

3 漢字を書くときは、字形と書き順に注意します。しっかり書けるようになるまで、練習しましょう。①「天」の横棒は、二本目のほうが短く書きます。②「空」の五画目ははねずにとめます。③「手」は、一画目を右から斜めに下にはらい、二、三画目は、左から書きます。

3分でワンポイント

「くじらぐも」（なかがわ りえこ）をよく読んで、どんな出来事がどのような順で起こっているかをしっかり読み取ることが大切です。くじらぐもと子どもたちとの楽しい交流を味わいましょう。

（起）雲のくじらが体育の時間に現れ、子どもたちのまねをして体操を始めたり、空を回ったりします。

（承）雲のくじらが誘うので、みんなは、手をつないでジャンプして、雲のくじらに飛び乗ります。

（転）みんなは雲のくじらに乗って、空の中を、海や村や町のほうへ進んでいきます。

（結）学校へ戻り、みんなはジャングルジムの上におりて、雲のくじらとお別れします。

1 一～二行目に着目します。みんなが手をつないで輪になり、気持ちを合わせて、雲のくじらに飛び乗ろうとしている様子を想像しましょう。

2 ①は「とんだのは」（六行目）、②は「とべました。」（十二行目）に着目します。

3 くじらの応援によって、だんだん高く飛べるようになっていることを読み取ります。くじらの強い励ましの気持ちを感じ取りましょう。

4 「いきなり、…ふきとばしました。」という文の後の文に着目します。先生と子どもたちは、風に吹き飛ばされて、雲のくじらに乗ることができたのです。

じゅんび 58~59ページ

まちがいを なおそう／しらせたいな、見せたいな

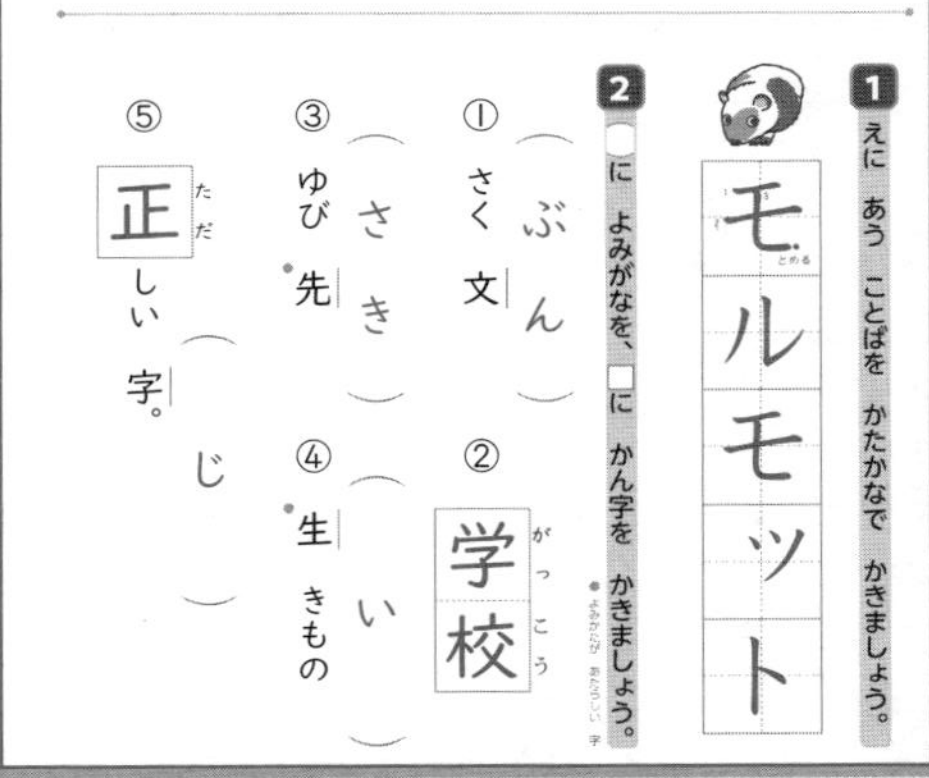

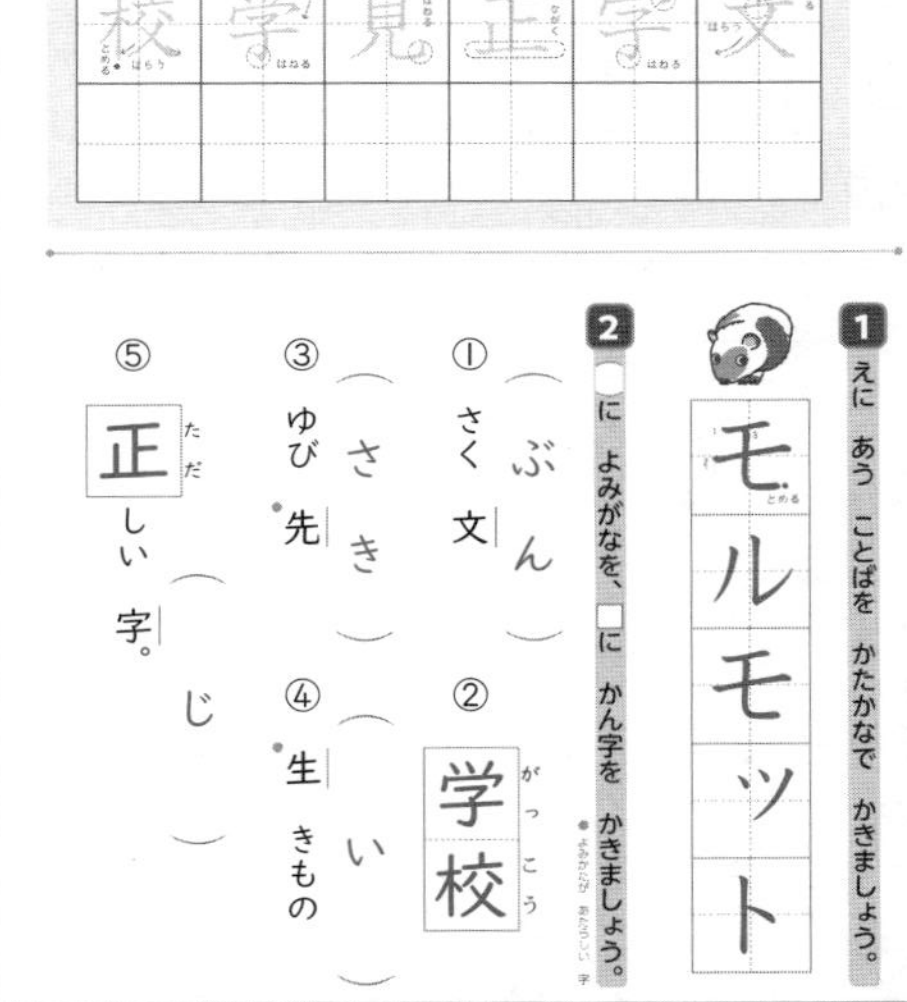

1 えに あう ことばを かたかなで かきましょう。

モルモット

2 □に よみがなを、□に かん字を かきましょう。

① さく 文（ぶん） ② 学校（がっこう） ③ ゆび 先（さき） ④ 生（い）きもの ⑤ 正（ただ）しい 字（じ）

3 正しい ほうに ○を つけましょう。

あ（ ）あした、みずうみえ いきます。
い（○）あした、みずうみへ いきます。

4 文しょうを よんで、こたえましょう。

ばったの ぴょん
もり とうこ

ぴょんの からだは、みどりと ちゃいろです。さわると、とても かたいです。あたまの 先は、とがって います。

ながい あしと、みじかい あしが あります。

はっぱを やると、すこし ずつ かじって、むしゃむし やと たべます。

「しらせたいな、見せたいな」より

(1) ばったの ぴょんに ついて 正しい ほうに ○を つけましょう。

① いろ からだは、あ（ ）きいろです。い（○）みどりと ちゃいろです。

② 手ざわり さわると、あ（○）かたいです。い（ ）やわらかいです。

③ かたち あたまは、あ（ ）まるいです。い（○）とがっています。

みの まわりで 見つけた ことを、文しょうに かいて みよう。てん（、）を つけて、よみやすい 文しょうに しよう。

じゅんび 60~61ページ

かん字の はなし／ことばを たのしもう

1 □に よみがなを かきましょう。

① つくえの 上（うえ）。 ② いすの 下（した）。 ③ 田（た）んぼと 雨（あめ）。

2 □に かん字を かきましょう。

① 川の 水を すくう。 ② 竹とんぼで あそぶ。 ③ うまれた 日を いわう。

3 えから かん字に つながるように ―で むすびましょう。

月 水 下

4 はやくちことばを こえに だして よみましょう。

(1) なまむぎ なまごめ なまたまご

(2) かえる ぴょこぴょこ 三ぴょこぴょこ あわせて ぴょこぴょこ 六ぴょこぴょこ

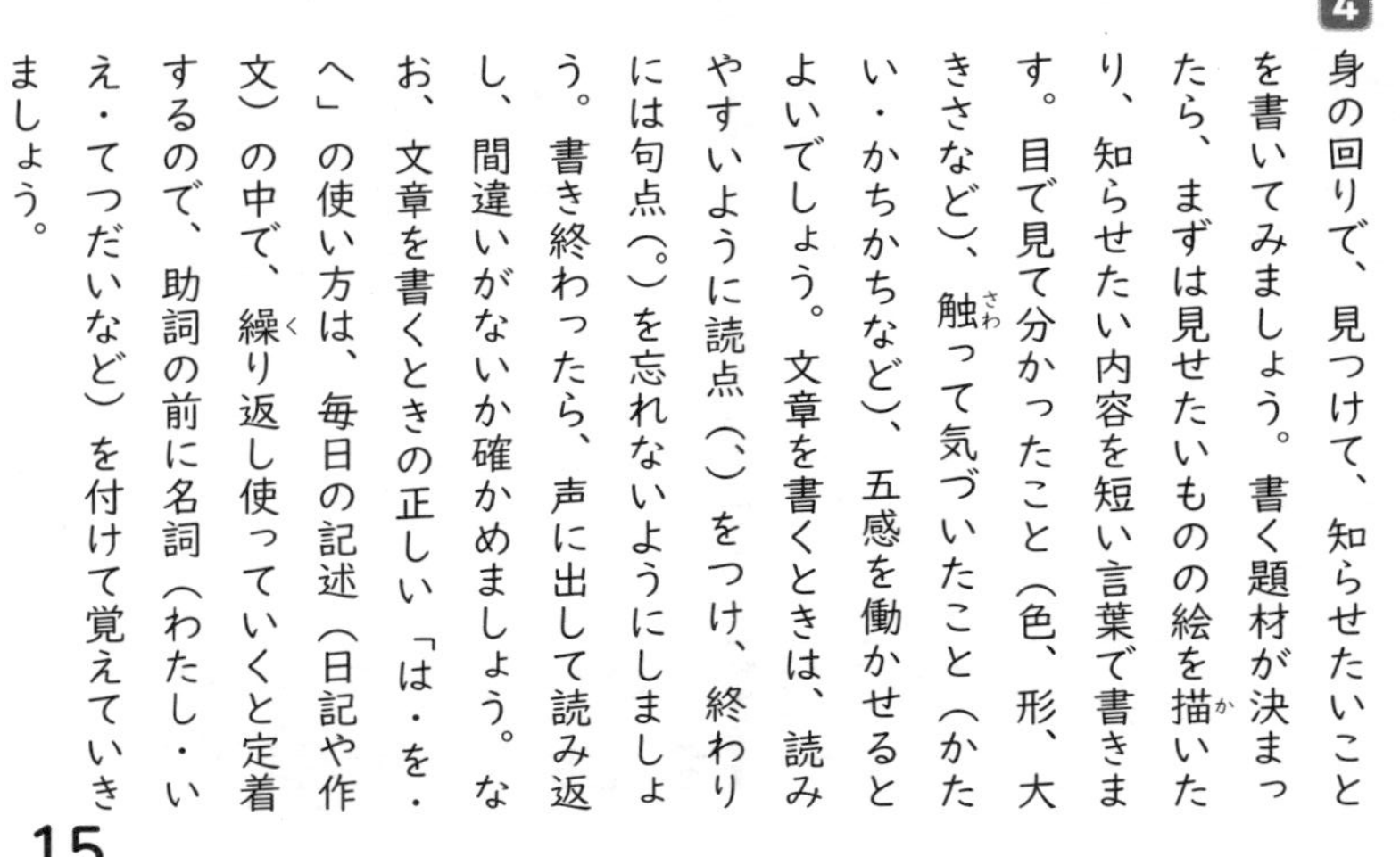

2 ③と④は読み方が新しい字です。読み方がいくつもある漢字は、前後の言葉から読み方を判断するようにしましょう。⑤の「正」は書き順に注意しましょう。

3 「え」の間違いを見つけます。助詞の「は」「を」「へ」を正しく使えるようになりましょう。

4 身の回りで、見つけて、知らせたいことを書いてみましょう。書く題材が決まったら、まずは見せたいものの絵を描いたり、知らせたい内容を短い言葉で書きます。目で見て分かったこと（色、形、大きさなど）、触って気づいたこと（かたい・かちかちなど）、五感を働かせるとよいでしょう。文章を書くときは、読みやすいように読点（、）をつけ、終わりには句点（。）を忘れないようにしましょう。書き終わったら、声に出して読み返し、間違いがないか確かめましょう。なお、文章を書くときの正しい「は・を・へ」の使い方は、毎日の記述（日記や作文）の中で、繰り返し使っていくと定着するので、助詞の前に名詞（わたし・いえ・てつだいなど）を付けて覚えていきましょう。

2 縦の棒、横の棒の数、トメやハライに注意してしっかり書きましょう。②「竹」は、三画目の縦棒はトメ、六画目の縦棒はハネです。

3 ものの形や様子を表す絵からできた漢字を象形文字といいます。「水」と「月」は象形文字です。また、位置などの抽象的な概念を線や点で表した漢字を指示文字といいます。「下」は指示文字です。この段階では、漢字を表す絵と漢字を見て、似ている点などを挙げてみましょう。漢字の成り立ちを意識して覚えるようにすると、書き間違いを減らすことができます。

4 早口言葉は、何度も声に出して、楽しく練習しましょう。最初はゆっくり、一語一語をはっきりと言い、繰り返し練習していくうちに、リズムよく言えるようになります。他に、どのような早口言葉があるのか探してみましょう。

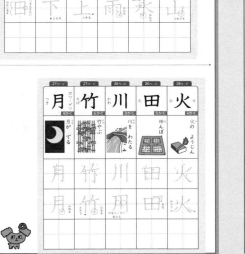

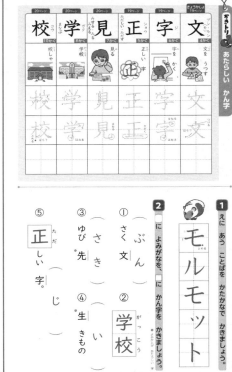

たしかめのテスト① 62～63ページ
くじらぐも ～ ことばを　たのしもう

ぶんしょうを よんで、こたえましょう。思考・判断・表現

「さあ、およぐぞ。」

くじらは、青い 空の なかを、げんき いっぱい すすんで いきました。

うみの ほうへ、むらの ほうへ、まちの ほうへ。

みんなは、うたを うたいました。

空は、どこまでも どこまでも つづきます。

「おや、もう おひるだ。」

先生が うでどけいを みて、おどろくと、

「では、かえろう。」

と、くじらは、まわれみぎを しました。

しばらく いくと、がっこうの やねが、みえて きました。くじらぐもは、ジャングルジムの うえに、みんなを おろしました。

「さようなら。」

みんなが 手を ふった とき、四じかんめの おわりの チャイムが なりだしました。

「さようなら。」

くもの くじらは、また、げんき よく、青い 空の なかへ かえって いきました。

なかがわ りえこ「くじらぐも」より

1 くじらぐもは、どこへ むかって すすんで いきましたか。（一つ8てん〔24てん〕）

[うみ]の ほうへ、[むら]の ほうへ、[まち]の ほうへ。

2 よく出る 「おどろく」と ありますが、なぜ せんせいは おどろいたのですか。一つに ○を つけましょう。（16てん）

あ（ ）きゅうしょくの じかんが おわって いたから。

い（ ）じかんが あまり たって いなかったから。

う（○）あっと いう まに じかんが すぎて いたから。

3 できたらスゴイ! 「では、かえろう。」とは、だれが いった ことばですか。文しょうから 三字で かきぬきましょう。（20てん）

[くじら]

4 くもの くじらは、どんな ようすで かえって いきましたか。一つに ○を つけましょう。（20てん）

あ（ ）つかれきった ようす。

い（○）げんきの よい ようす。

う（ ）わかれを かなしむ ようす。

5 かんがえてかこう かえって いく くじらぐもに どんな ことを かけますか。[れい]のように かきましょう。（20てん）

[れい] とても、たのしかったよ。

（[れい] くじらぐもさん、のせてくれて、ありがとう。）

たしかめのテスト② 64～65ページ
くじらぐも ～ ことばを　たのしもう

1 よみがなを かきましょう。（一つ5てん〔20てん〕）

① 子（こ）どもの ひ。　② えを 見（み）せる。
③ まるい 月（つき）。　④ 雨（あめ）が ふる。

2 かん字を かきましょう。（一つ5てん〔20てん〕）

① [山]（やま）の 上。　② [火]（ひ）を けす。
③ [日]（ひ）が しずむ。　④ [水]（みず）を のむ。

3 てん（、）や、まる（。）の つかいかたが 正しい ほうに ○を つけましょう。（一つ5てん〔10てん〕）

(1) てん（、）の つかいかた
あ（○）えさを やると、くちを うごかして たべます。

い（ ）えさをや、ると くちを うごか、して たべます。

(2) まる（。）の つかいかた
あ（ ）わたしは。学校に いきます
い（○）わたしは 学校に いきます。

4 字の つかいかたが まちがって いる ところを なおして かきましょう。（一つ10てん〔30てん〕）

(1) きのう、おちばお 見つけに、こうえんえ いきました。
（きのう、おちばを 見つけに、こうえんへ いきました。）

(2) わたしわ、大きな どんぐりお 見つけました。
（わたしは、大きな どんぐりを 見つけました。）

(3) どんぐりの いろわ ちゃいろです。
（どんぐりの いろは ちゃいろです。）

5 つぎの 文を かん字を つかって かきなおしましょう。（一つ5てん〔20てん〕）

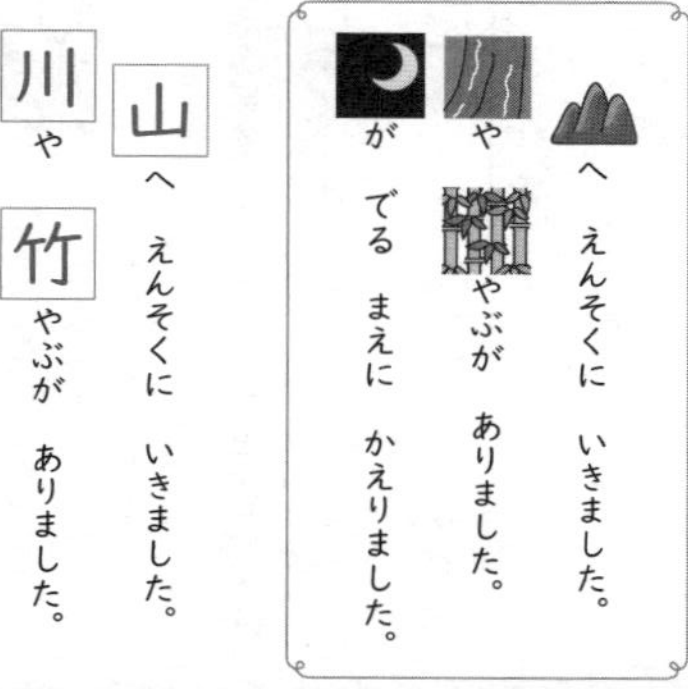

へ えんそくに いきました。
や やぶが ありました。
が でる まえに かえりました。

[山]へ えんそくに いきました。
[川]や [竹]やぶが ありました。
[月]が でる まえに かえりました。

---

1 本文に記述されている順番で答えるのが基本だということを理解しましょう。

2 「おや、もう おひるだ。」という先生の言葉から、先生がもうお昼になっているとは思っていなかったことが分かります。ここから、先生が思っていたより時間が経っていたことに驚（おどろ）いていることをとらえましょう。

3 「では、かえろう。」の後の文に「…と、くじらは、まわれみぎを しました。」とあります。ここでの「…と」は、「…と言って」の「言って」を省略した表現ですので、くじらが言った言葉であることが分かります。

4 最後の文の「げんき よく、青い 空の なかへ かえって いきました。」に着目します。

5 「くじらぐもさん、」という書き出しに続くように答えます。くじらぐもに話しかけるような気持ちで書きましょう。「ありがとう」「たのしかった」など、くじらぐもに乗って、楽しい時間を過ごしたことへの感謝や感動を、自分の言葉で書けていれば正解です。

3 どこで区切ると意味が分かりやすくなるかを考えて、読点（、）をつけます。句点（。）は、文の終わりにつけます。(1)は、条件を示す部分の後に読点（、）をつけましょう。いは「やると」「うごかして」という語句の途中（とちゅう）に読点があるので誤りです。

4 ものの名前のあとにつく「は・を・へ」（助詞）の使い方を正しく理解しているか確かめましょう。発音は「わ・お・え」ですが、書くときは「は・を・へ」です。

5 漢字とその漢字を表す絵を見て、漢字の成り立ちを意識して書きましょう。

おうちのかたへ

文章の書き表し方は、必ずしも発音どおりではありません。助詞の「は・を・へ」は、「ワ・オ・エ」と読むことをお子さまが理解しているか見てあげてください。繰（く）り返し出てくるので、しっかり身につけて、文章を書くときに正しく使うことができるようにしましょう。

じゅんび 66~67ページ

じどう車くらべ／じどう車ずかんを　つくろう

あたらしい　かん字

車（シャ・くるま）7かく	人（ジン・ひと）2かく	気（キ）6かく
じどう車	人を のせる	気が つく

1 □に　よみがなを　かきましょう。

① よく　気（き）が　つく　人（ひと）。

② おもい　ものを　つり上（あ）げる。

2 □に　かん字を　かきましょう。

① じどう［車］に［人］を　のせる。

② じかんに［気］を　つける。

3 正しい　いみに　○を　つけましょう。

① ざせき　あ（○）すわる　せき。　い（　）にもつを　おく　ところ。

② つり上げる　あ（○）つって　ひき上げる。　い（　）ひもで　むすぶ。

4 じどう車の　しごとと　つくりを　カードに　まとめました。□に　あう　ことばを　□から　えらんで　かきましょう。

（しょうぼう車）は、かじの　ときに（火をけす）しごとを　して　います。（そのために）、水を　ためる　タンクや、水を　まく　ための（ホース）が　ついて　います。

トラック　しょうぼう車　など　火を　けす　はこぶ　つり上げる　そのために　でも　ホース　バス

3分でワンポイント　じどう車の　ちがいを　くらべて　みよう。

★じどう車の　しごとと　つくりを　―せんで　むすびましょう。

しごと	つくり
バス・じょうよう車：人を　のせて　はこぶ。	・じょうぶな　うでが、のびたり　うごいたり　する。・しっかりした　あしが　ある。
トラック：にもつを　はこぶ。	・ひろい　にだいが　ある。・おもい　にもつを　のせる　ものには、たくさんの　タイヤが　ついて　いる。
クレーン車：おもい　ものを　つり上げる。	・ざせきが　ひろい。・けしきが　見えるように　大きな　まどが　ある。

1 ②「上」はいくつも読み方があるので、前後の言葉をきちんと確認するようにしましょう。

2 ①「車」は、横棒の数に注意しましょう。六画目の横棒は長く書きます。

3 他にも意味がわからない言葉がないか、確かめましょう。

4 「かじの　ときに…」とあることから、「しょうぼう車」について書いていることが分かります。「火を　けす」という仕事のために、消防車がどのようなつくりになっているかを考えましょう。

3分でワンポイント

三種類の自動車について説明しています。それぞれの自動車がしている「しごと」と、仕事をするためにどのような「つくり」（構造）になっているのかをまとめましょう。また、街中を走るいろいろな自動車に注目し、それぞれどんな役目や仕事をする自動車か、どんな特徴的な「つくり」があるか、調べてみるとよいでしょう。

じゅんび 68~69ページ

かたかなを　かこう／どんな　おはなしが　できるかな

1 えに　あう　ことばを　かたかなで　かきましょう。

① バス　② トラック　③ タイヤ　④ クレーン　⑤ ソース

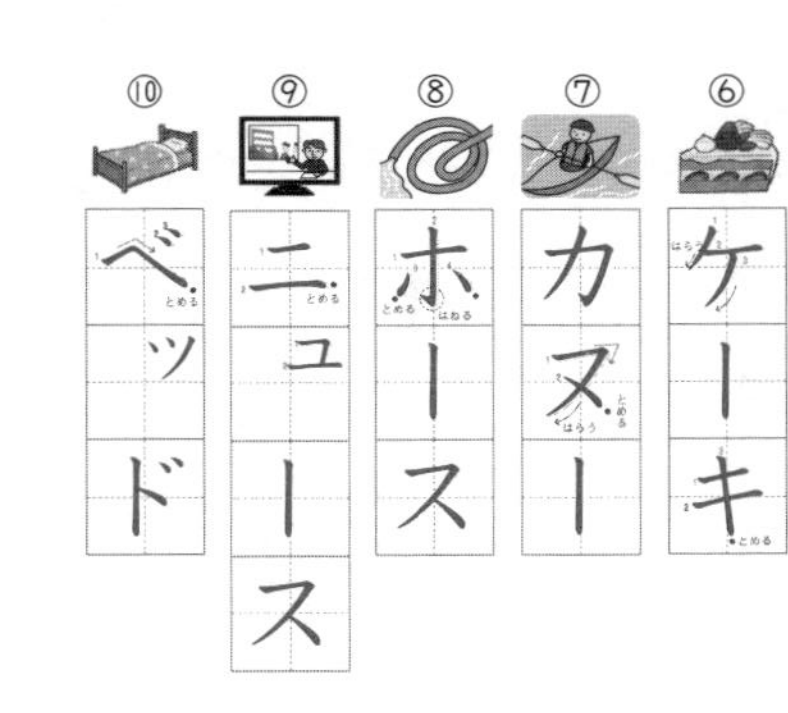

⑥ ケーキ　⑦ カヌー　⑧ ホース　⑨ ニュース　⑩ ベッド

2 ひらがなを　かたかなに　なおして　かきましょう。

① ろけっと　ロケット

② きゃんぷ　キャンプ

③ しょべるかあ　ショベルカー

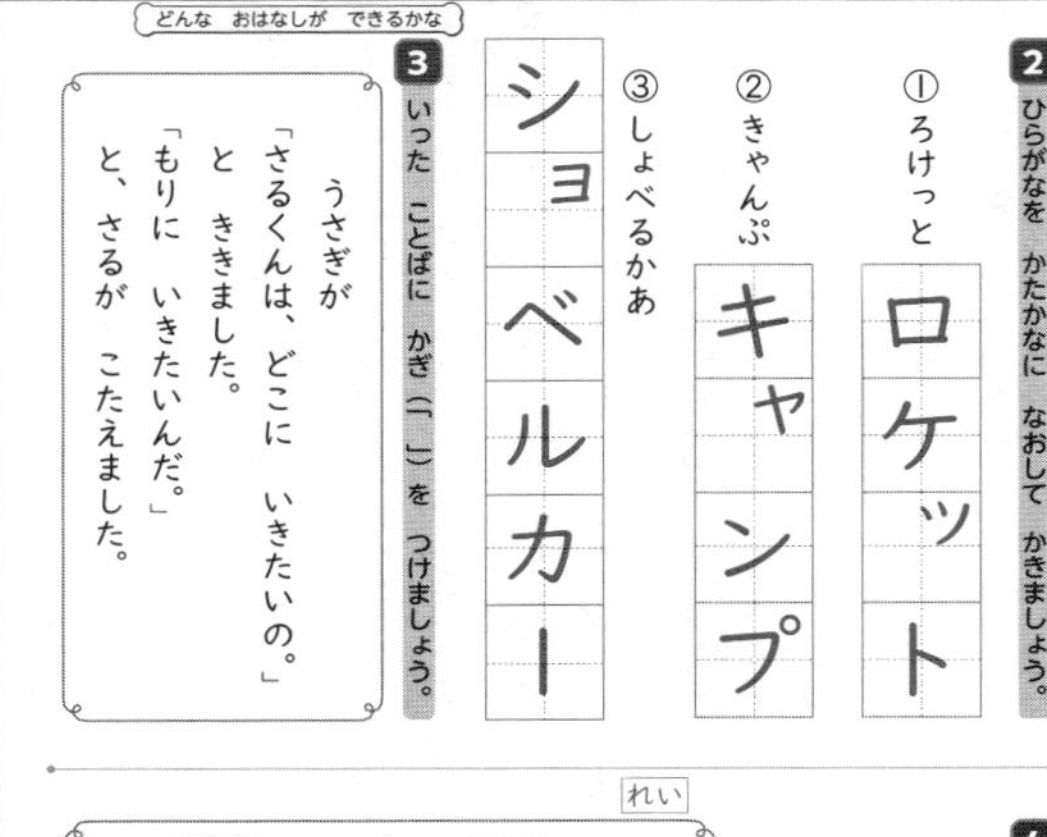

3 いった　ことばに　かぎ（「」）を　つけましょう。

うさぎが「さるくんは、どこに　いきたいの。」と　ききました。「もりに　いきたいんだ。」と、さるが　こたえました。

4 えを　見て、おはなしを　つくりましょう。

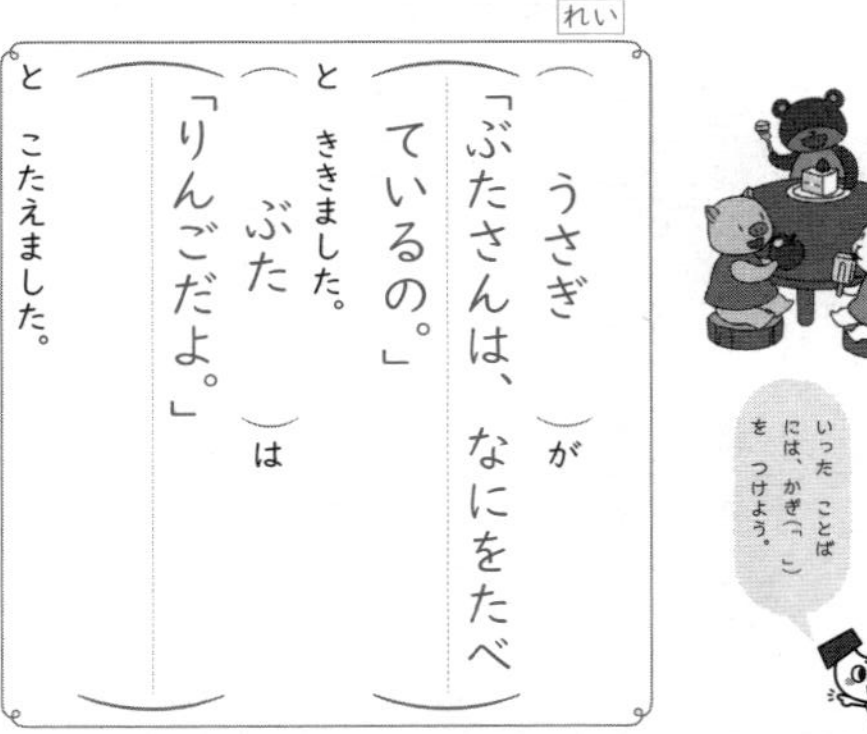

れい

（うさぎ）が「ぶたさんは、なにをたべているの。」ときました。（ぶた）は「りんごだよ。」とこたえました。

1 新しく習うかたかながたくさん出てきます。正しく書けるように練習しましょう。小さい「ッ」や「ュ」を、マスの中の正しい位置に書けているかも確認しましょう。

2 ③長音（のばす音）は、ひらがなでは「あ」と書かれています。「ー」と正しく書けているか確認しましょう。

3 文章中に出てくる会話文には、かぎ（「」）が付きます。正しい位置に書けているか確認しましょう。

4 動物たちが、おやつを食べている絵に合ったお話を作る練習です。絵を見て、だれがだれに何を聞き、聞かれた相手は何と答えたのかを書きます。かぎ（「」）を付けるのを忘れないようにしましょう。絵と前後の言葉につながるように書けていれば正解です。ここでは会話している一場面ですが、前後のお話を考えたり、会話の続きを考えて書いてみるのもよいでしょう。書いたお話は読んで、感想を伝えてあげましょう。

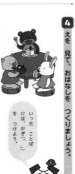

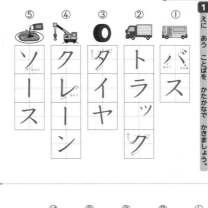

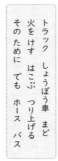

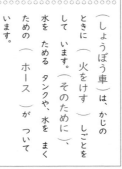

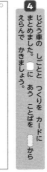

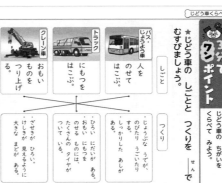

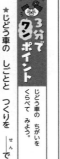

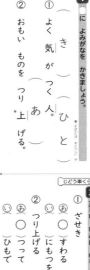

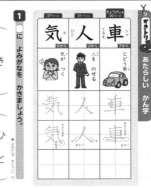

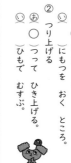

たしかめのテスト① 70~71ページ

じどう車くらべ ～ どんな　おはなしが　できるかな

文しょうを　よんで、こたえましょう。　思考・判断・表現

トラックは、にもつを　はこぶ　しごとを　して　います。そのために、うんてんせきの　ほかは、ひろい　にだいに　なって　います。おもい　にもつを　のせる　トラックには、タイヤが　たくさん　ついて　います。

クレーン車は、おもい　ものを　つり上げる　しごとを　して　います。そのために、じょうぶな　うでが、のびたり　うごいたり　するように、つくって　あります。車たいが　かたむかないように、しっかりした　あしが、ついて　います。

「じどう車くらべ」より

よく出る

❶ トラックは、どんな　しごとを　して　いますか。（15てん）

にもつを（はこぶ）しごと。

❷ おもい　にもつを　のせる　トラックには、なにが　たくさん　ついて　いますか。（10てん）

タイヤ

❸ クレーン車は、どんな　しごとを　して　いますか。（15てん）

おもい　ものを（つり上げる）しごと。

❹ つぎの　ことばは、71ページの　上の　えの　あ～うの　どこを　さして　いますか。（一つ10てん（20てん））

① じょうぶな　うで（あ）
② しっかりした　あし（う）

❺ クレーン車に　しっかりした　あしが　ついて　いるのは、なぜですか。（一つ10てん（20てん））

（車たい）が（かたむかないように）するため。

❻ しごとに　ついて　かかれた　文に　つづくように、はしご車の　つくりを　□の　ことばを　つかって　かきましょう。（20てん）

はしご車は、たかい　ところで　おきた　かじを　けす　しごとを　して　います。

れい　そのために、ながい　はしごを　おりたたんで　のせています。

［ながい　おりたたんで　そのために　はしご］

たしかめのテスト② 72~73ページ

じどう車くらべ ～ どんな　おはなしが　できるかな

❶ よみがなを　かきましょう。（一つ5てん（15てん））

① はしご車（しゃ）　② 人（ひと）が　くる。　③ まちがいに　気（き）が　つく。

❷ かん字を　かきましょう。（一つ5てん（20てん））

① 人（ひと）に　気（き）を　つける。　② すい車（しゃ）　③ かおを　上（あ）げる。

❸ ひらがなを　かたかなに　なおして　かきましょう。（一つ5てん（20てん））

① ころっけ　コロッケ
② くれよん　クレヨン
③ じゃんぷ　ジャンプ
④ ばっぐ　バッグ

❹ かたかなが　正しい　ほうに　○を　つけましょう。（一つ5てん（20てん））

① あ（○）ロープ　い（　）ロオプ
② あ（　）コツプ　い（○）コップ
③ あ（　）ジユース　い（○）ジュース
④  あ（○）ショベルカー　い（　）シヨベルカー

❺ 思考・判断・表現　だれが　なにを　いって　いるのでしょう。えを　見て、おはなしを　つくりましょう。（25てん）

れい　くまが、「さるくん、サッカーをしないか。」とききました。「いいよ。みんなでしよう。」と、さるがいいました。くまとさるは、しあいをして、たのしくすごしました。

---

❶ ❸「しごとを　する」という点に着目して自動車を人間に見立てて、その働く内容をたずねています。

❷「おもい　にもつを　のせる　トラックには」と限定していることに注意します。

❹ 自動車を人間に見立てているので、物をつり上げる部分を「うで」、車体を支えて固定する部分を「あし」と呼んでいるのです。

❺ 問いと同じ「しっかりした　あしが」「ついて」という言葉を、本文から探します。「…するため。」につながるように書きます。

❻ はしご車の仕事について書かれた文に続けることから、「そのために」という言葉で書き始めます。与えられた言葉を適切に用いて、はしご車のつくりを考えて答えましょう。「そのために」から書き始め、「ながい」「はしご」「おりたたんで」を適切に用いて文が書けていれば正解です。「のせて」をつけ加えて書けていればさらによいです。

❷ ③「上」には、「うえ」の他に「あ（げる）」という読み方もあります。前後の言葉を読んで答えるようにしましょう。

❸ ❹ のばす音「ー」や、小さい「ッ」「ャ」「ュ」「ョ」に気をつけましょう。

❺ 二つの絵を見てお話を作ります。問いに「だれが　なにを　いって　いるのでしょう」とあるので、かぎ（「　」）を使った文を書きます。一つ目の絵で、サッカーボールを持ったくまがさるに声をかけ、二つ目の絵で、くまとさるは他の動物たちとサッカーを楽しむ様子が描かれています。それに合った内容が書けていれば正解です。正しい文章を書けているか、かぎ（「　」）を正しく書けているかという点も注意しましょう。

おうちのかたへ

絵に合ったお話を作ることができたら、読んで、よかったところなど、感想を伝えてあげましょう。ここでは書ける量が限られていますが、さらにお話の続きを考えて、絵や文章を書いていくのもよい練習となるでしょう。

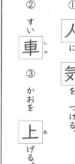

じゅんび　74~75ページ

たぬきの　糸車

あたらしい　かん字（きょうかしょ44ページ）

糸	目	玉	村	白	土	音
いと・シ　6かく	め・モク　5かく	たま　5かく	むら　7かく	しろい・しろ　5かく	つち・ド　3かく	おと　9かく
糸を　つむぐ	目を　とじる	目玉が　のぞく	村に　すむ	白い　糸	土あそび	車の　音

1　＿に　よみがなを　かきましょう。

① 村（むら）に　すむ。　② 山を　下（お）りる。
③ 糸車（いとぐるま）を　まわす。
④ ものの　音（おと）が　する。

2　□に　かん字を　かきましょう。

① 土間の　ある　いえ。
② 白い　糸。
③ 音が　きこえる。
④ 村まつり
⑤ 二つの　目玉。

3分でワンポイント　おはなしの　じゅんに　たぬきが　おもった　ことを　たしかめよう。

★えに　あうように　たぬきが　おもった　ことを　―で　むすびましょう。

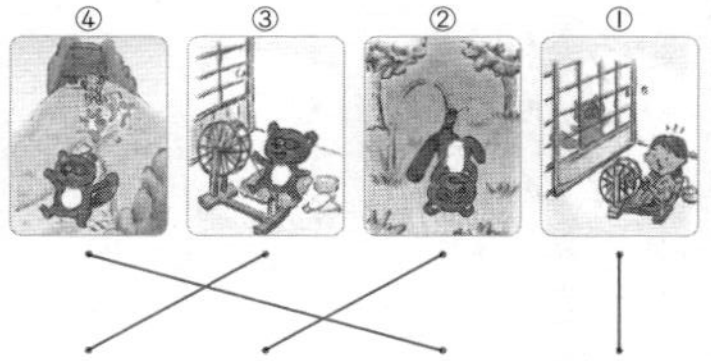

①　おもしろそうだな。いちど　やって　みたいな。
②　おかみさんが　気づいて　くれて　うれしいな。
③　キャー、いたい！　ワナに　かかって　しまった。
④　これは　たのしい。もっと　たくさん　糸を　つむごう。

れんしゅう　76~77ページ

たぬきの　糸車

文しょうを　よんで、こたえましょう。

　ある　月の　きれいな　ばんの　こと、おかみさんは、糸車を　まわして、糸を　つむいで　いました。
キーカラカラ　キーカラカラ
キークルクル　キークルクル
　ふと　気が　つくと、やぶれしょうじの　あなから、二つの　くりくりした　目玉が、こちらを　のぞいて　いました。
　糸車が　キークルクルと　まわるに　つれて、二つの　目玉も、くるりくるりと　まわりました。そして、月の　あかるい　しょうじに、糸車を　まわす　まねを　する　たぬきの　かげが　うつりました。
　おかみさんは、おもわず　ふきだしそうに　なりましたが、だまって　糸車を　まわして　いました。
　それからと　いう　もの、たぬきは、まいばん　まいばん　やって　きて、糸車を　まわす　まねを　くりかえしました。
「いたずらもんだが、かわいいな。」

きし　なみ「たぬきの　糸車」より

1　糸車が　まわる　音を　文しょうから　二つ　かきぬきましょう。
・キーカラカラ
・キークルクル

2　おかみさんは、「ふと」どんな　ことに　気が　つきましたか。□に　あてはまる　ことばを　かきましょう。
やぶれしょうじの　あなから、二つの　くりくりした　目玉が　のぞいて　いる　こと。

3　おかみさんが　ふきだしそうに　なった　わけを　二つ　かきましょう。
・糸車が　まわると、二つの　目玉も　くるりくるりと　まわったから。
・糸車を　まわす　まねを　する　たぬきの　かげが　うつったから。

ヒント　おかみさんが　見た　ことを　たしかめよう。

4　おかみさんは、たぬきの　ことを　どう　おもいましたか。一つに　○を　つけましょう。
あ（　）いやだな。
い（○）かわいいな。

ヒント　さいごの　おかみさんの　ことばを　よく　よもう。

1　読み方が一つでない漢字はたくさんあるので気をつけましょう。②「下」は「下（お）ろす」も覚えておきましょう。

2　①「土」は下の横棒を長くします。②「白」は一画目と二画目を続けて書かないようにしましょう。⑤「目」は横棒の数に気をつけて、「玉」は五画目の「、」を忘れないようにしましょう。

3分でワンポイント

「たぬきの　糸車」（きし　なみ）では、どんなことが、どのような順で起こっているかを読み取りましょう。たぬきがどんなことをしたか、そのときの様子を思い浮かべ、たぬきが思ったことを想像しましょう。

（起）いたずらばかりしているたぬきが、糸車を回すまねをした。
（承）罠にかかってしまうが、おかみさんに助けてもらう。
（転）板の間に白い糸の束が置いてあった。たぬきが糸車を上手に回していた。
（結）おかみさんがのぞいているのに気がついたたぬきは、嬉しそうに帰って行った。

このお話の流れの絵と、そのときのたぬきの感情を線で結びます。

1　解答欄の最後のマスに書いてあるかたかなをヒントにして、文章中から適切に答えを書き抜きましょう。

2　「ふと　気が　つくと」の後に書いてあります。たぬきの様子を想像してみましょう。「どんな　こと」を聞いているので、解答は「〜こと。」で終わっています。

3　「おかみさんは、おもわず　ふきだしそうに　なりました」の前に書いてあります。おかみさんの表情を想像してみましょう。わけを聞いているので、解答は「〜から。」で終わっています。

4　障子の穴からのぞいたり、糸車を回すまねをしたりするたぬきの様子を見て、笑いを我慢できずに「ふきだしそうに」なったおかみさんの様子から考えましょう。「いたずらもんだが、かわいいな。」というおかみさんの最後の言葉からも分かります。

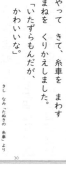

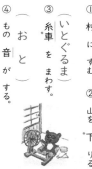

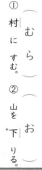

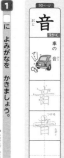

じゅんび　78~79ページ
日づけと　よう日／てがみで　しらせよう

あたらしい かん字
花 はな 7かく 花の におい
休 やすむ 6かく ふゆ休み
虫 むし 6かく 虫めがね
金 かね 8かく お金
かきじゅんも 正しく おぼえよう。

1 □に よみがなを かきましょう。
① 水よう日（すい）　② お正月（しょうがつ）　③ 大すきな 土いじり（だい）（つち）

2 □に かん字を かきましょう。
① 木よう日から なつ休みだ。　② 花が さく。　③ お金

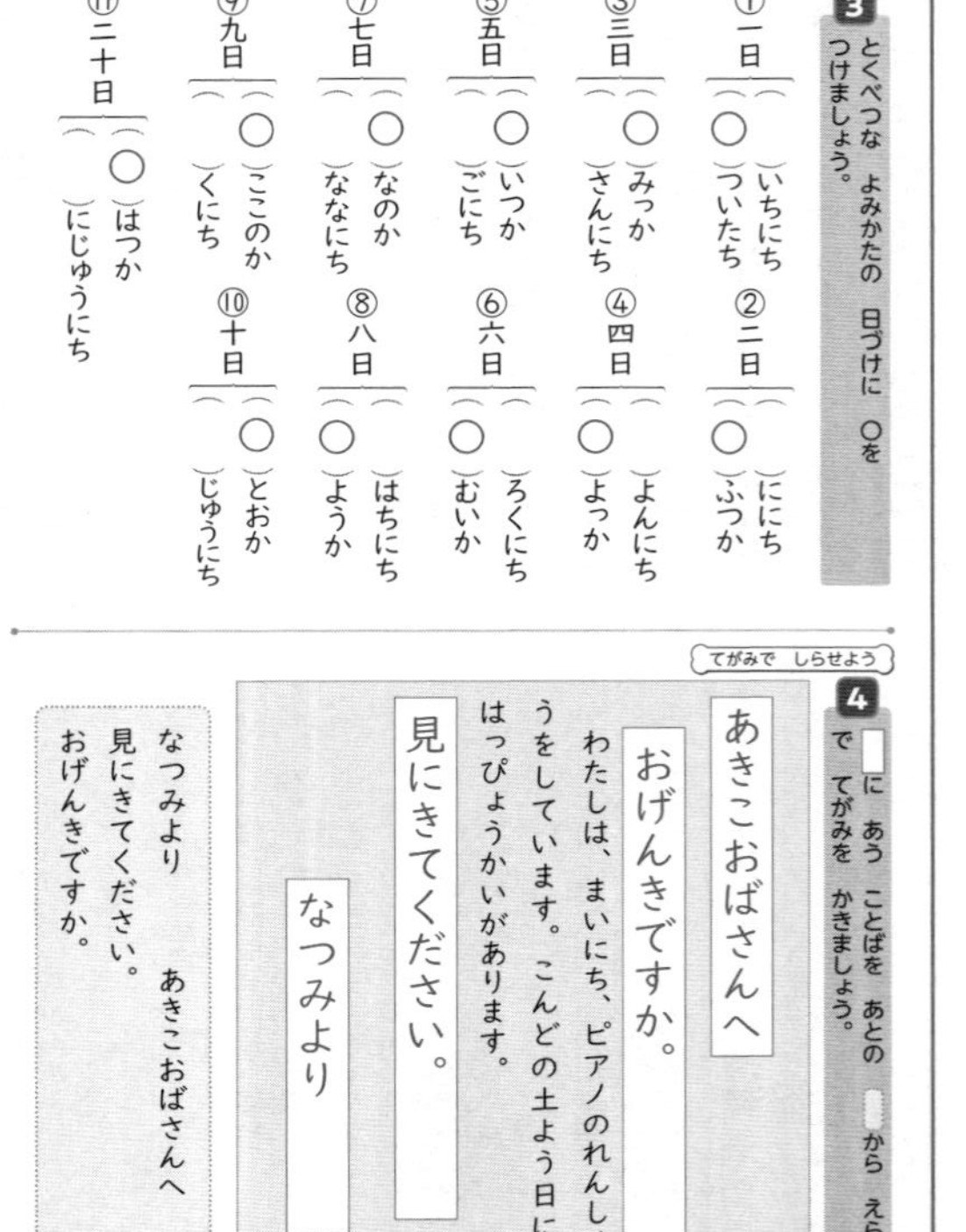

3 とくべつな よみかたの 日づけに ○を つけましょう。（日づけと よう日）
① 一日（　）いちにち（○）ついたち　② 二日（　）ににち（○）ふつか
③ 三日（○）みっか（　）さんにち　④ 四日（○）よっか（　）よんにち
⑤ 五日（○）いつか（　）ごにち　⑥ 六日（　）ろくにち（○）むいか
⑦ 七日（○）なのか（　）ななにち　⑧ 八日（　）はちにち（○）ようか
⑨ 九日（○）ここのか（　）くにち　⑩ 十日（○）とおか（　）じゅうにち
⑪ 二十日（○）はつか（　）にじゅうにち

4 □に あう ことばを あとの □から えらんで てがみを かきましょう。（てがみで しらせよう）

あきこおばさんへ
おげんきですか。

わたしは、まいにち、ピアノのれんしゅうをしています。こんどの土よう日に、はっぴょうかいがあります。

見にきてください。

なつみより

（なつみより　見にきてください。　あきこおばさんへ　おげんきですか。）

たしかめのテスト①　80~81ページ
たぬきの　糸車 ～ てがみで　しらせよう

文しょうを よんで、こたえましょう。思考・判断・表現

とを あけた とき、おかみさんは、あっと おどろきました。いたの間に、白い 糸の たばが、山のように つんで あったのです。そのうえ、ほこりだらけの はずの 糸車には、まきかけた 糸まで かかって います。
「はあて、ふしぎな。どう した こっちゃ。」
おかみさんは、そう おもいながら、土間で ごはんを たきはじめました。すると、
キーカラカラ　キーカラカラ
キークルクル　キークルクル
と、糸車の まわる 音が、きこえて きました。びっくりして ふりむくと、いたどの かげから、ちゃいろの しっぽが ちらりと 見えました。
そっと のぞくと、いつかの たぬきが、じょうずな 手つきで、糸を つむいで いるのでした。たぬきは、つむぎおわると、こんどは、いつも おかみさんが して いた とおりに、たばねて、わきに つみかさねました。
たぬきは、ふいに、おかみさんが のぞいて いるのに 気が つきました。
たぬきは、ぴょこんと そとに とび下りました。そして、うれしくて たまらないと いうように、ぴょんぴょこ おどりながら かえって いきましたとさ。

きし なみ「たぬきの 糸車」より

1 おかみさんが「ふしぎ」だと おもった ことを 二つ かきましょう。一つ10てん（20てん）
・いたの間に、白い糸のたばが、山のようにつんであったこと。
・糸車には、まきかけた糸まで かかっていたこと。

2 「キーカラカラ……キークルクル」は、なんの 音ですか。20てん
（糸車のまわる）音。

3 「糸を つむいで」いたのは、だれですか。一つに ○を つけましょう。20てん
あ（　）おかみさん
い（○）たぬき
う（　）きつね

4 かえって いった たぬきは、どんな きもちだったと おもいますか。一つに ○を つけましょう。20てん
あ（○）おかみさんが、糸の たばに 気づいて くれると うれしいな。

い（　）たぬきじるに されなくて よかったな。

う（　）こんど 見つかったら、きっと しかられるな。

5 「たぬきの 糸車」を よんで、たぬきに いって あげたい ことを かきましょう。20てん
たぬきさん、（れい）糸車をまわすのがたのしかったんだね。

---

1 2 読み方が新しい漢字、曜日の漢字がたくさん出てきます。しっかり覚えましょう。

3 特別な読み方をする言葉は、漢字を使っていても、漢字自体の読みとは別に、言葉のまとまりとして特定の読み方をします。繰り返し練習して覚えましょう。日付は、日常生活の中で意識して使うようにしましょう。身近にあるカレンダーを用いて、正しく読めるか確認するとよいでしょう。

4 手紙の基本的な書き方を覚えましょう。したことや、思ったことなど、知らせたいことを手紙に書く練習をしましょう。書き終わったら、字や言葉の間違いがないか、読み返すことも大切です。

1 「いたの間に、」と「そのうえ、」から始まる文章から読み取りましょう。「こと。」につながるように書けているかも注意しましょう。

2 ――線部のすぐ後の「糸車の　まわる音」に着目しましょう。

3 ――線部の前の「いつかの　たぬきが、じょうずな　手つきで」の部分から読み取ります。その様子をそっとのぞいていたのは、おかみさんであったことも押さえておきましょう。

4 最後の段落の文章に「うれしくて　たまらない」とあることから分かるでしょう。

5 「糸車」をキーワードに、「たぬきがしたこと」「おかみさんがたぬきにしてあげたこと」から自分が感じたこと、思ったことを書きます。れいの他にも、「たくさん糸をつむげてよかったね。」「おかみさんもきっとよろこんでくれているよ。」など、たぬきに話しかけるように、「たぬきさん、」につなげて書けていれば正解です。

おうちのかたへ
たぬきが糸を紡いでいたのは、罠から助けてくれたおかみさんへのお礼なのか、いたずらの延長だったのか、ただ楽しんでいただけなのか、お話には詳しく書かれていません。いろいろに想像できるので、ぜひお子さんと話し合ってみてください。理解がより深まるでしょう。

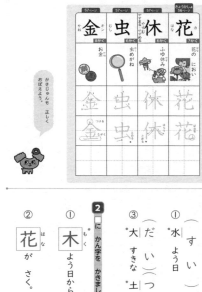

たしかめのテスト② 82~83ページ
たぬきの 糸車 ～ てがみで しらせよう

1 （ ）に よみがなを かきましょう。（一つ4てん〔20てん〕）
① 白い くも。（しろ） ② 日よう日（に）（ち）
③ 火よう日に あそぶ。（か）
④ 天の川が 見える。（あま）
⑤ かいだんを 下りる。（お）

2 □に かん字を かきましょう。（一つ4てん〔20てん〕）
① 目玉（めだま） ② 糸車（いとぐるま）
③ 金（きん）ぎょに えさを やる。
④ かぶと虫（むし）を つかまえる。
⑤ 月（げつ）よう日に でかける。

3 正しい いみに ○を つけましょう。（一つ5てん〔10てん〕）
① 糸を つむぐ。
あ（ ）糸を きる。

い（○）糸を よりあわせる。
② こわごわ
あ（ ）らくらく
い（○）おそるおそる

4 （ ）に 日づけの よみがなを かきましょう。（一つ5てん〔20てん〕）
① 一月一日（いちがつついたち） ② 八月八日（はちがつようか）
③ 九月九日（くがつここのか） ④ 三月二十日（さんがつはつか）

5 思考・判断・表現 てがみの かきかたに ついて、こたえましょう。
(1) てがみの はじめに かく 文として 正しい ほうに ○を つけましょう。（10てん）
あ（○）おげんきですか。

い（ ）さようなら。
(2) あなたが てがみを かくと したら、だれに どんな ことを しらせたいですか。（一つ10てん〔20てん〕）
だれに（れい おばあちゃん）
どんな ことを（れい うんどうかいの かけっこで いちばんに なったこと。）

1 **2** 一つの漢字にいくつもの読み方があります。確実に読み書きができるように覚えましょう。

4 日付の特別な言い方を覚えましょう。①は「いちにち」ではなく「ついたち」、②は「はちにち」ではなく「ようか」、③は「くにち」ではなく「ここのか」、④は「にじゅうにち」ではなく「はつか」と言えるようにしましょう。一日～十日、二十日を声に出して練習するとよいでしょう。

5 (1)手紙の書き出しは、「お元気ですか。」や季節の挨拶（あいさつ）が基本です。「さようなら。」は結びになります。
(2)「だれに」「どんなことを」知らせたいかが、れいのように書けていれば正解です。実際に手紙を書いてみましょう。書いたら間違（まちが）いがないか読み返しましょう。遠方の相手に書く場合は、封筒（ふうとう）に住所を書いてあげて、実際に郵送（ゆうそう）するのも楽しい経験になるでしょう。

じゅんび 84~85ページ
むかしばなしを よもう／おかゆの おなべ

あたらしい かん字

本	森	出	中	町	入
ホン・もと	もり	でる・だす・シュツ	なか・チュウ	まち	はいる・いれる
本を よむ	森まで いく	そとへ 出る	まん中	町へ いく	入って くる
5かく	12かく	5かく	4かく	7かく	2かく
きょうかしょ60ページ	63ページ	64ページ	65ページ	67ページ	72ページ

1 （ ）に よみがなを かきましょう。
① はこの 中。（なか） ② 本を かう。（ほん）
③ いえ中を そうじする。（じゅう）

2 □に かん字を かきましょう。
① 森（もり）に 入（はい）って いく。
② 町（まち）から 出（で）る。

3 えに あう おはなしを ―で むすびましょう。（むかしばなしを よもう）
① ② ③
きたかぜと たいようが ちからくらべを したよ。
どくの はいった りんごを たべて しまったよ。
いえの にわに、天まで とどく まめの 木が はえたよ。

3分でワンポイント（おかゆの おなべ）
おはなしの じゅんばんを たしかめよう。
★おはなしの じゅんに、ばんごうを かきましょう。
① 女の子は、おばあさんから おなべを もらった。
② 女の子の じゅもんで おなべから おかゆが 出て きた。
③ おかあさんも おかゆを 出したが、とめる じゅもんを しらなかった。
④ 町が おかゆに うまって しまった。女の子の じゅもんで やっと とまった。

1 ①③「中」は、「なか」と「じゅう」という読み方があります。文脈に注意して読みましょう。

3 絵とお話をつなぐことをきっかけにして、お話の内容を語り合ったり、一緒（いっしょ）に本を読んだりして、お話の全体像をつかむと、さらに楽しさが増します。昔話は口承文芸なので、語り聞かせることもとてもよいことです。

3分でワンポイント
「おかゆの おなべ」（さいとう ひろし）を読んで、どのようなことが順に起こっているかを読み取りましょう。

（起）女の子がおばあさんと出会い、おなべを一つもらった。

（承）おなべに向かってじゅもんを言うと、おかゆが出てきた。女の子とおかあさんは食べ物に困ることがなくなった。

（転）おかあさん一人で、じゅもんを言うと、おかゆが出てきた。しかしおかあさんは止めるじゅもんを知らなかった。

（結）町がおかゆでうまってしまった。女の子がじゅもんを言うと、おなべは止まった。しかし、人々はおかゆを食べながら歩かないと、道を通れなくなった。

たしかめのテスト　86~87ページ
むかしばなしを　よもう／おかゆの　おなべ

文しょうを　よんで、こたえましょう。　思考・判断・表現

ある　日、女の子が　町の　そとに　出かけた　とき、おかあさんは　おなかが　すいたので、おなべに　むかって　いいました。

「なべさん、なべさん。にて　おくれ。」

おなべは、ぐらぐらと　にえたち、おかゆが　うんじゃら　うんじゃら、出て　きました。おかあさんは、おかゆを　たくさん　たべ、おなかが　いっぱいに　なりました。

けれども、おかあさんは、おなべを　とめようと　して、はっと　しました。

いつも、おなべに　むかって　じゅもんを　いうのは、女の子の　やくめだったので、おかあさんは、とめる　ときの　じゅもんを、よく　しらなかったのです。

そこで、おかあさんは、

「なべさん、なべさん。やめとくれ。」

と、いって　みました。

もちろん、なべは　とまりません。

つぎに、おかあさんは、

「なべさん、なべさん。おわりだよ。」

と、いって　みました。

やっぱり、なべは　とまりません。

その　ほか、おかあさんは、おもいつく　ままに、いろいろ　じゅもんらしい　ことを　いって　みました。けれども、どれも　まちがいだったので、おなべは、おかゆを　にるのを　やめませんでした。

さいとう　ひろし「おかゆの　おなべ　グリムどうわ」より

1 おかあさんが　おなべに「なべさん、にて　おくれ。」と　いったのは　なぜですか。（10てん）

おなかがすいた　から。

2 よく出る　おかあさんが「はっと」したのは、なぜですか。一つに　○を　つけましょう。（15てん）

あ（　）まだ　おなかが　すいて　いる　ことに　気づいたから。

い（　）もう　たべられないと　わかったから。

う（○）おなべを　とめる　じゅもんを　しらない　ことに　気づいたから。

3 おかあさんが　いって　みた「じゅもんらしい　こと」を、文しょうから　二つ　かきぬきましょう。（一つ15てん〈30てん〉）

「なべさん、なべさん。やめとくれ。」

「なべさん、なべさん。おわりだよ。」

4 できたらスゴイ！　おかあさんが　おなべを　とめる　じゅもんを　しらなかったのは　なぜですか。（15てん）

れい　いつもじゅもんをいうのは、女の子のやくめだった　から。

5 おなべが　とまらなくて、こまった　おかあさんの　きもちを　かきましょう。（20てん）

れい　おなべが、このままとまらなかったらどうしよう。

じゅんび　88~89ページ
なりきって　よもう　かたつむりの　ゆめ／おいわい

1 ひらがなを　かたかなに　なおして　かきましょう。

・りぼん　リボン

しの　ようすを　おもいうかべ　ながら　なりきって　よもう。

2 □に　あう　ことばを　あとの　□から　えらんで　かきましょう。

① ひかりの（ように）はやい　車。
② （ゆき）のように（白い）ねこ。

白い　ために　ゆき　ように

3 しを　よんで、こたえましょう。

かたつむりの　ゆめ　　かたつむり　でんきち

あのね　ぼく
ゆめの　なかでは　ね
ひかりのように　はやく
はしるんだよ

おいわい　　にじ　ひめこ

きょうは
うれしい　ことが　ありましたので
のはらに
リボンを　かけました

くどう　なおこ「のはらうた」より

(1) 「ぼく」とは　だれですか。　かたつむり
(2) 「ぼく」は、ゆめの　なかで　なにを　しますか。しの　中から　かきぬきましょう。　はやく　はしる。
(3) 「きょう」は、なにが　ありましたか。　うれしい　こと
(4) しの　中で　おいわいを　あらわす　ものは、なんですか。　リボン
(5) 「おいわい」の　しは、どんな　気もちで　よむと　よいですか。○を　つけましょう。
（　）はらはらした　きもち
（○）うきうきした　きもち
（　）くよくよした　きもち

---

1 「おかあさんは　おなかが　すいたので」に着目しましょう。おなかがすいたおかあさんは、おかゆを食べようと思ったのです。

2 おなべを止めようと思ったおかあさんは、そのとき初めておなべを止めるじゅもんを知らないことに気づいたのです。

3 おなべを止めようとして、おかあさんが言った言葉を書き抜きましょう。

4 おかあさんは、おかゆを出すじゅもんは覚えていても、止めるじゅもんは思い出せませんでした。なぜかというと、いつもおなべに向かってじゅもんを言うのは、女の子の役目だったからです。「から。」につながるように書けているかも注意しましょう。

5 おなべを止めようとして、思いつくじゅもんをいろいろ言っていることから、おかあさんが焦り、困っている様子が伝わってきます。「どうしよう」「大変なことになった」など、おかあさんの困った気持ちが書けていれば正解です。

おうちのかたへ
語と語や、文と文のつながりに注意しながら、文章をしっかり読みましょう。また、お話の中に出てくる言葉には、日常生活であまり接する機会のない言葉もあります。分からない言葉が出てきたら、積極的に辞典を引く習慣を身に付けさせるとよいでしょう。

2 「〜ように」は、たとえによく使われる表現です。他に「〜ように」を使った文を考えてみましょう。

3 (1)(2)ふだんはゆっくりしか歩けないかたつむりですが、夢の中では速く走れるのです。できないことができるからこそ、夢といえます。
(3)(4)うれしいことがあったことを、野原にリボンをかけることで、おいわいとして表現しています。野原にかかったリボンとは、虹です。
(5)うれしいことを詩にしているので、うきうきした気持ちであることが読み取れます。詩の内容に合わせて口調を変えて読むなど、なりきって読むと、詩をより味わうことができるでしょう。

じゅんび 90~91ページ

くわしく　きこう／ことばで　あそぼう

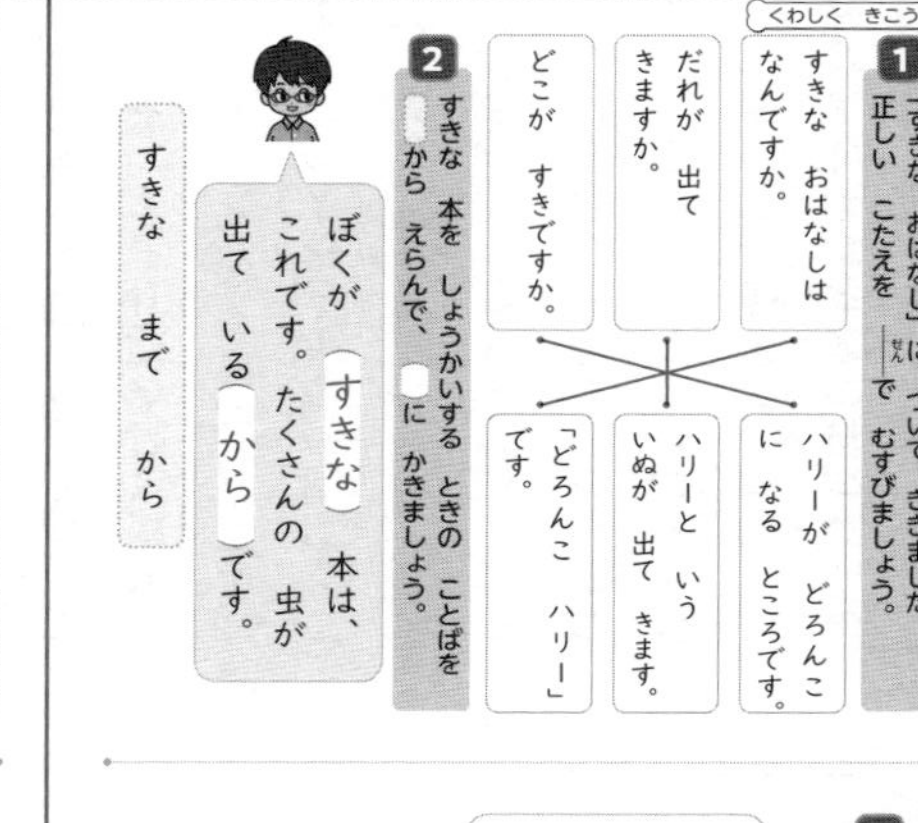

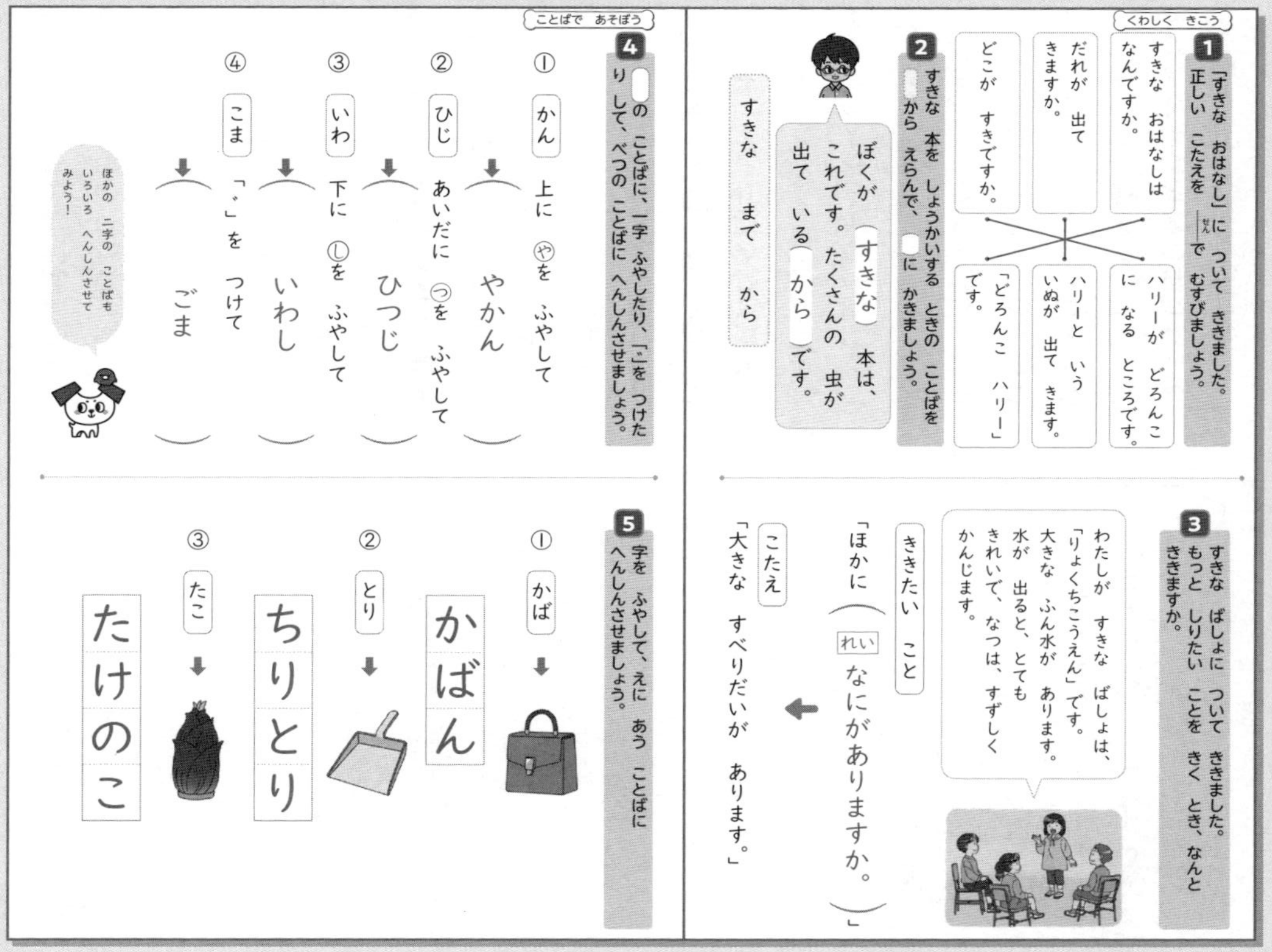

くわしく　きこう

1 「すきな　おはなし」に　ついて　きいて　きました。正しい　こたえを　―で　むすびましょう。

すきな　おはなしは　なんですか。 ― 「どろんこ　ハリー」です。

だれが　出て　きますか。 ― ハリーと　いう　いぬが　出て　きます。

どこが　すきですか。 ― ハリーが　どろんこに　なる　ところです。

2 すきな　本を　しょうかいする　ときの　ことばを　□から　えらんで、□に　かきましょう。

ぼくが（すきな）本は、これです。たくさんの　虫が　出て　いる（から）です。

すきな　まで　から

3 すきな　ばしょに　ついて　もっと　しりたい　ことを　きく　とき、なんと　ききますか。

わたしが　すきな　ばしょは、「りょくちこうえん」です。大きな　ふん水が　あります。水が　出ると、とても　きれいで、なつは、すずしく　かんじます。

ききたい　こと

「ほかに（れい　なにが　ありますか。）」

こたえ

「大きな　すべりだいが　あります。」

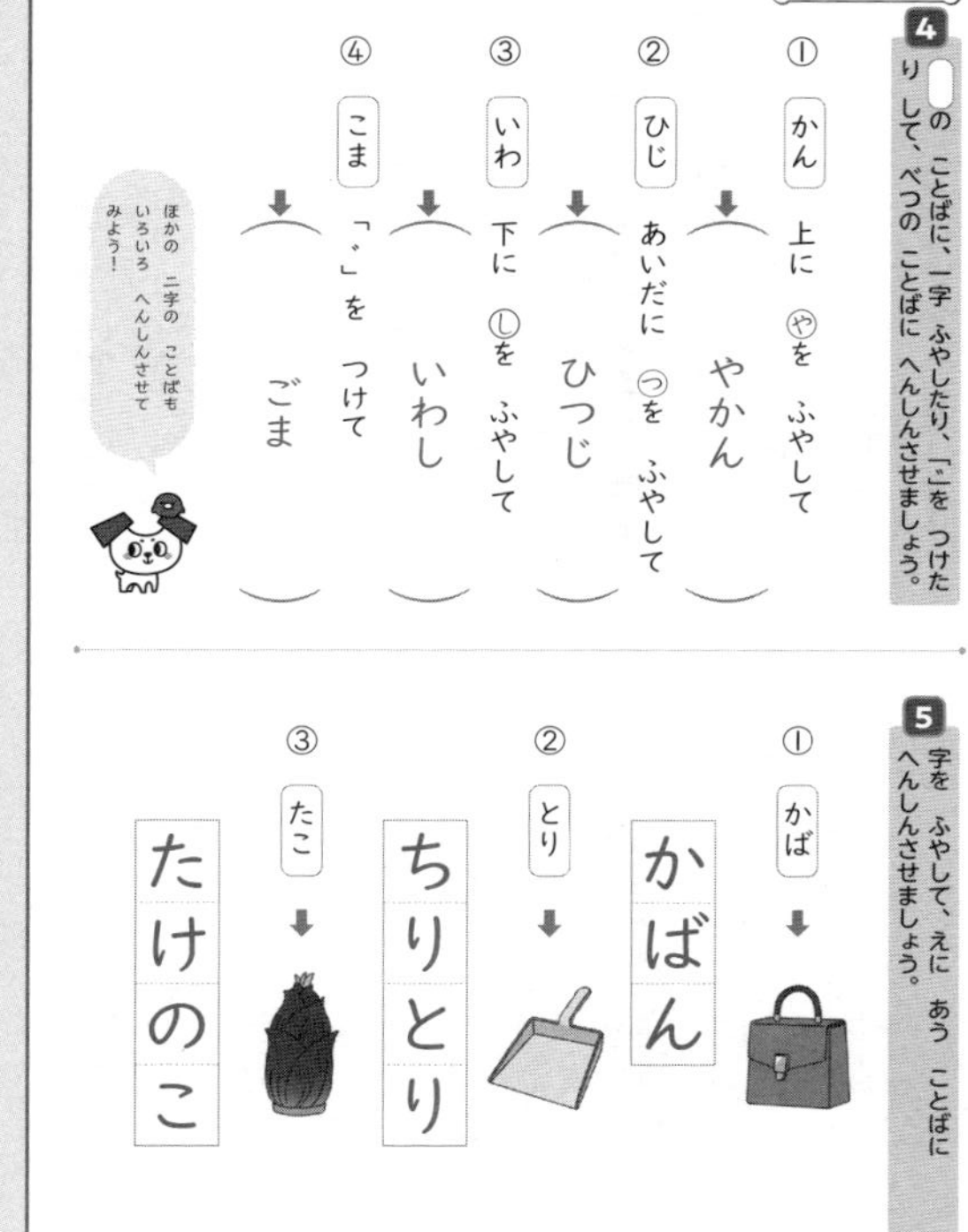

ことばで　あそぼう

4 □の　ことばに、一字　ふやしたり、「゛」を　つけたりして、べつの　ことばに　へんしんさせましょう。

① かん　上に　㋳を　ふやして（やかん）

② ひじ　あいだに　㋡を　ふやして（ひつじ）

③ いわ　下に　㋛を　ふやして（いわし）

④ こま　「゛」を　つけて（ごま）

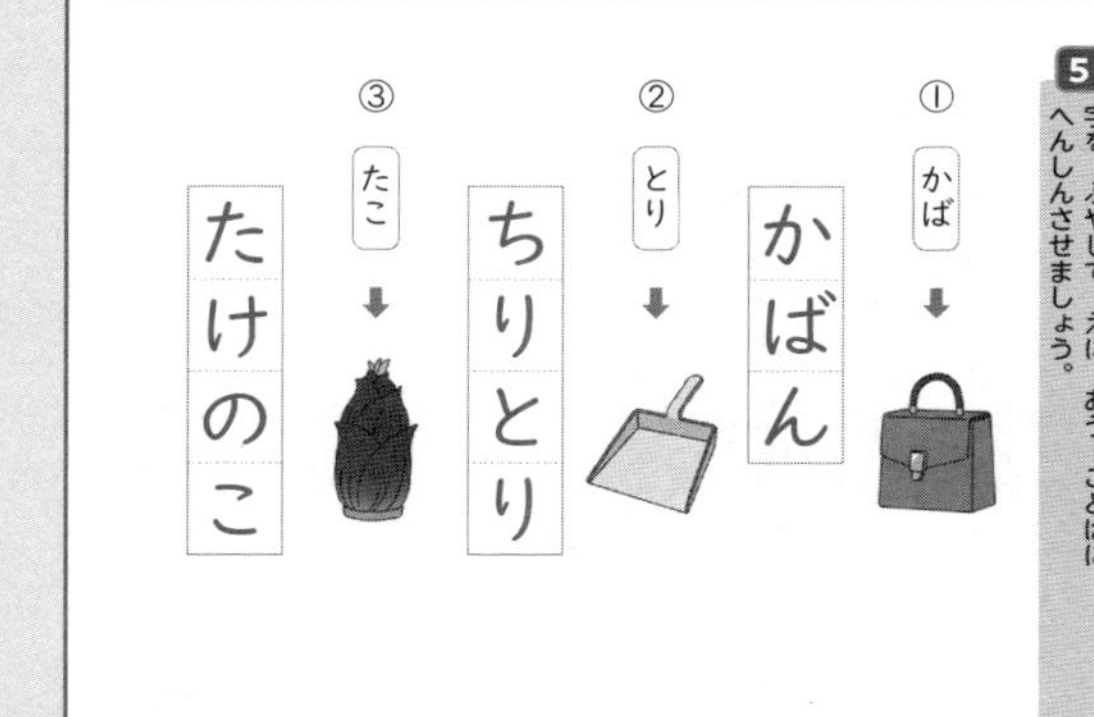

5 字を　ふやして、えに　あう　ことばに　へんしんさせましょう。

① かば → かばん

② とり → ちりとり

③ たこ → たけのこ

じゅんび 92~93ページ

どうぶつの　赤ちゃん

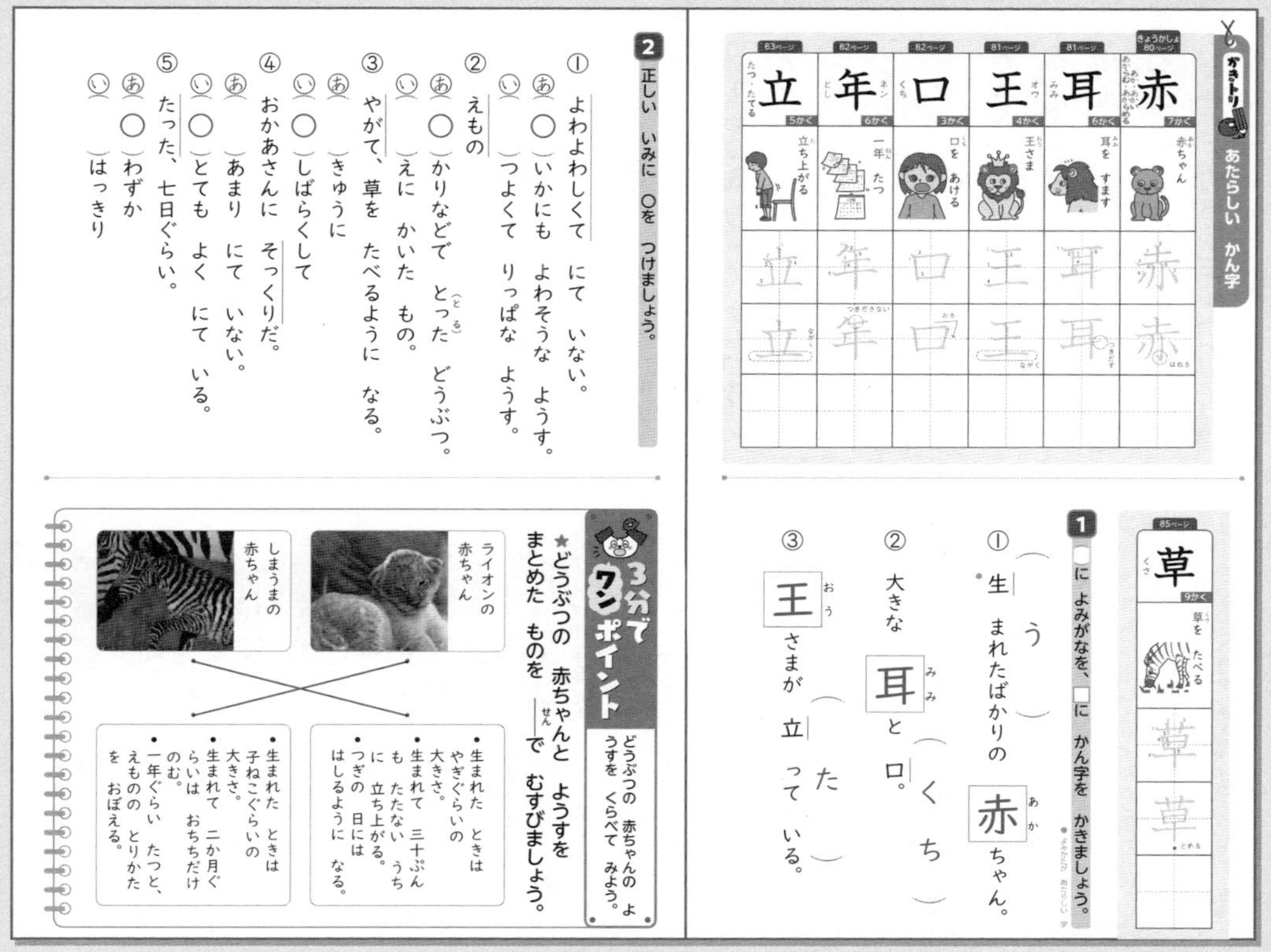

かきトリ　あたらしい　かん字

赤	耳	王	口	年	立
7かく	6かく	4かく	3かく	6かく	5かく
赤ちゃん	耳を　すます	王さま	口を　あける	一年　たつ	立ち上がる

草（9かく）　草を　たべる

1 □に　よみがなを、□に　かん字を　かきましょう。

① 生（う）まれたばかりの　赤（あか）ちゃん。

② 大きな　耳（みみ）と　口（くち）。

③ 王（おう）さまが　立（た）って　いる。

2 正しい　いみに　○を　つけましょう。

① よわよわしくて　にて　いない。
㋐（○）いかにも　よわそうな　ようす。
㋑（　）つよくて　りっぱな　ようす。

② えもの
㋐（○）かりなどで　とった　どうぶつ。
㋑（　）えに　かいた　もの。

③ やがて、草を　たべるように　なる。
㋐（　）きゅうに
㋑（○）しばらくして

④ おかあさんに　そっくりだ。
㋐（　）あまり　にて　いない。
㋑（○）とても　よく　にて　いる。

⑤ たった、七日ぐらい。
㋐（○）わずか
㋑（　）はっきり

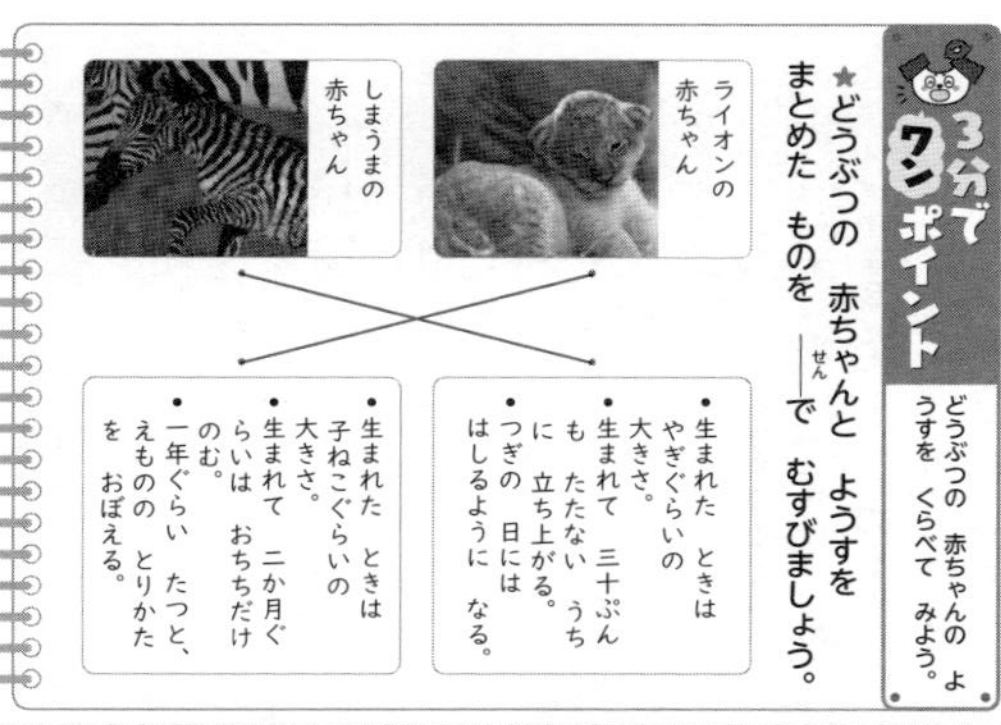

3分で　ワンポイント　どうぶつの　赤ちゃんの　ようすを　くらべて　みよう。

★どうぶつの　赤ちゃんと　ようすを　まとめた　ものを　―で　むすびましょう。

ライオンの　赤ちゃん　　しまうまの　赤ちゃん

・生まれた　ときは　やぎぐらいの　大きさ。・生まれて　三十ぷん　も　たたない　うちに　立ち上がる。・つぎの　日には　はしるように　なる。

・生まれた　ときは　子ねこぐらいの　大きさ。・生まれて　二か月ぐらいは　おちちだけ　のむ。・一年ぐらい　たつと、えものの　とりかたを　おぼえる。

---

1 「（お話の）どこがすきですか。」とたずねられたら、「…ところです。」「…ところがすきです。」と答えます。

2 はじめに好きな本を紹介して、その後に理由を述べているので、「…からです。」と結びます。

3 お話を聞いて、もっと聞きたいことを質問します。質問の答えが「大きな　すべりだいが　あります。」とあるので、その公園には他に何があるのかを聞いていると考えられます。「…ありますか。」と聞くとよいでしょう。

4 5 言葉に字を増やして、他の言葉に変身させる遊びを楽しみましょう。他にも変身させる言葉を考えてみて、問題を作ってみましょう。語彙を増やすことにもつながります。

1 漢字を書くときは、書き順にも気をつけて書きましょう。①「生」は読み方がたくさんあります。前後の言葉によって判断しましょう。「赤」は四～七画目の書き順に気をつけましょう。②「耳」は五画目を右上がりに書き、右に突き出すことに注意します。③「王」は四画目の横棒を長くします。

2 文章を読み進めるうえで、一つ一つの言葉の意味を理解していることはとても重要です。分からない言葉があればそのままにせず、必ず調べる習慣をつけましょう。また、覚えた言葉を実際に使って、文を書けるようにしましょう。

3分でワンポイント

「どうぶつの　赤ちゃん」（ますい　みつこ）は、ライオンの赤ちゃんとしまうまの赤ちゃんの特徴を説明している説明文です。

それぞれの特徴が箇条書きにまとめられているので、ライオンとしまうまのどちらの赤ちゃんの特徴をまとめたものかを判断し、線で結びます。

赤ちゃんの大きさ、目や耳の特徴、赤ちゃんとおかあさんとの関係などを表などにしてまとめると、違いを比べやすいでしょう。また、人間の赤ちゃんやほかの動物の赤ちゃんも調べて加えてみるとよいでしょう。

〔写真提供：アマナイメージズ〕

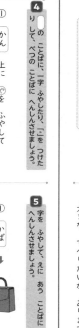

れんしゅう　94~95ページ
どうぶつの　赤ちゃん

◆二つの　文しょうを　よんで、こたえましょう。

ライオンの　赤ちゃんは、
生まれた　ときは、
子ねこぐらいの
大きさです。
目や　耳は、
とじた　ままです。
ライオンは、
どうぶつの　王さまと
いわれます。
けれども、
赤ちゃんは、よわよわしくて、
おかあさんに　あまり　にて　いません。

ますい　みつこ「どうぶつの　赤ちゃん」より

❶ 生まれた　ときの　ライオンの　赤ちゃんは、どれくらいの　大きさですか。
子ねこ　ぐらいの　大きさ。

❷ 生まれた　ときの　ライオンの　赤ちゃんの、目や　耳は　どう　なって　いますか。
とじた　まま。

❸「おかあさんに　あまり　にて　いません。」と　ありますが、どうして　そう　いえますか。一つに　○を　つけましょう。
あ（○）おかあさんは　つよいのに　赤ちゃんは、よわよわしいから。
い（　）おかあさんも　赤ちゃんも　よわよわしいから。

しまうまの　赤ちゃんは、
生まれた　ときに、
もう
やぎぐらいの
大きさが
あります。
目は
あいて　いて、
耳も
ぴんと　立って
います。
しまの　もようも
ついて　いて、
おかあさんに
そっくりです。

ますい　みつこ「どうぶつの　赤ちゃん」より

❹ 生まれた　ときの　しまうまの　赤ちゃんは、どれくらいの　大きさですか。
やぎ　ぐらいの　大きさ。
ヒント「大きさ」と　いう　ことばを　さがそう。

❺ 生まれた　ときの　しまうまの　赤ちゃんの　目や　耳は　どう　なって　いますか。
目は　あいて　いて、耳も　ぴんと　立って　いる。

❻「おかあさんに　そっくりです。」と　ありますが、どんな　ところが　そっくりですか。一つに　○を　つけましょう。
あ（　）しまの　もようが　ついて　いない　ところ。
い（○）しまの　もようが　ついて　いる　ところ。
ヒント「しまの　もようも　ついて　いて」と　あるよ。

一つ目の文章は「ライオンの赤ちゃん」、二つ目の文章は「しまうまの赤ちゃん」について書かれています。見開きのページになっているので、ライオンの赤ちゃんとしまうまの赤ちゃん、それぞれのおかあさんと赤ちゃんをポイント（大きさ・目や耳・おかあさんとの関係など）ごとに比べながら答えていきましょう。

❶❷ 生まれたときのライオンの赤ちゃんの特徴を読み取ります。それぞれの問いで、「何が問われているのか」を適切に判断して答えましょう。

❸「どうぶつの　王さま」という言葉から、大人のライオンの堂々とした態度や強さが感じられます。それにひきかえ、赤ちゃんは、「よわよわしい」のです。

❹❺ ライオンの赤ちゃんと比較して、しまうまの赤ちゃんはどうでしょうか。体の大きさ、目や耳について書いてあるところを見つけましょう。

❻ ライオンの赤ちゃんは、おかあさんにあまり似ていないのに、しまうまの赤ちゃんは、おかあさんと共通点があります。

〔写真提供：アマナイメージズ〕

じゅんび　96~97ページ
ものの　名まえ／わらしべちょうじゃ

あたらしい　かん字

1 □に　よみがなを　かきましょう。
① 千円（せんえん）さつを　出（だ）す。
② 名（な）まえを　かく。

2 □に　かん字を　かきましょう。
① きれいな　夕（ゆう）やけ。
② 五百円（ごひゃくえん）で　かう。

3 文しょうを　よんで、こたえましょう。

ものには、一つ一つに　名まえが
ついて　います。りんご、みかん、
バナナなどは、一つ一つの　名まえです。
一つ一つの　ものを、
まとめて　つけた
名まえも　あります。
りんご、みかん、
バナナなどを　まとめて
つけた　名まえは、
くだものです。
さかなも、まとめて　つけた
名まえです。一つ一つを　わけて　いう
ときには、あじ、さば、たいなどと、
一つ一つの　名まえを　つかいます。

「ものの　名まえ」より

(1) つぎの　名まえは、
あ 一つ一つの　名まえ
い まとめて　つけた　名まえ
の　どちらですか。あ、または　いで　こたえましょう。
① あ　りんご　② い　くだもの
③ い　さかな　④ あ　あじ

(2) つぎの　ものを　まとめて　いう　ことばを　ひらがなで　かきましょう。
① ばら・きく・カーネーション　はな
② すずめ・つばめ・はと　とり

(3) あなたが　もしも「がっきの　おみせ」を　ひらくと　したら　なにを　うりますか。二つ　かきましょう。
（れい　ピアノ）（れい　もっきん）

1 ①「千」の三画目はまっすぐの縦棒です。かたかなの「チ」と書き分けましょう。

2 ①かたかなの「タ」と字形は同じです。前後の言葉を確かめて読み分けましょう。
②千円までの金額を漢字で書けるようにしましょう。

3 (1)果物や魚には、他にどんなものがあるか、挙げてみましょう。
(2)「えんぴつ・消しゴム・ノート」は「ぶんぼうぐ」など、他も考えてみましょう。
(3)解答例の他に、「バイオリン／ハーモニカ／カスタネット／すず／トライアングル」など、楽器の名前が書いてあれば正解です。他にも「一つ一つの名まえ」と「まとめてつけた名まえ」をしっかり整理しましょう。教科書のようなおみせやさんごっこは、ものの名前とまとめた名前を把握する学習になります。最近のスーパーマーケットやコンビニエンスストアでは多品種を扱っているので、特定の品を想定できるお店を挙げましょう。

じゅんび　98~99ページ

かたかなの　かたち／ことばあそびを　つくろう／これは、なんでしょう

かたかなの　かたち

1 えに　あう　ことばを　かたかなで　かきましょう。

① ネクタイ　② シャワー　③ オルガン　④ ミシン　⑤ マフラー

2 ちがいに　気を　つけて　かたかなを　かきましょう。

ヲ　ヨ　オ

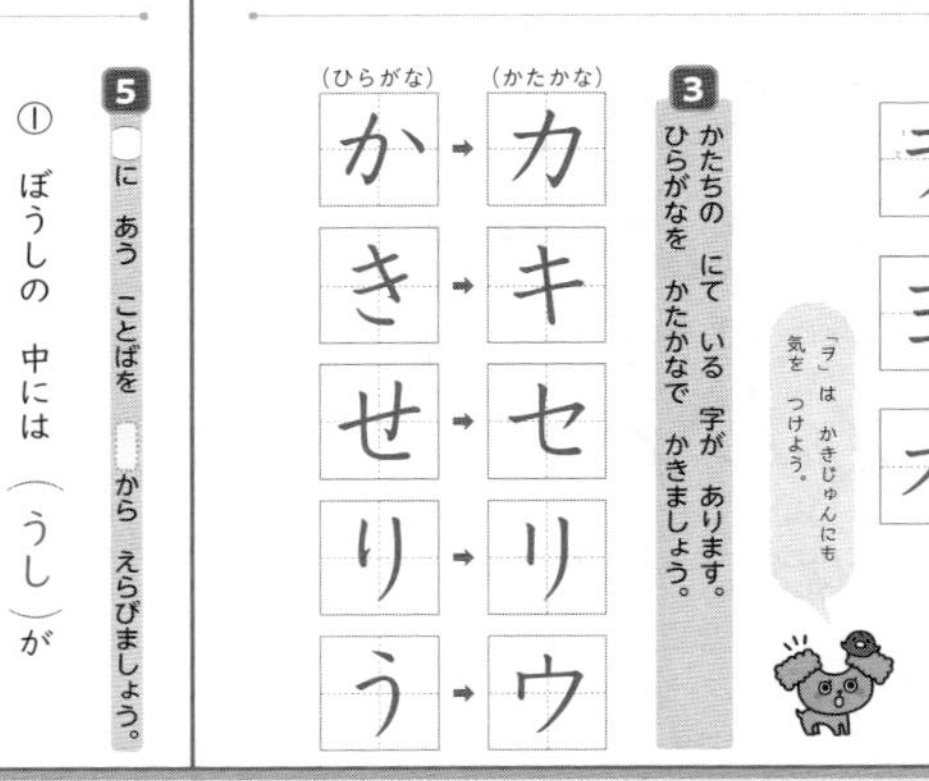

「ヲ」は　かきじゅんにも　気を　つけよう。

3 かたちの　にて　いる　字が　あります。ひらがなを　かたかなで　かきましょう。

(ひらがな)	(かたかな)
か	カ
き	キ
せ	セ
り	リ
う	ウ

ことばあそびを　つくろう

4 えを　ヒントに　して　ことばを　見つけ、□に　かきましょう。

① かばんの　中に　（かば）が　いる。

② すいかの　中に　（いか）が　いる。

③ ぞうりの　中に　（ぞう）が　いる。

④ はたけの　中に　（たけ）が　ある。

⑤ みかんの　中に　（かん）が　ある。

5 □に　あう　ことばを　□から　えらびましょう。

① ぼうしの　中には　（うし）が　いる。

② ぼうしの　中には　（ぼう）が　ある。

ぼう　うし

これは、なんでしょう

6 つぎの、学校に　ある　ものに　ついての　もんだいを　よんで、□に　こたえを　かきましょう。

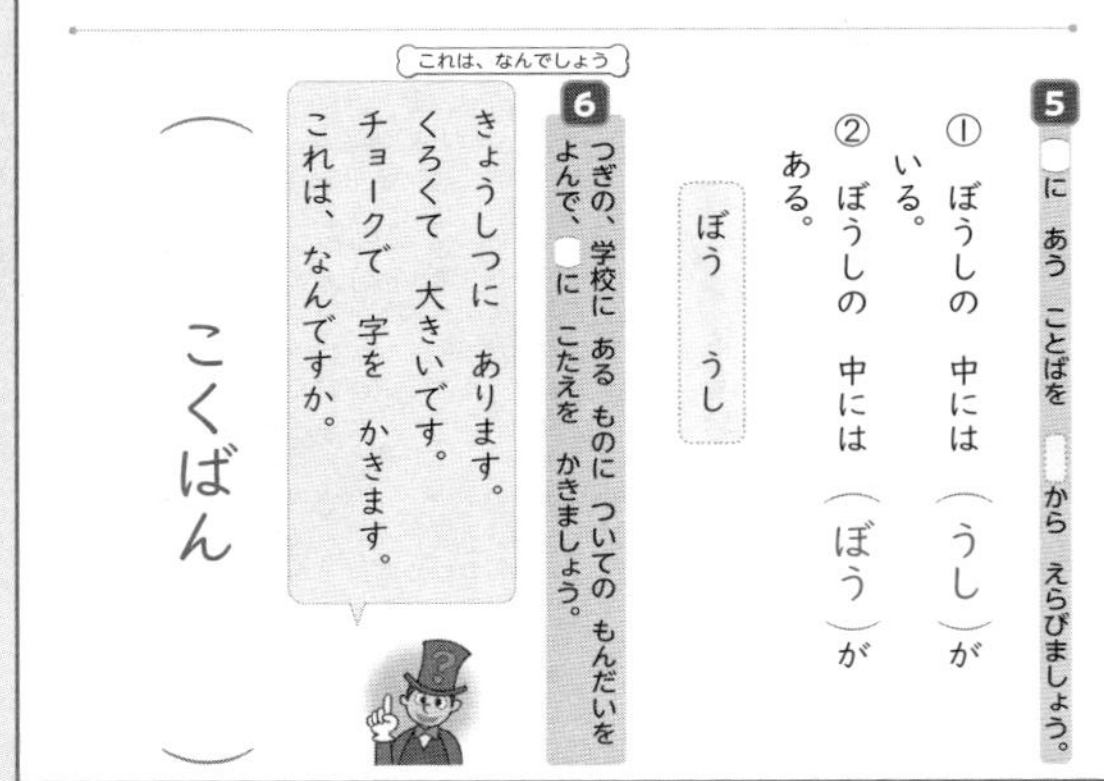

きょうしつに　あります。くろくて　大きいです。チョークで　字を　かきます。これは、なんですか。

（こくばん）

たしかめのテスト①　100~101ページ

どうぶつの　赤ちゃん　～　これは、なんでしょう

二つの　文しょうを　よんで、こたえましょう。思考・判断・表現

ライオンの　赤ちゃんは、生まれた　ときは、子ねこぐらいの　大きさです。目や　耳は、とじた　ままです。ライオンは、どうぶつの　王さまと　いわれます。けれども、赤ちゃんは、よわよわしくて、おかあさんに　あまり　にて　いません。

ライオンの　赤ちゃんは、じぶんでは　あるく　ことが　できません。よそへ　いく　ときは、おかあさんに、口に　くわえて　はこんで　もらうのです。

ますい　みつこ「どうぶつの　赤ちゃん」より

しまうまの　赤ちゃんは、生まれた　ときに、もう　やぎぐらいの　大きさが　あります。目は　あいて　いて、耳も　ぴんと　立って　います。しまの　もようも　ついて　いて、おかあさんに　そっくりです。

しまうまの　赤ちゃんは、生まれて　三十ぷんも　たたない　うちに、じぶんで　立ち上がります。そして、つぎの　日には、はしるように　なります。だから、つよい　どうぶつに　おそわれても、おかあさんや　なかまと　いっしょに　にげる　ことが　できるのです。

ますい　みつこ「どうぶつの　赤ちゃん」より

1 生まれて　すぐに　じぶんでは　あるく　ことが　できないのは、どちらですか。一つに　○を　つけましょう。(15てん)

あ（○）ライオン　い（　）しまうま

2 生まれて　すぐに　じぶんで　立ち上がるのは、どちらですか。一つに　○を　つけましょう。(15てん)

あ（　）ライオン　い（○）しまうま

3 ライオンの　赤ちゃんは、よそへ　いく　ときは、どのように　して　いきますか。文しょうから　かきぬきましょう。(20てん)

おかあさんに（口にくわえてはこんでもらう）のです。

4 しまうまの　赤ちゃんは　生まれて　どのくらいで　立ち上がりますか。(15てん)

三十ぷん　も　たたない　うち。

5 しまうまの　赤ちゃんが、つよい　どうぶつに　おそわれても　にげる　ことが　できるのは　なぜですか。一つに　○を　つけましょう。(15てん)

あ（　）おかあさんが　口に　くわえて　はこんで　くれるから。

い（○）じぶんで　はしる　ことが　できるから。

6 ライオンと　しまうまの　赤ちゃんの　生まれた　ときの　大きさを　くらべて、わかった　ことを　かきましょう。(20てん)

（れい）しまうまの赤ちゃんの大きさは、ライオンの赤ちゃんの大きさより大きい。

---

1 **2** **3** 「か」と「カ」など、ひらがなとかたかなの同士で似ているかたかな、「ワ」と「ク」など、形の似ているかたかなに注意して書きましょう。「ヲ」は三画で書きます。書き順にも注意しましょう。

4 言葉の中に隠された他の言葉を探しながら、言葉のおもしろさを感じましょう。初めは絵と言葉を見ながら探す練習をし、慣れてきたら、身近なものの名前の中に隠された言葉がないか探してみましょう。また、文が「いる」と「ある」で使い分けられていることにも注目しましょう。動物は「いる」、物は「ある」で表しています。文を書くときに正しく使えるようにしましょう。

5 「いる」と「ある」に着目して答えましょう。

6 「学校に　ある　もの」がヒントになります。

1 **2** それぞれの違いを比べながら、問いを読んで答えましょう。

3 「文しょうから　かきぬきましょう」と問われたら、文を変えないでそのまま書きましょう。前後に入っている言葉を確認し、文としてつながるように、抜けている言葉がないか、気をつけましょう。

4 生まれてすぐの行動に着目しましょう。

5 最後の文のはじめに「だから」という接続語があるので、前の文章が後の文の理由になっていることが分かります。

6 ライオンとしまうまの赤ちゃんの、生まれたときの大きさは、ライオンは子ねこぐらい、しまうまの赤ちゃんはやぎぐらいとあります。そのことをふまえたことが書けていれば正解とします。

おうちのかたへ

ライオンとしまうまの赤ちゃんとおかあさんを比べて、それぞれの赤ちゃんと「わかったこと」「ふしぎなこと」「びっくりしたこと」などを話し合ってみましょう。自分なりの言葉で述べられるようになるとよいでしょう。また、他の動物の赤ちゃんの本を読んで、分かったことをまとめてみるのもよいでしょう。

〔写真提供：アマナイメージズ〕

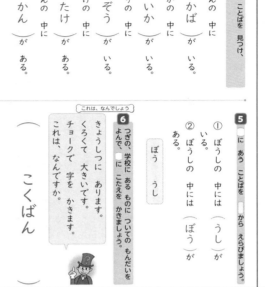

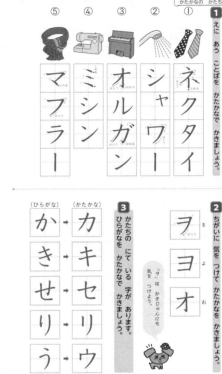

たしかめのテスト② 102~103ページ
どうぶつの　赤ちゃん　～　これは、なんでしょう

1 （　）に よみがなを かきましょう。（1つ5てん〈20てん〉）

① 夕だち（ゆう）　② 草を ふむ。（くさ）　③ 赤い ふく。（あか）　④ 耳を すます。（みみ）

2 □に かん字を かきましょう。（1つ5てん〈20てん〉）

① 一年（いちねん）　② 千円さつ（せんえん）　③ 口を 出す。（くち）　④ 立つ（た）

3 まちがって いる かたかなを なおして、みぎの □に 正しく かきましょう。（1つ6てん〈18てん〉）

① アイロン（マイロソ）　② ソース（ンース）　③ シャツ（ツヤシ）

4 上の えの 人は なんの おみせで、なにを かったのか、こたえましょう。（1つ5てん〈30てん〉）

① （さかなや）さんで（いか）を かった。
② （花や）さんで（ひまわり）を かった。
③ （やおや）さんで（にんじん）を かった。

5 思考・判断・表現　つぎの「これは、なんでしょう」の もんだいに こたえる ために、どんな しつもんを すると よいですか。二つに ○を つけましょう。（1つ6てん〈12てん〉）

白い 字が かけます。
学校に ある ものです。
つかうと、小さく なります。
これは、なんでしょう。

あ（　）どんなふうに なきますか。
い（○）大きさは、どれくらいですか。
う（　）すきな ものは なんですか。
え（○）きょうしつで つかいますか。
お（　）あさは、いつも なんじに おきますか。

じゅんび 104~105ページ
ずうっと、ずっと、大すきだよ／にて いる かん字

かきトリ あたらしい かん字

犬（いぬ）　早（はや）　貝（かい）　林（はやし）　右（みぎ）　足（あし）　石（いし）　左（ひだり）

1 （　）に よみがなを かきましょう。

① 花だんに 花を うえる。（か）（はな）
② 右手で 文字を かく。（みぎて）（もじ）
③ さかを 上る。（のぼ）

2 □に かん字を かきましょう。

① 年を きく。（とし）　② 左足（ひだりあし）　③ 貝がらと 石を ひろう。（かい）（いし）

3 正しい ほうに ○を つけましょう。（にて いる かん字）

① あ（　）きょうしつに 人る。　い（○）きょうしつに 入る。
② あ（○）学校で べんきょうする。　い（　）字校で べんきょうする。
③ あ（　）村の まつりに いく。　い（○）林の まつりに いく。

3分でワンポイント　おはなしの じゅんばんを たしかめよう。

★おはなしの じゅんに、ばんごうを かきましょう。

① エルフと ぼくは、まい日 あそんだ。エルフは ママの 花だんを ほりかえすのが すきだった。
② エルフは、どんどん ふとって いった。年を とって、ねて いる ことが おおく なった。
③ エルフが しんだので、にわに うめた。みんな ないて、かたを だきあった。みんな エルフが すきだった。
④ ぼくは、いつか また どうぶつを かう ときも、まいばん、「ずうっと、ずっと、大すきだよ。」と いう つもりだ。

---

3 「ア」と「マ」、「ソ」と「ン」、「シ」と「ツ」は、形がたいへんよく似ていて、間違えやすいかたかなです。違いをしっかり確かめて練習しましょう。

4 お店の名前は、ものを「まとめてつけた名前」を使って答えましょう。③のにんじんは、まとめてつけた名前は「野菜」ですが、野菜を売るお店は「やおやさん」ということも一緒に覚えましょう。

5 問題の答えはチョークです。質問をするときは、問題をよく聞いて、話題から離れないようにしましょう。「つかうと、小さく　なります。」とあることから、具体的な大きさを聞き出すいの質問をするとよいでしょう。また、「学校に　あるものです。」とあることから、場所を限定するえのような質問をします。

1 新しく学習した読み方に気をつけましょう。③「上がる」の場合は、「あがる」と読むことに注意しましょう。

2 書き順にも注意しましょう。「右」と「左」は一画目が違います。

3 似ている漢字に気をつけましょう。①「人」と「入」は、よく使う漢字で、画数は少ないのですが、書き間違えやすいので、しっかり書き分けるようにしましょう。

3分でワンポイント

「ずうっと、ずっと、大すきだよ」（ハンス＝ウイルヘルム）をしっかり読んで、お話の展開を把握しましょう。

（起）エルフとぼくは、毎日一緒に遊んだ。エルフはママの花壇を掘り返すのが好きだった。

（承）エルフはどんどん太っていった。年をとり、寝ていることが多くなり、散歩をいやがるようになった。

（転）ある日、エルフは死んでしまった。エルフを庭にうめ、みんなエルフのことが好きだったので、肩を抱き合って悲しんだ。

（結）となりの子に、エルフのバスケットをあげた。ぼくは、いつか他の犬や子ねこなどを飼うときも、また毎晩、大すきだと声かけしようと思っている。

れんしゅう　106～107ページ
ずうっと、ずっと、大すきだよ

文しょうを　よんで、こたえましょう。

エルフと　ぼくは、まい日
いっしょに　あそんだ。
エルフは、りすを　おいかけるのが
すきで、ママの　花だんを
ほりかえすのが　すきだった。
ときどき、エルフが　わるさを
すると、うちの　かぞくは、
すごく　おこった。でも、
エルフを　しかって　いながら、
みんなは、エルフの　こと、
大すきだった。
すきなら　すきと、いって
やれば　よかったのに、
だれも、いって　やらなかった。
いわなくっても、わかると
おもって　いたんだね。
いつしか、ときが　たって　いき、
ぼくの　せが、ぐんぐん　のびる
あいだに、エルフは、どんどん
ふとって　いった。
エルフは、年を　とって、ねて　いる
ことが　おおく　なり、さんぽを
いやがるように
なった。
ぼくは、とても
しんぱいした。

ハンス＝ウイルヘルム　さく・え／ひさやま　たいち　やく「ずうっと、ずっと、大すきだよ」より

❶ エルフが　すきだった　ことを　二つ　かきましょう。
・（りす）を（おいかける）こと。
・ママの（花だん）を（ほりかえす）こと。
ヒント 「すきだった。」で　おわる　文を　さがそう。

❷ 「すきなら　すきと、いって　やれば　よかったのに、」に　ついて　こたえましょう。
① そう　おもったのは　だれですか。一つに　○を　つけましょう。
（○）ぼく　（　）エルフ　（　）かぞく
ヒント この　文しょうは、「ぼく」が　はなして　いるね。
② だれが　だれに　いって　やれば　よかったのですか。
（かぞく）が（エルフ）に　いって　やれば　よかった。

❸ 「いつしか、ときが　たって　いき、」ぼくと　エルフは　どう　なりましたか。
① ぼく（れい せがぐんぐんのびた）
② エルフ（れい どんどんふとっていった）

❹ エルフは、年を　とって　どう　なりましたか。
①（ねている）ことが　おおく　なった。
②（さんぽ）をいやがるようになった。

たしかめのテスト①　108～109ページ
ずうっと、ずっと、大すきだよ／にて　いる　かん字

文しょうを　よんで、こたえましょう。思考・判断・表現

ぼくたちは、エルフを　にわに　うめた。
みんな　ないて、かたを　だきあった。
にいさんや　いもうとも、エルフが
すきだった。でも、すきって　いって
やらなかった。ぼくだって、かなしくて
たまらなかったけど、
いくらか　気もちが
らくだった。だって、
まいばん　エルフに、
「ずうっと、大すきだよ。」
って、いって　やって
いたからね。
となりの　子が、子犬を　くれると
いった。もらっても、エルフは　気に
しないって　わかって　いたけど、
ぼくは、いらないって　いった。
かわりに、ぼくが、エルフの
バスケットを　あげた。ぼくより、
その　子の　ほうが、バスケット
いるもんね。
いつか、ぼくも、
ほかの　犬を
かうだろうし、
子ねこや　きんぎょも
かうだろう。なにを
かっても、まいばん、
きっと　いって　やるんだ。
「ずうっと、ずっと、大すきだよ。」
って。

ハンス＝ウイルヘルム　さく・え／ひさやま　たいち　やく「ずうっと、ずっと、大すきだよ」より

❶ 「エルフを　にわに　うめた。」とき、みんなが　かなしんで　いる　ことが　よく　わかる　文を　かきぬきましょう。20てん
（みんな　ないて、かたを　だきあった。）

❷ よく出る 「ぼく」が「いくらか　気もちが　らくだった。」のは、なぜですか。一つに　○を　つけましょう。20てん
あ（○）エルフに　大すきだよって、いって　やって　いたから。
い（　）たくさん　ないて　気もちが　おちついたから。
う（　）エルフを　みんなで、にわに　うめたから。

❸ 「その　子」とは、だれの　ことですか。一つに　○を　つけましょう。15てん
あ（　）エルフ　い（　）子犬
う（○）となりの　子

❹ できたらスゴイ！ 「ぼく」が、これからの　ことを　そうぞうして　いって　いる　文の　はじめの　三字を　かきぬきましょう。20てん
いつか

❺ かんがえをかこう 「この　おはなしを　よみおわって、「ぼく」の　気もちに　なって、楽しい　思い出を　くれた　エルフへの　おれいの　ことばを　かきましょう。25てん
（れい エルフ、いっしょにあそんでくれてありがとう。ずうっと、ずっと、大すきだよ。）

---

❶ 文章では、「…のが　すきで、…のが　すきだった。」という一つの文に、二つ好きなことが並んで書かれています。この問いのように、一つの文を二つに分けて答えることがあります。

❷ 「ときどき、」から後の文章に着目しましょう。「うちの　かぞく」の「うちの」は、「ぼくの」と同じ意味です。②の解答は三マスなので、「だれが」は「かぞく」になります。「みんな」ではだれか分からないので、注意しましょう。

❸ ぼくとエルフの成長の違いについて読み取りましょう。一つの文を二つに分けて、それぞれ答えます。

❹ この問いも、一つの文を二つに分けて答えます。文章中から、「年を　とって」とある部分を探しましょう。

---

❶ ただ泣くだけでなく、家族みんなが肩を抱き合っていることに着目しましょう。悲しみを分かち合い、慰め合っている様子から、エルフを失った深い悲しみを感じ取ることができます。

❷ ――線部直後の「だって」は、理由を表します。

❸ エルフの使っていたバスケットをだれにあげたのかを押さえます。子犬を飼っている「となりの　子」にあげたのです。

❹ 「いつか…だろう。」は、未来のことを予想したり、推測したりするときに使う言葉です。

❺ 「ぼく」の気持ちになって、今はもう死んでしまったけれど、楽しい思い出をくれたエルフへ、感謝の気持ちが伝わる言葉が書かれていれば、正解です。

おうちのかたへ

「ずうっと、ずっと、大すきだよ」は、「ぼく」がエルフと過ごしたかけがえのない日々とエルフの死について思い出して語る形式で書かれています。シンプルで直接的な表現から、「ぼく」と「エルフ」の深い心の交流を読み取りましょう。また、お子さまに好きな場面やその理由を聞いて、実際にその場面について人の前で話す練習をすることで、読解力や表現力を身につけることができるでしょう。

たしかめのテスト② 110~111ページ
ずうっと、ずっと、大すきだよ／にて いる かん字

1 （　）に よみがなを かきましょう。（一つ4てん〔24てん〕）

① 林の 中を あるく。（はやし）
② 早く ねる。（はや）
③ 年を とる。（とし）
④ 右足（みぎあし）
⑤ 貝を ほる。（かい）
⑥ 文字を よむ。（もじ）

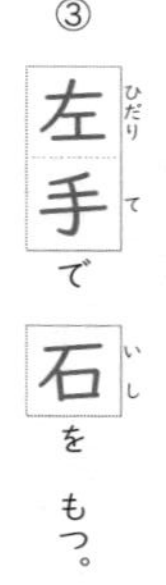

2 □に かん字を かきましょう。（一つ4てん〔16てん〕）

① 右がわを とおる。（みぎ）
② 子犬を かう。（こいぬ）
③ 左手で 石を もつ。（ひだり て いし）

3 かん字と ひらがなで かきましょう。（4てん）

さかみちを 上る（のぼる）。

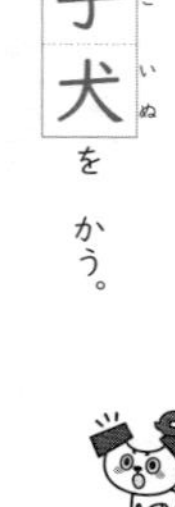

4 つぎの かん字の 赤い ところは なんかく目に かきますか。すう字を かきましょう。（一つ5てん〔30てん〕）

① 右（1）　② 入（2）
③ 左（2）　④ 人（2）
⑤ 土（1）　⑥ 上（2）

5 まちがって いる かん字を 正しく なおして 文を かきましょう。（一つ5てん〔10てん〕）

① 花火を 貝る。
（花火を 見る。）
② 石足で 右を ける。
（右足で 石を ける。）

6 正しい いみに ○を つけましょう。（一つ4てん〔16てん〕）

① ずっと 早く。
　あ（　）まけずに。
　い（○）ほかより もっと。
② 花だんを ほりかえす。
　あ（　）土を うめる こと。
　い（○）土を ほる こと。
③ ときが たつ。
　あ（○）じかんが すぎる。
　い（　）じかんに まに あう。
④ いつしか ときが たった。
　あ（　）早く。
　い（○）いつの まにか。

じゅんび 112ページ
いい こと いっぱい、一年生

かきトリ あたらしい かん字
力（ちから）2かく　力を あわせる　きょうかしょ123ページ

1 （　）に よみがなを、□に かん字を かきましょう。

① たしざんを 学ぶ。（まな）
② 力（ちから）が つよい。
③ 玉入れを する。（い）

2 文しょうを よんで、こたえましょう。

> がんばった玉入れ
> 一年二くみ あべ つぐみ
> 五月のうんどうかいで、玉入れをがんばりました。
> おなじチームの二年生が、「かごのちかくにいってなげるといいよ。」と、おしえてくれました。やってみると、たくさん入りました。らいねんは、わたしが一年生におしえてあげようとおもいます。
> （「いい こと いっぱい、一年生」より）

① いわれた ことばの よこに ――（せん）を ひきましょう。
② おもった ことが かいて ある 文の よこに 〰〰（なみせん）を ひきましょう。

---

1 ①「村」と間違えないようにしましょう。
2 ②「犬」の「、」を忘れないようにしましょう。
3 「のぼる」は「上る」、「あがる」は「上がる」です。どちらも読み書きできているか、確認しておきましょう。
4 書き順を間違えやすい漢字です。正しい書き順で書けているか、書いている様子を見て確かめましょう。「右」と「左」は一画目が違うので注意しましょう。また、「右」と形が似ている「石」も、「右」とは一画目が違います。
5 「貝」と「見」、「右」と「石」は、形がよく似ているので注意しましょう。文を書くので、すべて間違えずに、句点も正しく書けているか確認しましょう。
6 お話を読んで、分からない言葉がないか、確認しましょう。分からない言葉があれば、一緒に調べてあげることで、徐々に調べる習慣がつくようになるでしょう。

1 ②かたかなの「カ」と区別できるようにしましょう。③「入」は、「入る（はい-る）」「入れる（い-れる）」「入る（い-る）」という読み方があります。読み方は、前後の言葉で判断できるようになりましょう。
2 ①言われた言葉は、「　」の中に書いてあります。「　」の文を探しましょう。
②思ったことは、「…とおもいます。」と書くときと、「…かなしかった。」「…したいです。」などと書くときがあります。ここでは、「…とおもいます。」という言葉を探しましょう。

おうちのかたへ

一年生になってから心に残った出来事、思い出などを書かせてみましょう。それらにまつわる、うれしかったこと、楽しかったこと、頑張ったこと、できるようになったことなど、いいことを詳しく思い出して思ったことを書きます。最後に、それらを通して思ったことを書きましょう。書けたら、内容が伝わるか、思い出したことをまとまりに分けて書けているか、間違いがないかなどを一緒に確かめてあげましょう。

なつの チャレンジテスト（きょうかしょ 上1〜95ページ）

なまえ　　がつ　にち

じかん 40ぷん　思考・判断・表現 /50　ごうかく80てん /100　こたえ 29ページ

1 えに あう ことばに なるように、□に「あ・い・う・え・お」の どれかを かきましょう。　ひとつ2てん（10てん）

① おばあさん　② おねえさん　③ ほうき　④ けいさつ　⑤ こおり

2 えに あう ことばを かきましょう。　ひとつ5てん（10てん）

① らっこ　② じょうろ

3 □に、ただしい ほうの じを かきましょう。　ひとつ3てん（15てん）

① かばん を（お・を） さ わ（は・わ）る。

② いぬ は（は・わ） こう え（え・へ）んから のはら へ（え・へ） いった。

4 つぎの さくぶんを よんで こたえましょう。

わたしは、①おんがくがすきです。②きぶんがよくなる③です。

(1) ①・②に「、」か「。」を かきましょう。　ひとつ5てん（10てん）

(2) ③に あう ことばは、どれですか。ひとつに ○を つけましょう。　5てん

（から）　まで　でも

※うらにも もんだいが あります。

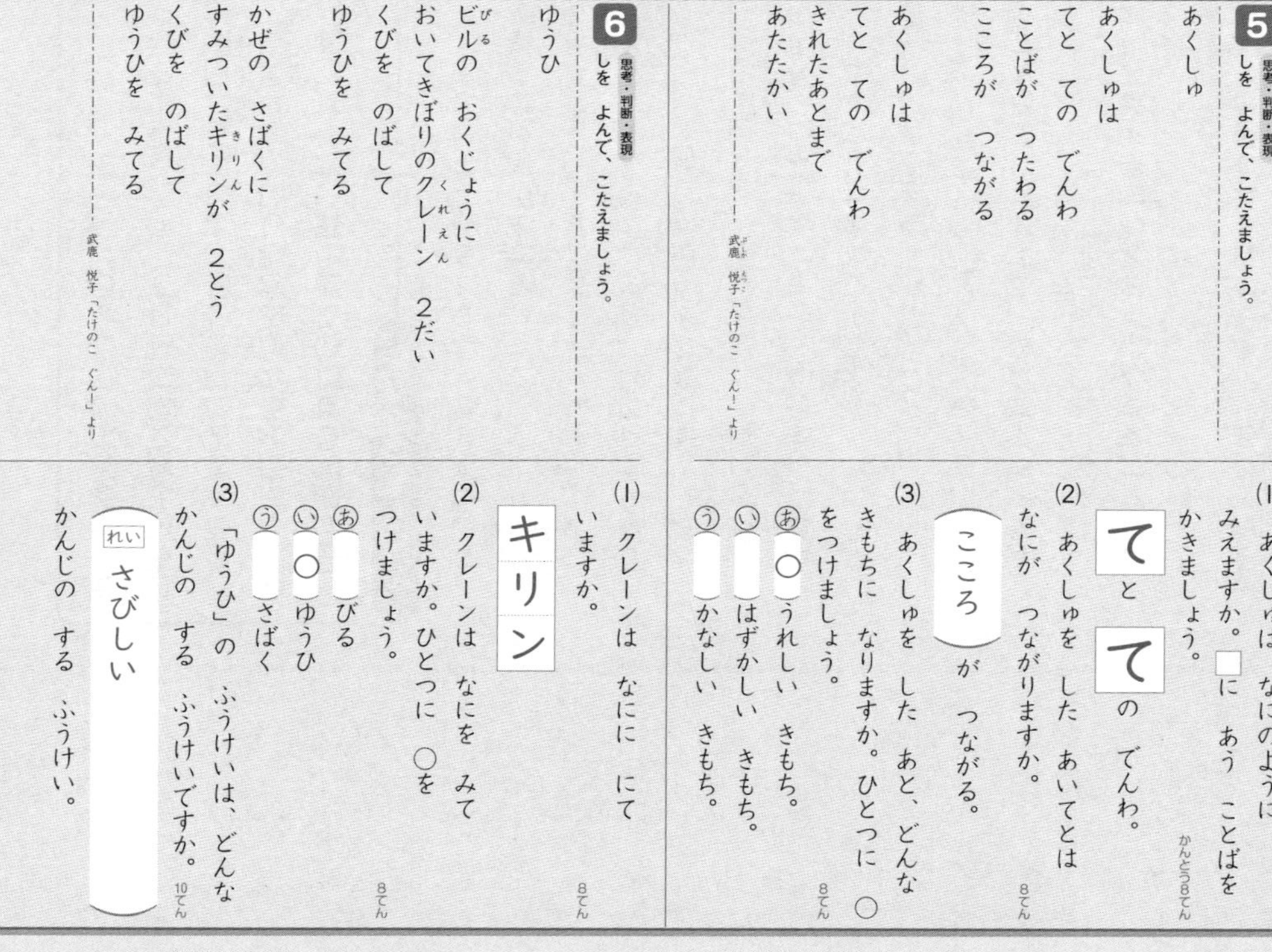

5 思考・判断・表現　しを よんで、こたえましょう。

あくしゅ

あくしゅは
てと ての でんわ
ことばが つたわる
こころが つながる

あくしゅは
てと ての でんわ
きれたあとまで
あたたかい

武鹿 悦子「たけのこ ぐん！」より

(1) あくしゅは なにのように みえますか。□に あう ことばを かきましょう。　かんぜん8てん
て と て の でんわ。

(2) あくしゅを した あいてとは なにが つながりますか。　8てん
こころ が つながる。

(3) あくしゅを した あと、どんな きもちに なりますか。ひとつに ○を つけましょう。　8てん
あ ○ うれしい きもち。
い はずかしい きもち。
う かなしい きもち。

6 思考・判断・表現　しを よんで、こたえましょう。

ゆうひ

ビルの おくじょうに
おいてきぼりの クレーン 2だい
くびを のばして
ゆうひを みてる

かぜの さばくに
すみついた キリンが 2とう
くびを のばして
ゆうひを みてる

武鹿 悦子「たけのこ ぐん！」より

(1) クレーンは なにに にて いますか。　8てん
キリン

(2) クレーンは なにを みて いますか。ひとつに ○を つけましょう。　8てん
あ びる
い ○ ゆうひ
う さばく

(3) 「ゆうひ」の ふうけいは、どんな かんじの する ふうけいですか。　10てん
（れい）さびしい かんじの する ふうけい。

1 長音（のばす音）は、のばして残った音を書きます。「おばあさん」の場合、「ば」をのばすと「あ」が残るので「あ」を書きます。ただし、「ほうき」のように、「お」が残る場合は、発音とは異なる「う」と書きます。エ段の長音は「けいさつ」のように「い」と書くものも多いです。「こおり」は例外的な言葉なので、言葉そのものを覚えましょう。

2 促音「っ」と拗音「ゃ・ゅ・ょ」はマスの右上に書きましょう。

3 助詞の「は・を・へ」を適切に使えるか確かめる問題です。ほかの言葉に付いて「ワ・オ・エ」と発音しますが、書くときには「は・を・へ」と書くことを覚えましょう。

4 (1)句読点の使い方を正しく理解しているか、確かめましょう。

(2)理由を言うときの言い方である「〜から」の使い方をしっかり覚えましょう。

5 (1)握手でつなぐのは、実際には手と手ですが、電話のように何か言葉を交わしたような感じがすることを、このように表現しています。

(2)「つながる」という言葉に着目しましょう。電話では言葉がつながりますが、握手をすると、言葉はなくても、相手と何か通じるものがあって、親しくなった感じがするのです。

(3)詩では「あたたかい」と表現しています。「きれたあとまで」なので、うれしい気持ちが続いていることに気づきましょう。

6 (1)「クレーン　2だい」と「キリンが　2とう」、どちらも二つで、どちらも「くびを　のばして　ゆうひを　みてる」ことに着目しましょう。想像すると、たしかに形がよく似ています。

(3)「ゆうひ」は昼間の終わりを示しています。だんだん明るくなっていく朝日と違って、暗くなっていくのはどんな感じかを考えましょう。また、「おいてきぼりのクレーン」も、その日の作業を終えてビルの屋上にぽつんと置き去りにされ、ただ風に吹かれているクレーンのさびしい感じが表されています。それが感じられる言葉が書かれていれば正解です。

おうちのかたへ

詩は、物語などと違って、比較的短い言葉や比喩などを使っていろいろなものが表現されています。どのような情景なのか想像力を働かせて読みましょう。ときには、お子さまの自由な発想を伸ばしてあげることも大切です。

ふゆの チャレンジテスト

きょうかしょ 上96～下73ページ

なまえ　　　月　日

じかん 40ぷん　思考・判断・表現 ／50　ごうかく80てん ／100　こたえ 30ページ

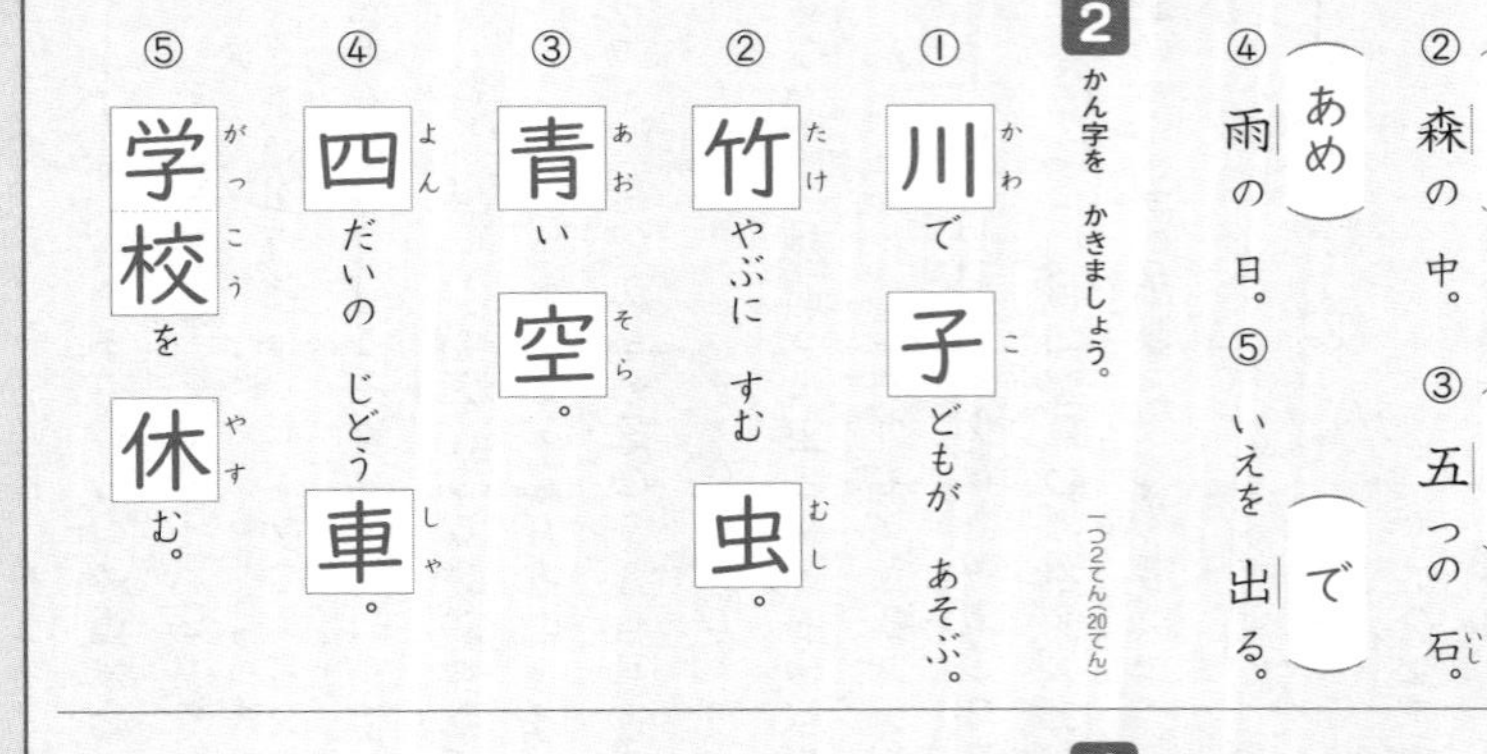

1 よみがなを かきましょう。　一つ1てん(5てん)

① おもい ものを つり上(あ)げる。
② 森(もり)の 中。
③ 五(いつ)つの 石。
④ 雨(あめ)の 日。
⑤ いえを 出(で)る。

2 かん字を かきましょう。　一つ2てん(20てん)

① 川(かわ)で 子(こ)どもが あそぶ。
② 竹(たけ)やぶに すむ 虫(むし)。
③ 青(あお)い 空(そら)。
④ 四(よん)だいの じどう車(しゃ)。
⑤ 学校(がっこう)を 休(やす)む。

3 つぎの ― の 日づけの よみがなを かきましょう。　一つ3てん(15てん)

① 一月 三日(みっか)　② 六月 六日(むいか)
③ 九月 九日(ここのか)　④ 十月 十日(とおか)
⑤ 二月 七日(なのか)

4 つぎの さくぶんを よんで、もんだいに こたえましょう。

わたしはコスモスのはながすきです。かぜがふくとゆらゆらゆれます。

□に あう ことばを えらんで かきましょう。　10てん
〔きらきら　ざらざら　ゆらゆら〕

㊟うらにも もんだいが あります。

5 思考・判断・表現　文しょうを よんで、こたえましょう。

だんちょうの あいさつに つづいて、はなやかな いしょうに きがえた クマコフさんが ぶたいへ でていくと、いっせいに はくしゅが わきおこり、「クマコフ、クマコフ、クマコフ、クマコフ……。」おおぜいの こえが、あたりに ひびきわたりました。

クマコフさんは、おじぎを ひとつ すると、いきなり おおきな たまに とびのり、くるくる、くるくる、ぶたいの うえを ひとまわり。

「む、むちゃですよ。やめてください！」

ククシの よこで、だんちょうが さけびましたが、クマコフさんの みみには とどきません。

クマコフさんは、たまのりの つぎに つなわたりを やり、つなの うえでの でんぐりがえりを みごとに やってみせました。

ククシには、クマコフさんが ひとまわりも ふたまわりも おおきく みえました。

「おわったよ。さあ、かえろう。」

きが つくと、めの まえに クマコフさんが たっていました。

うなずきは したものの、ククシは、まだ ゆめを みているような きもちでした。

森山 京「クマコフさん、もういちど」より

(1) クマコフさんは どんな いしょうを きて いましたか。　8てん
はなやか な いしょう。

(2) おきゃくは、クマコフさんを みて、なにを しましたか。　8てん
はくしゅ

(3) クマコフさんは はじめに なにを しましたか。　8てん
おじぎ を ひとつ した。

(4) クマコフさんは ぶたいで なにを しましたか。二つに ○を つけましょう。　一つ8てん(16てん)
㋐ ブランコ
㋑ ○ たまのり
㋒ ○ つなわたり
㋓ おどり

(5) ククシが、ゆめを みて いるような きもちに なったのは、なぜですか。　10てん
クマコフさんの えんぎが
れい みごとだった
から。

1 漢字にはいろいろな読み方があります。前後の文脈や送りがなに注意して読みましょう。

2 漢字を書くときは、書き順に注意して、トメ・ハネ・ハライをしっかり書き分けましょう。横棒の数など、間違(まちが)えやすい部分は特に気をつけましょう。

3 ④「とうか」と書かないようにしましょう。読みがなを書くときは、かなづかいにも気をつける必要があります。

4 風が吹(ふ)いて、コスモスの花がゆれている様子を伝えるのにふさわしいのは、「ゆっくり繰(く)り返しゆれ動く」様子を表す「ゆらゆら」です。「きらきら」は光り輝(かがや)く様子、「ざらざら」はものの表面がなめらかでない様子を表します。

5 物語を読み解く問題です。だれが何をしたのかを正しく読み取り、登場人物の気持ちを想像しましょう。
(1)だんちょうのあいさつに続いて出てきたクマコフさんは、「はなやかな いしょう」に着替(きが)えていました。
(2)「クマコフさんが ぶたいへ でていくと、いっせいに はくしゅが わきおこり」とあります。お客がしたのは「はくしゅ」です。また、『クマコフ、クマコフ、クマコフ、クマコフ……。』おおぜいの こえ」が「ひびきわたりました」とあり、声をかける人も多かったと分かります。
(3)クマコフさんは、お客の拍手(はくしゅ)や歓声(かんせい)に対して「おじぎ」をしました。
(4)クマコフさんは、まずお客にこたえて「おじぎを ひとつ」した後、「いきなり おおきな たまに とびのり、くるくる、くるくる、ぶたいの うえを ひとまわり」しました。これは「たまのり」です。そして、「たまのりの つぎに つなわたりを やり」から、「つなわたり」をしたことが分かります。
(5)「ククシには、クマコフさんが ひとまわりも ふたまわりも おおきく みえました。」とあります。クマコフさんの演技が見事で、すごいなあと思ったことを表しています。

おうちのかたへ

4は、知らせたいことを書いた作文です。どのように伝えるのがふさわしいかを考えて、様子を表す適切な言葉を選びましょう。日頃(ひごろ)からいろいろな文章に触(ふ)れて、使える言葉を増やしていけるとよいでしょう。

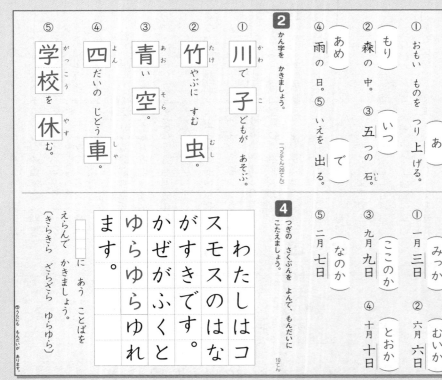

はるの チャレンジテスト

きょうかしょ 下74〜下125ページ

なまえ　　月　日

じかん 40ぷん

思考・判断・表現 ／50　ごうかく80てん ／100

こたえ 31ページ

1 よみがなを かきましょう。（一つ2てん〔10てん〕）

① かばんに 入（い）れる。
② 林（はやし）の 中。
③ 力（ちから）もち
④ 年（とし）を とる。
⑤ 生（う）まれる

2 かん字を かきましょう。（一つ2てん〔10てん〕）

① きれいな 貝（かい）を ひろう。
② 草（くさ）が のびる。
③ 赤（あか）い 花が さく。
④ 左足（ひだりあし）が いたい。
⑤ 犬（いぬ）が ほえる。

3 かたちの にて いる 字に 気を つけて、――を かたかなに なおしましょう。（一つ5てん〔15てん〕）

① おいしい めろんを たべる。（メロン）
② ぽけっとの 中の おかし。（ポケット）
③ しゃわあの 水を あびる。（シャワー）

4 つぎの みかさんの さくぶんを よんで、もんだいに こたえましょう。

わたしは、音がくかいでがっしょうをがんばりました。

れんしゅうのとき、ゆかりさんが、「もっと大きなこえでうたおう。」といいました。

音がくかいでは、みんな大きなこえで気もちよくうたえました。またみんなとうたをうたいたいとおもいました。

(1) だれかが はなした ことばに「 」を つけましょう。（5てん）

(2) みかさんの おもった ことに ――を ひきましょう。（10てん）

⊕うらにも もんだいが あります。

5 文しょうを よんで、こたえましょう。（思考・判断・表現）

さらに 歩いて いくと、道ばたに 馬が たおれて いました。馬の そばには、もちぬしが 立って います。
「どうしたのですか。」
「馬が うごかなく なって、こまって います。しかたないので、ここに すてて いこうかと 思って います。」
「それは かわいそうです。この きれいな ぬのを さしあげますから、わたしに その 馬を ゆずって ください。」
馬の もちぬしは、うれしそうに ぬのを うけとると、立ちさりました。
男が やさしく せわを すると、馬は 元気を とりもどし、立ち上がりました。
男は 馬に のって、先へ すすみました。そのうちに、大きな やしきの 前を 通りかかりました。
やしきの 中から、その 家の しゅじんが、手を ふりながら 出て きました。
「おうい、その 馬を くれないか。今から、たびに 出るので、馬が ひつようなのだ。そうだ、わたしの かわりに、この やしきに すんで くれ。もし、わたしが、いつまで たっても もどって こなかったら、やしきは あなたに さしあげよう。」
男は おどろきましたが、言われた とおり 馬を わたしました。そして、そのまま、やしきで くらしました。

はちかい みみ「わらしべちょうじゃ」より

(1) 「どうしたのですか。」と いったのは、だれですか。一つに ○を つけましょう。（8てん）
あ（ ）馬の もちぬし
い（○）男

(2) 「どうしたのですか。」と いったのは、なぜですか。一つに ○を つけましょう。（8てん）
あ（ ）人が たおれて いたから。

い（○）馬が たおれて いたから。

う（ ）人と 馬が たおれて いたから。

(3) 男は、なにを 馬と こうかんしましたか。（8てん）
ぬの

(4) 男が せわを すると、馬は どうなりましたか。（8てん）
れい 元気をとりもどし、立ち上がった。

(5) 男は、馬と なにを こうかんしましたか。（8てん）
やしき

(6) 男が おどろいたのは なぜですか。（10てん）
馬を くれたら、かわりに、
れい やしきをあげてもいい
と 言われたから。

---

1 ①「入」には「い（れる）」の他に、「はい（る）」という読み方もあります。意味の違いや送りがなに注意して読みましょう。
②「森（もり）」と間違えないようにしましょう。
④「年」には「とし」の他に「ねん」という読み方もあります。「年があける」「よい年」などは「とし」、「一年」「年がじょう」などは「ねん」と読みます。一つ一つ覚えていきましょう。

2 ①「貝」は最後の画をとめて書きます。形の似ている「見」と間違えないようにしましょう。
④「左」は書き順に注意しましょう。横棒の「一」を一画目に書き、二画目に「ノ」を書きます。

3 ①「メ」は「ナ」と間違えやすいので気をつけましょう。「メ」は「ノ」が、「ナ」は「一」が一画目です。「ン」は「ソ」と間違えないようにしましょう。「ン」は二画目を上にはらい、「ソ」は二画目を下にはらいます。
②「ツ」は「シ」と間違えやすいです。一つ一つの点画の向きや書き方に気をつけて、正しく書きましょう。

4 (1)前後が「ゆかりさんが、」「といいました。」となっていることから分かるでしょう。
(2)「（〜と）おもいました」とある部分を探します。

5 (1)(2)男が歩いていくと、道端に馬が倒れていて、馬のそばに持ち主の人が立っていたという情景を読み取りましょう。男が馬の持ち主に（馬が倒れているが）「どうしたのですか。」と聞いたのです。
(3)男が「この きれいな ぬのを さしあげますから、その 馬を ゆずって ください。」と言っています。布を渡して馬をもらったのです。
(5)大きな屋敷の主人が「馬をくれないか」「かわりに、この やしきに すんでくれ」と言っています。
(6)屋敷の主人が「もし わたしが いつまで たっても もどって こなかったら、やしきは あなたに さしあげよう」と言ったので、男は「馬をあげたら大きな屋敷がもらえるのか」と思って驚いたのです。「屋敷をあげてもいい」という内容が書かれていれば正解です。

おうちのかたへ

5は、日本の昔話である「わらしべ長者」です。おもしろかったところや気に入ったところについて、お子さまと話し合い、楽しみながら昔話に親しめるとよいでしょう。

1年 こくごのまとめ

学力しんだんテスト

なまえ　　月　日

じかん 40ぷん　ごうかく70てん　／100

答え32ページ

1 よみがなを かきましょう。（一つ3てん(12てん)）

① 九（きゅう）ひきの こねこが 生（う）まれた。

② かぜの 音（おと）に 耳（みみ）を すます。

2 かん字を かきましょう。（一つ4てん(8てん)）

① 百（ひゃく）年まえの できごと。

② 早（はや）く おきる。

3 かたかなで かく ことばの よこに ——を ひき、（　）に かたかなで かきましょう。（一つ5てん(15てん)）

① きゃべつを やおやで かう。（キャベツ）

② れいぞうこに ぷりんが ある。（プリン）

③ ろけっとの うち上げを 見る。（ロケット）

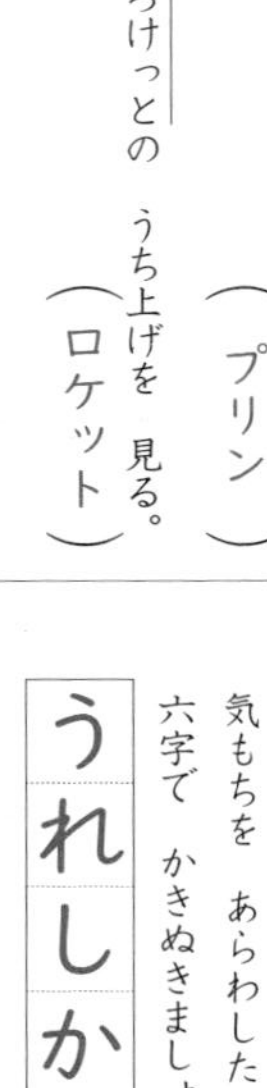

4 つぎの 文しょうは、なおきさんが かいた にっきです。よく よんで、あとの もんだいに こたえましょう。

> あさから、ぼく~~わ~~、じぶんの へやの □を しました。
> ゆかを ほ~~お~~きで はいた あと、ぞうきんで、
> ぴかぴかに ふきました。
> きれいに なって、
> うれしかったです。

① かなづかいが まちがって いる 字に ×を つけ、□に 正しい 字を かきましょう。二つ あります。（一つ5てん(10てん)）　じゅんに　は　う

② □に あう ことばを かんがえて 三字で かきましょう。（2てん）　そうじ

③ なおきさんが、じぶんの 気もちを あらわした ことばを、六字で かきぬきましょう。（3てん）　うれしかった

●うらにも もんだいが あります。

5 思考・判断・表現　文しょうを よんで、こたえましょう。

　おおばこの くきは みじかく、土の なかに あります。根（ね）は なん本も しっかり のびて います。

　それで、ひとや 車に ふまれても、くきは、おれたり ちぎれたり しません。

　うんどうじょうや ちゅうしゃじょうにも おおばこが はえて います。

　日本（にほん）アルプスのような 高（たか）い 山の 山小屋（ごや）の まわりにも、おおばこが みられます。

　それでは、おおばこは、ひとや 車に ふみつけられた かたい じめんの ところが すきで、やわらかい 土は きらいなのでしょうか。

　ほかの 草が はえて いない、やわらかい 土の ところでは、おおばこも 大きく そだちます。

　ところが、こういう ところには、せの 高くなる 草も はえて くるので、せの ひくい おおばこには、太陽（たいよう）の ひかりが あたらなくなり、かれて しまうのです。

　おおばこは、せの 高く なる 草が そだたない ところにしか みられないのです。

真船（まふね） 和夫（かずお）「おおばこと なかよし」より

(1) おおばこが、ふまれても おれたり ちぎれたり しないのは なぜですか。（一つ5てん(10てん)）
くきが みじかく、土の なかに あるから。

(2) おおばこは どんな 草ですか。二つに ○を つけましょう。（一つ5てん(10てん)）
㋐（　）やわらかい 土が きらい。
㋑（○）根は なん本も ある。
㋒（○）根ごと かんたんに ぬける。
㋓（○）せが ひくい。

(3) おおばこは どこに はえて いますか。三つに ○を つけましょう。（一つ5てん(15てん)）
㋐（　）こうえん
㋑（○）高い 山
㋒（○）ちゅうしゃじょう
㋓（　）はたけ
㋔（○）うんどうじょう

(4) おおばこが かたい じめんの ところで よく みられるのは、なぜですか。（15てん）
（れい）せの高くなる草が そだたない から。

---

1 ①「九」にはいくつも読み方があり、数え方によって読み方も変わるので、注意しましょう。

2 ①「百」の下の部分は「白」です。「目」や「田」ではないので注意しましょう。

3 ①③拗音（ようおん）「ャ」、促音（そくおん）「ッ」は右上に四分の一くらいの大きさで書きます。

②「ン」が「ソ」にならないように、向きに注意しましょう。

4 ①「ぼくは」というときの「わ」は「は」と書きます。「ほうき」のような長音（のばす音）の書き方は言葉によって決まっているので、確かめておきましょう。

②次の文に具体的な内容が書かれています。ほうきで掃（は）いたり、雑巾（ぞうきん）で拭（ふ）いたりすることを何というか、考えましょう。

5 (1)冒頭（ぼうとう）に「おおばこの くきは みじかく、土の なかに あります。」とあり、次の段落に「それで、ひとや 車に ふまれても、くきは、おれたり ちぎれたり しません。」と続いています。「それで」は原因を示す言い方で、前の部分に原因が書かれています。

(2)㋐「やわらかい 土の ところでは、おおばこも 大きく そだちます。」とあるので、あてはまりません。㋑「根は なん本も しっかり のびて います。」とあります。㋒「根は なん本も しっかり のびて います。」とあるので、あてはまりません。㋓「せの ひくい おおばこ」とあります。

(3)おおばこの生えている場所として、文章では「うんどうじょう」「ちゅうしゃじょう」「日本アルプスのような 高い 山の 山小屋の まわり」が書かれています。

(4)文章の後半「それでは、おおばこは…」以降の部分をよく読みましょう。おおばこは、かたい地面が好きなわけではなく、かたい地面のような、背の高くなる草が育たないところでないと、枯（か）れてしまい、育つことができないのです。前後の言葉につながるように書けているかも確認しましょう。

おうちのかたへ

5は、説明文を読み解く問題です。おおばこの特徴（とくちょう）を正しくとらえましょう。文章をいくつかに区切って読んでいくと理解しやすいです。また、文章を読み進めるうえで、分からない言葉があったらそのままにしないで、辞典などで調べる習慣をつけていくようにしましょう。

A

4

①休み　②正しい　③一つ　④早め
⑤大きな　⑥上げる　⑦入る　⑧出る
⑨小さい　⑩白い

ふろく とりはずしておつかいください。

かん字 せんもんドリル

1年生で　ならう　かん字

テストに　よく　出る　もんだいに　ちょうせんしよう！

もくじ

1 年　　くみ

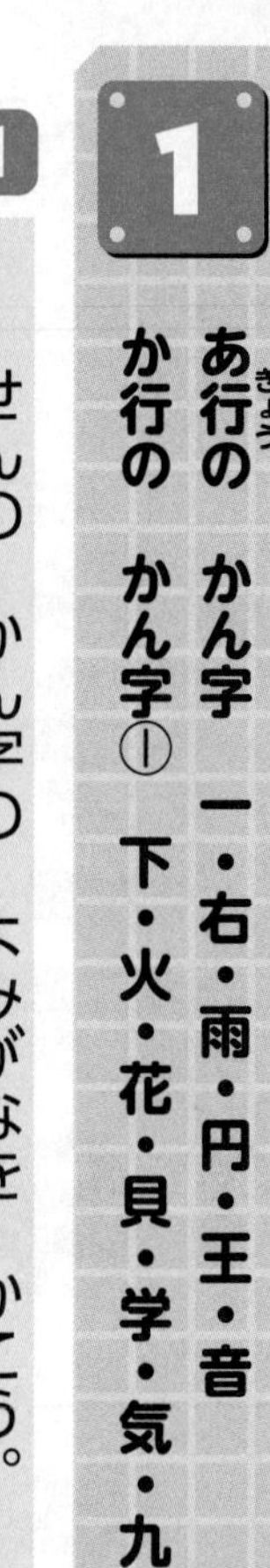

1
あ行(ぎょう)の　かん字　一・右・雨・円・王・音
か行の　かん字①　下・火・花・貝・学・気・九・休・玉・金

/100

1 ――せんの　かん字の　よみがなを　かこう。　一つ4てん(32てん)

① いろいろな　音(　　)。

② 下(　　)から　見る。

③ 火(　　)ようびに　なる。

④ 花(　　)を　かざる。

⑤ 玉(　　)入れを　する。

⑥ 一(　　)息(いき)で　かく。

⑦ 円(　　)を　えがく。

⑧ 空(くう)気(　　)が　ある。

2 □に　あう　かん字を　かこう。　一つ2てん(28てん)

① □(ひと)つだけ　もつ。

② □(おう)さまに　なる。

3 つぎの――せんを、かん字と　ひらがなで　かこう。　一つ5てん(40てん)

① ひとつの　ボール。(　　)

② ひとつ　ふやす。(　　)

③ やすんで　ください。(　　)

④ あしたは　やすみだ。(　　)

③ □(あめ)が　ふる。

④ お□(かね)を　ためる。

⑤ きれいな　□(はな)。

⑥ □(きゅう)さいに　なる。

⑦ □(がっ)校に　いく。

⑧ □□□(いちえんだま)

⑨ □(きん)いろの　コイン。

⑩ □(した)を　むく。

⑪ □(みぎ)を　むく。

⑫ □(ひ)を　つける。

⑬ □(き)もちが　わかる。

⑭ □(かい)がらを　ひろう。

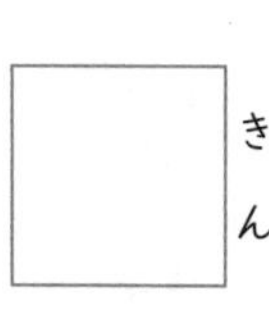
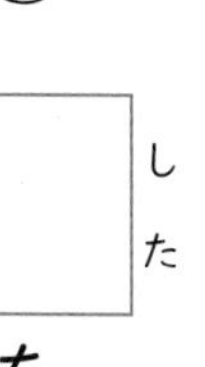
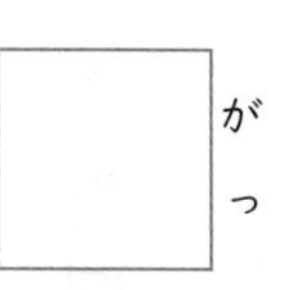

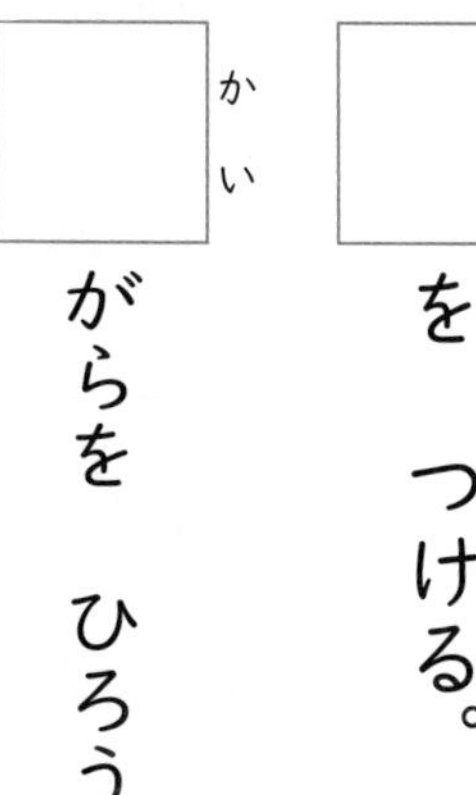
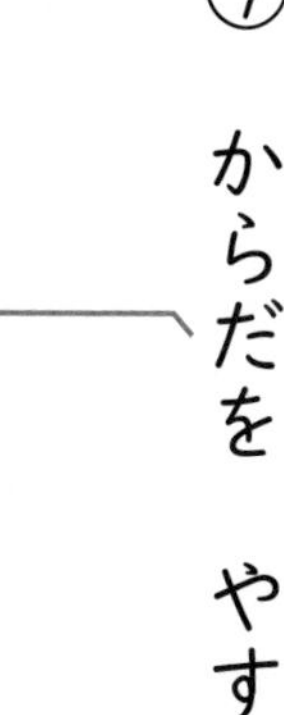

⑤ ここのつ　かぞえる。〔　　〕

⑥ ここのつめの　たね。〔　　〕

⑦ からだを　やすめる。〔　　〕

⑧ ひとつだけ　とる。〔　　〕

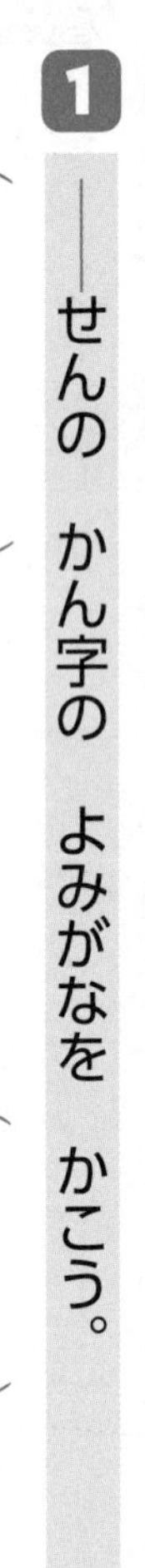

2
か行の　かん字②　空・月・犬・見・五・口・校
さ行の　かん字①　左・三・山・子・四・糸・字・耳・七

1　――せんの　かん字の　よみがなを　かこう。

一つ4てん（32てん）

① 学校に　かよう。（　　）
② 犬を　かう。（　　）
③ 空に　うかぶ。（　　）
④ 山に　のぼる。（　　）
⑤ まん月が　きれいだ。（　　）
⑥ 小さな　子ども。（　　）
⑦ 左を　見る。（　　）
⑧ 耳を　うたがう。（　　）

2　□に　あう　かん字を　かこう。

一つ2てん（28てん）

① □（そら）を　とびたい。
② □（いと）と　はり。

3　つぎの――せんを、かん字と　ひらがなで　かこう。

一つ5てん（40てん）

／100

① いつつの　かぎ。（　　）
② じっと　みる。（　　）
③ げんきに　みえる。（　　）
④ すがたを　みせる。（　　）

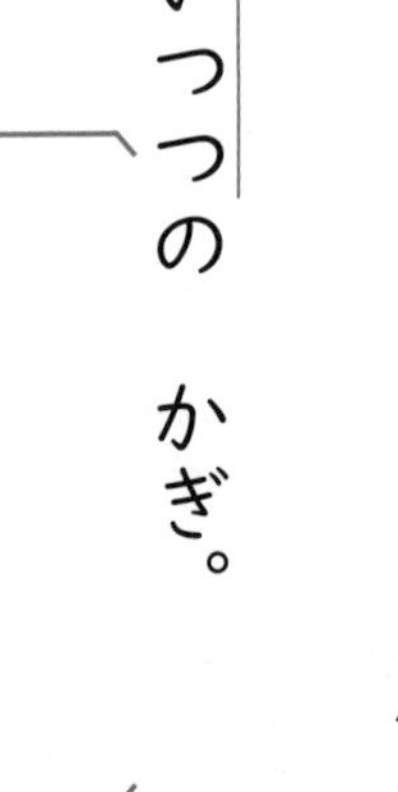

③ □（つき）が　でる。

④ むずかしい　かん□（じ）。

⑤ □（いぬ）の　さんぽ。

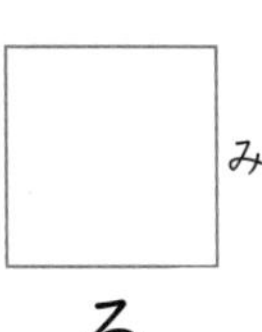
⑥ テレビを　□（み）る。

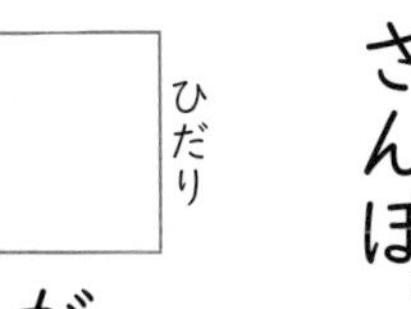
⑦ どうろの　□（ひだり）がわ。

⑧ □（いっ）つの　おかし。

⑨ □（よん）まいの　え。

⑩ □（くち）を　あける。

⑪ □（こ）どもの　日（ひ）。

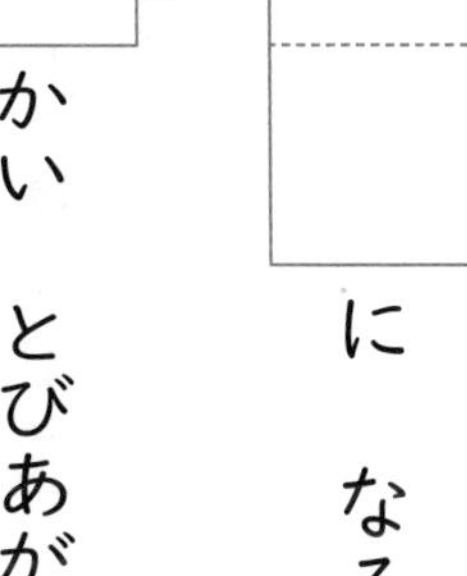
⑫ □（しち）□（がつ）に　なる。

⑬ □（やま）道（みち）を　あるく。

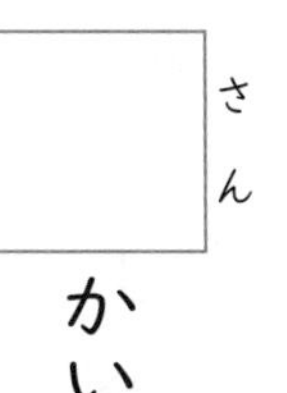
⑭ □（さん）かい　とびあがる。

⑤ みっつ　かぞえる。〔　　〕

⑥ みっつの　いし。〔　　〕

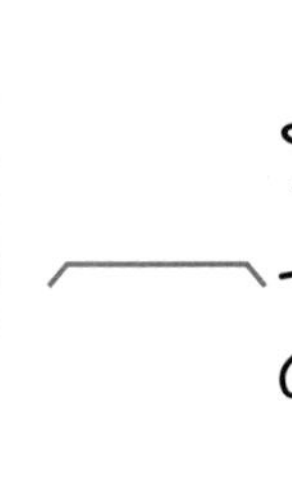
⑦ よっつの　やくそく。〔　　〕

⑧ ななつの　子。〔　　〕

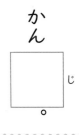

テストに よくでる 1位

3 さ行の かん字②
車・手・十・出・女・小・上・森・人・水・正・生・青・夕・石・赤

/100

1 ——せんの かん字の よみがなを かこう。 一つ4てん(32てん)

① おとなの 手。（　　）

② 水ようび（　　）

③ 上を 見る。（　　）

④ じてん車に のる。（　　）

⑤ 小さい 川(かわ)。（　　）

⑥ 人の こえ。（　　）

⑦ 赤とんぼ（　　）

⑧ 森を まもる。（　　）

2 □に あう かん字を かこう。 一つ2てん(28てん)

① □(じゅう)にん あつまる。

② □(ひと)びとの くらし。

3 つぎの——せんを、かん字と ひらがなで かこう。 一つ5てん(40てん)

① へやから でる。（　　）

② はこから だす。（　　）

③ ちいさい こえ。（　　）

④ 手を あげる。（　　）

③ つくえの □（うえ）。

④ すんだ □（あお）ぞら。

⑤ □（て）を あわせる。

⑥ □（じっ）かい よむ。

⑦ □（くるま）を うんてんする。

⑧ □（おんな）の子が わらう。

⑨ 一くみの □（せい）と。

⑩ 大きな □（もり）。

⑪ □（いし）を ひろう。

⑫ □（みず）が つめたい。

⑬ □（ゆう）やけが きれいだ。

⑭ □（すい）えいを おこなう。

---

⑤ ただしい しせい。 〔　　〕

⑥ 子どもが うまれる。 〔　　〕

⑦ あおい 目の 女の子。 〔　　〕

⑧ あかい ぼうし。 〔　　〕

4 さ行の かん字③ 千・川・先・早・草・足・村
た行の かん字 大・男・竹・中・虫・町・天・田・土

/100

1 ——せんの かん字の よみがなを かこう。 一つ4てん(32てん)

①（　）男の子。

②（　）中に はいる。

③（　）川が 見える。

④ しめった（　）土。

⑤（　）千円 しはらう。

⑥（　）足音が きこえる。

⑦（　）町の おまつり。

⑧（　）大ごえを だす。

2 □に あう かん字を かこう。 一つ2てん(28てん)

① □□（せんせい）と はなす。

② □（むし）めがねで 見る。

3 つぎの——せんを、かん字と ひらがなで かこう。 一つ5てん(40てん)

① おおきい 手。（　）

② はやめに かえる。（　）

③ まだ はやい じかんだ。（　）

④ おおいに よろこぶ。（　）

③ □（まち）たんけんを　する。
④ □（あし）が　つかれる。
⑤ □（くさ）むしりを　する。
⑥ □（むら）の　いいつたえ。
⑦ □（なか）を　のぞきこむ。
⑧ □（おとこ）の　人。
⑨ □（かわ）ぞこの　石。
⑩ □（たけ）とんぼで　あそぶ。
⑪ □（せん）ねんも　むかし。
⑫ □□（てんき）が　いい。
⑬ □（た）んぼの　かかし。
⑭ □（ど）よう日に　なる。

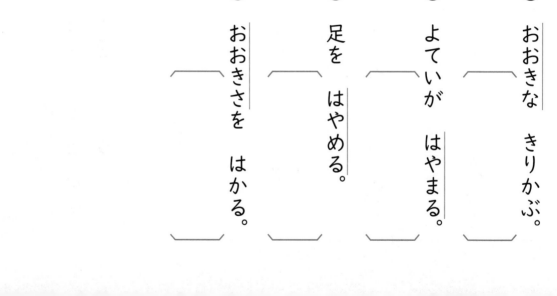

⑤ おおきな　きりかぶ。〔　　〕
⑥ よていが　はやまる。〔　　〕
⑦ 足を　はやめる。〔　　〕
⑧ おおきさを　はかる。〔　　〕

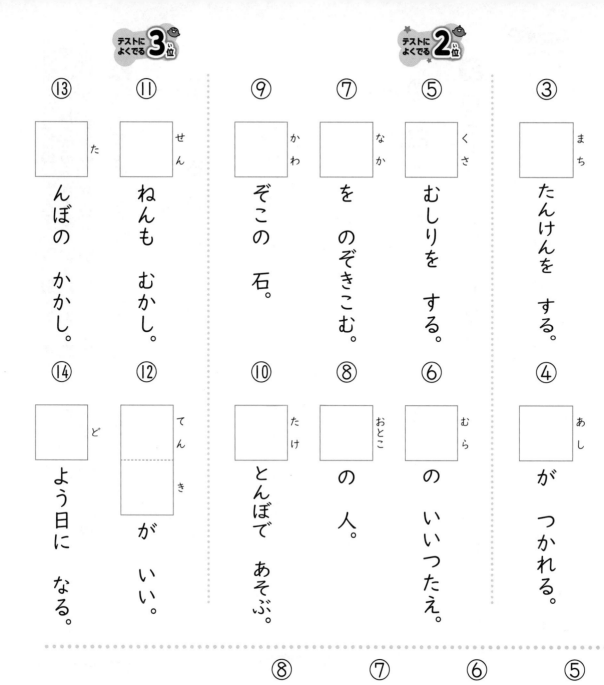

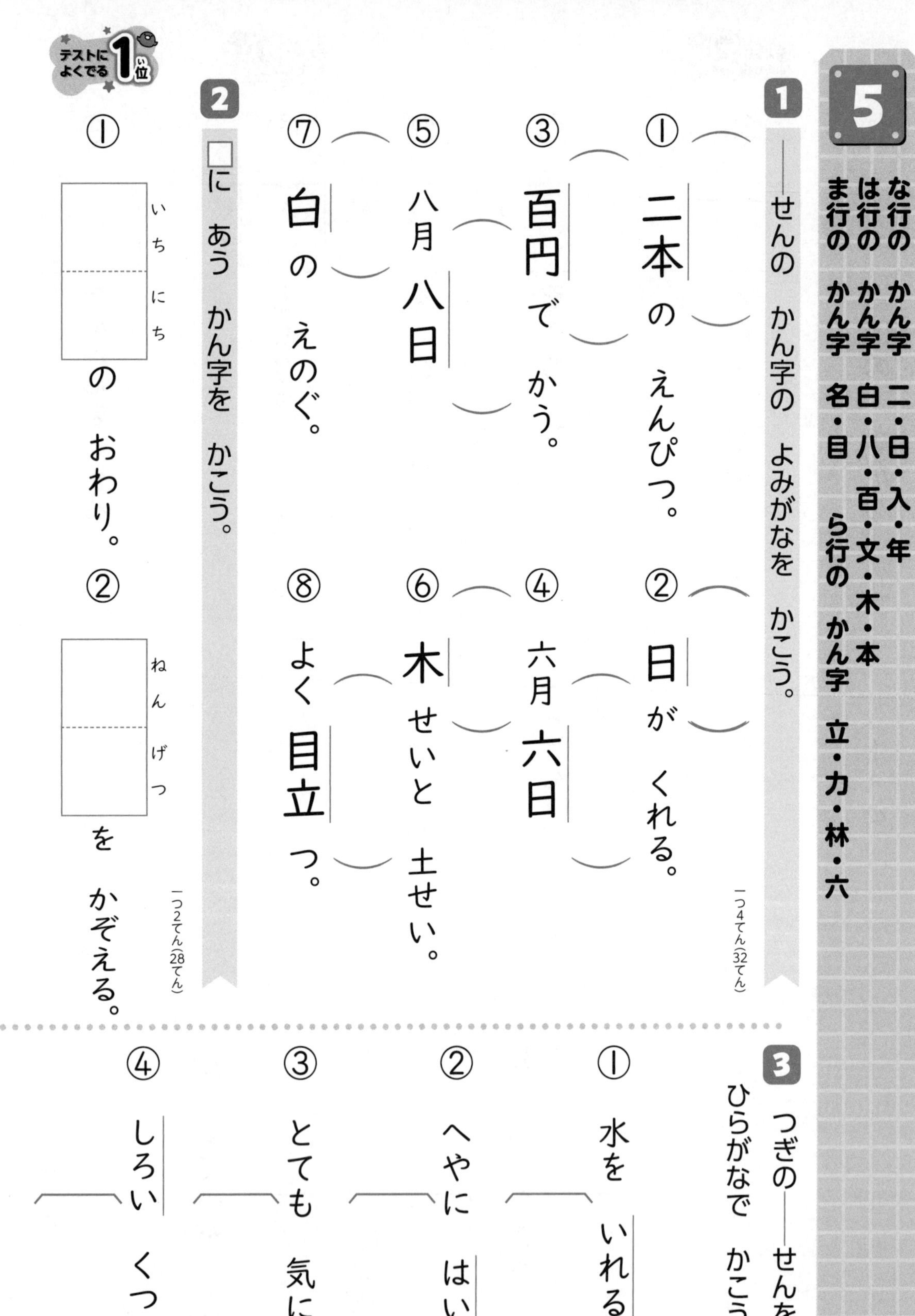

5 な行の かん字 二・日・入・年　は行の かん字 白・八・百・文・木・本　ま行の かん字 名・目　ら行の かん字 立・力・林・六

テストに よくでる 1位

/100

1 ――せんの かん字の よみがなを かこう。 一つ4てん(32てん)

① 二本の えんぴつ。

② 日が くれる。

③ 百円で かう。

④ 六月 六日

⑤ 八月 八日

⑥ 木せいと 土せい。

⑦ 白の えのぐ。

⑧ よく 目立つ。

2 □に あう かん字を かこう。 一つ2てん(28てん)

① （いちにち）の おわり。

② （ねんげつ）を かぞえる。

3 つぎの――せんを、かん字と ひらがなで かこう。 一つ5てん(40てん)

① 水を いれる。

② へやに はいる。

③ とても 気に いる。

④ しろい くつを はく。

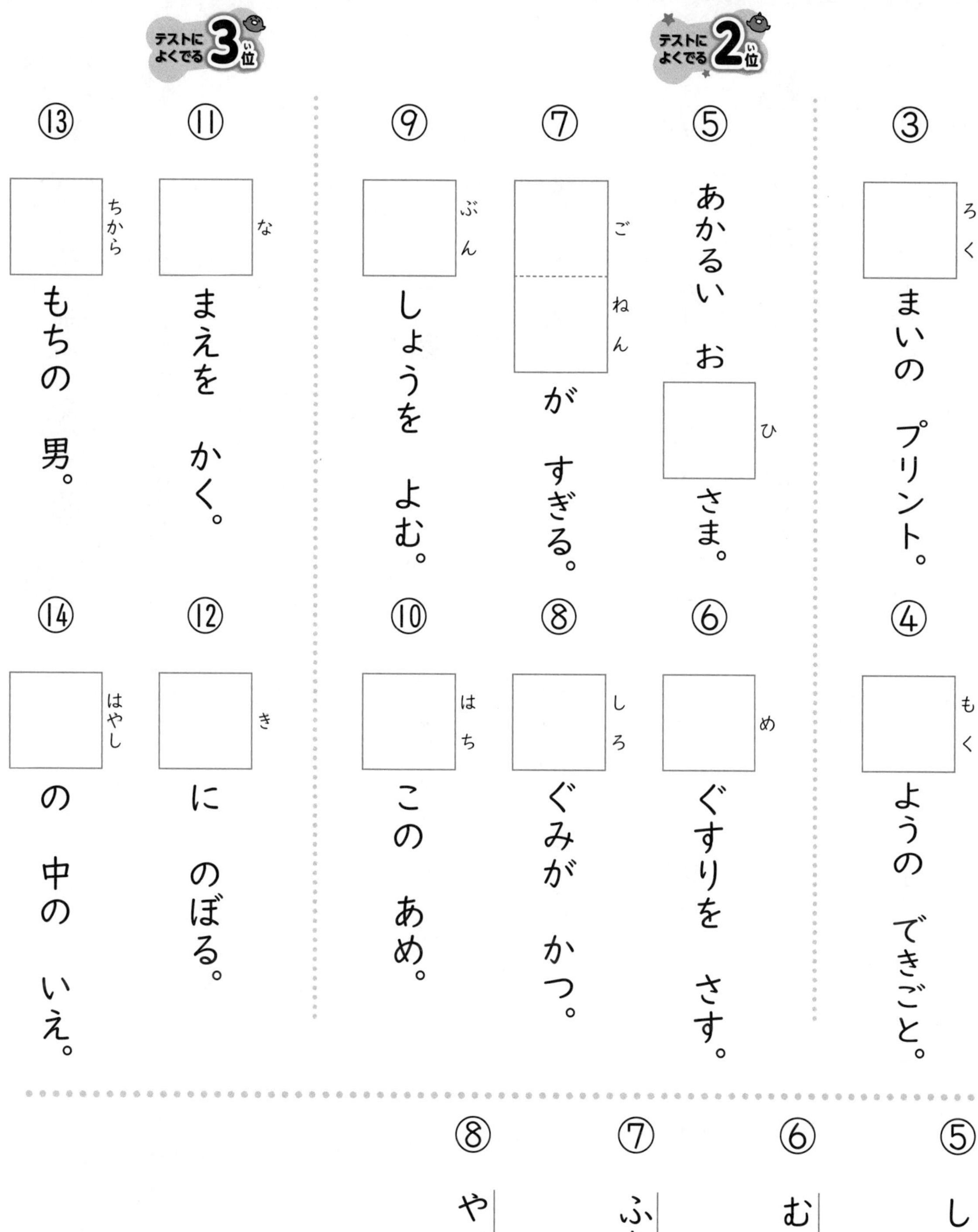

テストによく でる 2位

③ □（ろく）まいの プリント。

④ □（もく）ようの できごと。

⑤ あかるい お□（ひ）さま。

⑥ □（め）ぐすりを さす。

⑦ □□（ごねん）が すぎる。

⑧ □（しろ）ぐみが かつ。

⑨ □（ぶん）しょうを よむ。

⑩ □（はち）この あめ。

テストによく でる 3位

⑪ □（な）まえを かく。

⑫ □（き）に のぼる。

⑬ □（ちから）もちの 男。

⑭ □（はやし）の 中の いえ。

⑤ しっかり たつ。〔　　〕

⑥ むっつ かぞえる。〔　　〕

⑦ ふたつの もくひょう。〔　　〕

⑧ やっつ もって いる。〔　　〕

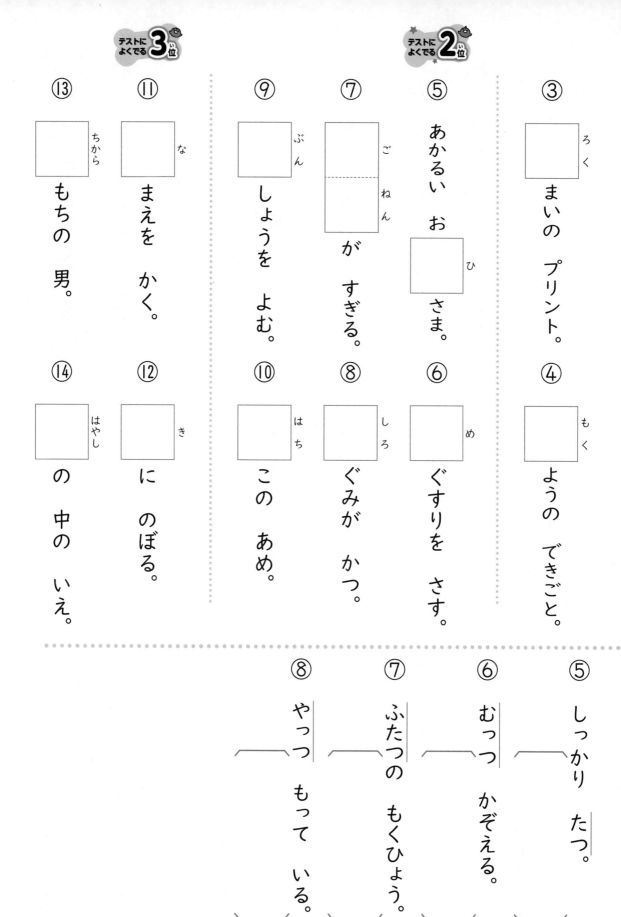

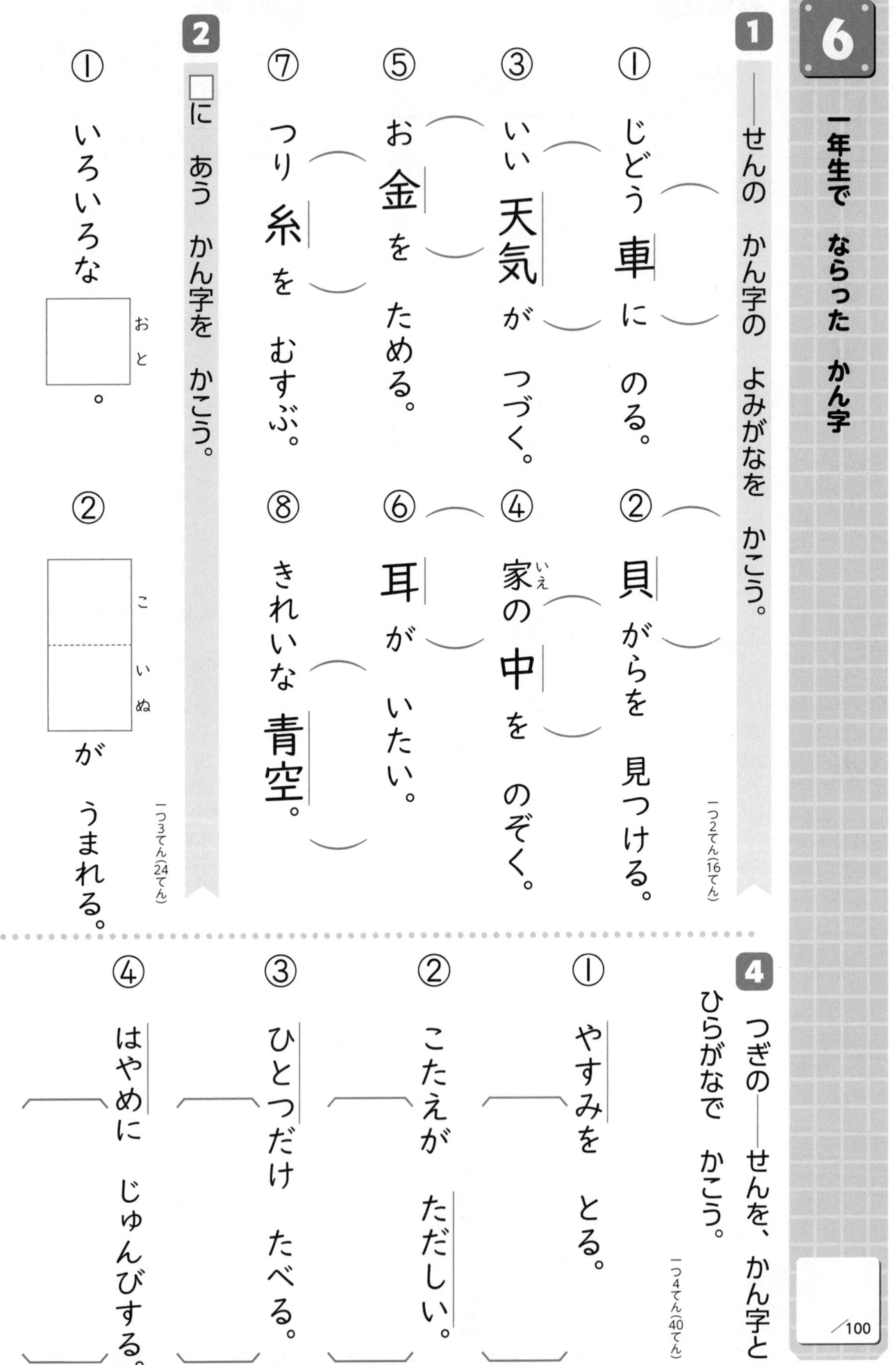

6 一年生で ならった かん字

1 ——せんの かん字の よみがなを かこう。 一つ2てん(16てん)

① じどう車に のる。（　　）
② 貝がらを 見つける。（　　）
③ いい天気が つづく。（　　）
④ 家(いえ)の中を のぞく。（　　）
⑤ お金を ためる。（　　）
⑥ 耳が いたい。（　　）
⑦ つり糸を むすぶ。（　　）
⑧ きれいな青空。（　　）

2 □に あう かん字を かこう。 一つ3てん(24てん)

① いろいろな □(おと)。
② □□(こいぬ)が うまれる。

4 つぎの——せんを、かん字と ひらがなで かこう。 一つ4てん(40てん)

① やすみを とる。（　　）
② こたえが ただしい。（　　）
③ ひとつだけ たべる。（　　）
④ はやめに じゅんびする。（　　）

/100

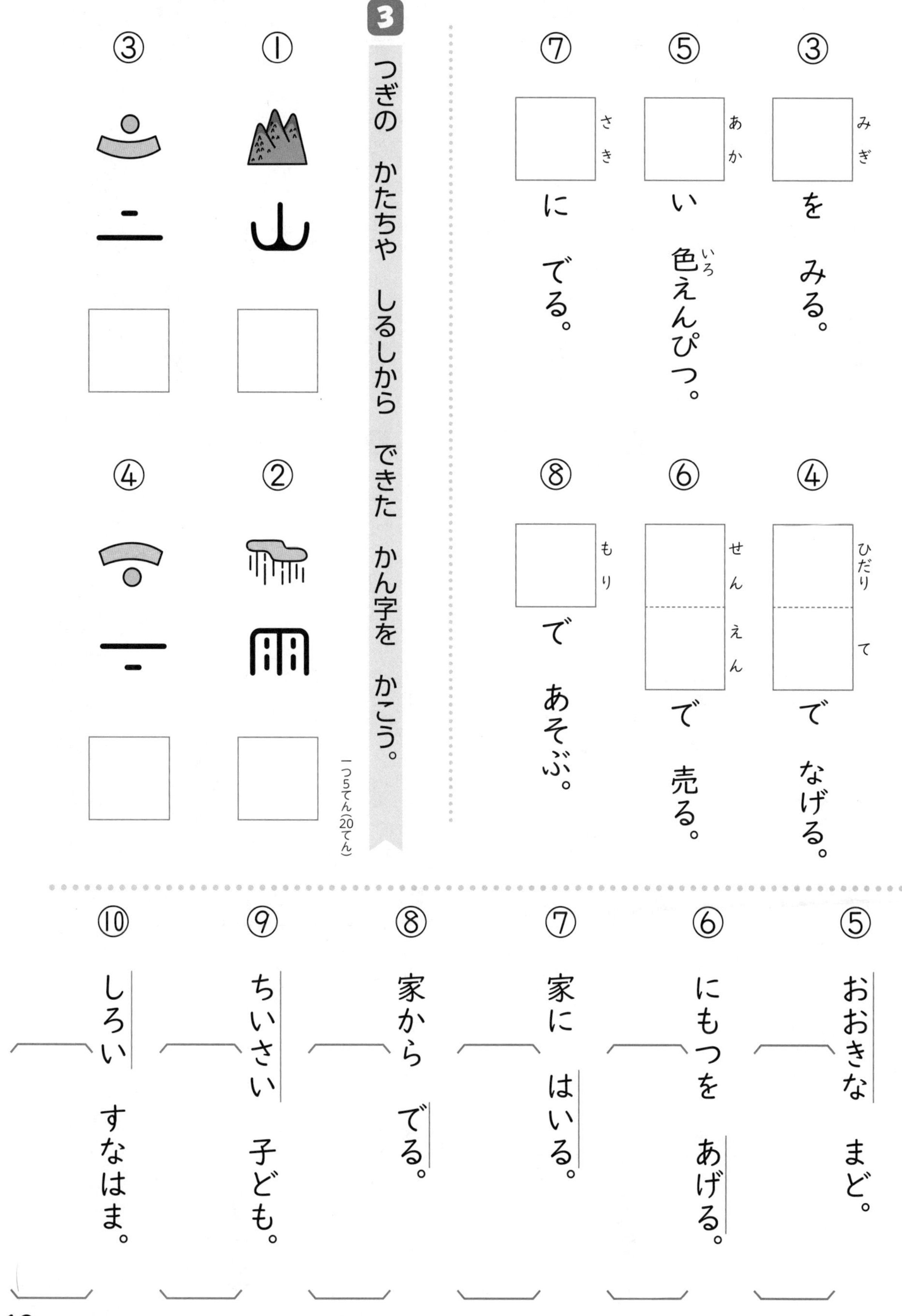

③ □（みぎ）を　みる。

④ □□（ひだり て）で　なげる。

⑤ □（あか）い　色（いろ）えんぴつ。

⑥ □□（せん えん）で　売る。

⑦ □（さき）に　でる。

⑧ □（もり）で　あそぶ。

3 つぎの　かたちや　しるしから　できた　かん字を　かこう。

一つ5てん（20てん）

① □

② □

③ □

④ □

⑤ おおきな　まど。

⑥ にもつを　あげる。

⑦ 家に　はいる。

⑧ 家から　でる。

⑨ ちいさい　子ども。

⑩ しろい　すなはま。

こたえ

1　2・3ページ

1 ①おと　②した　③か　④はな　⑤たま　⑥ひと　⑦えん　⑧き

2 ①一　②王　③雨　④金　⑤花　⑥九　⑦学　⑧一円玉　⑨金　⑩下　⑪右　⑫火　⑬気　⑭貝

3 ①一つ　②一つ　③休んで　④休み　⑤九つ　⑥九つ　⑦休める　⑧一つ

2　4・5ページ

1 ①がっこう　②いぬ　③そら　④やま　⑤げつ　⑥こ　⑦ひだり　⑧みみ

2 ①空　②糸　③月　④字　⑤犬　⑥見　⑦左　⑧五　⑨四　⑩口　⑪子　⑫七月　⑬山　⑭三

3 ①五つ　②見る　③見える　④見せる　⑤三つ　⑥三つ　⑦四つ　⑧七つ

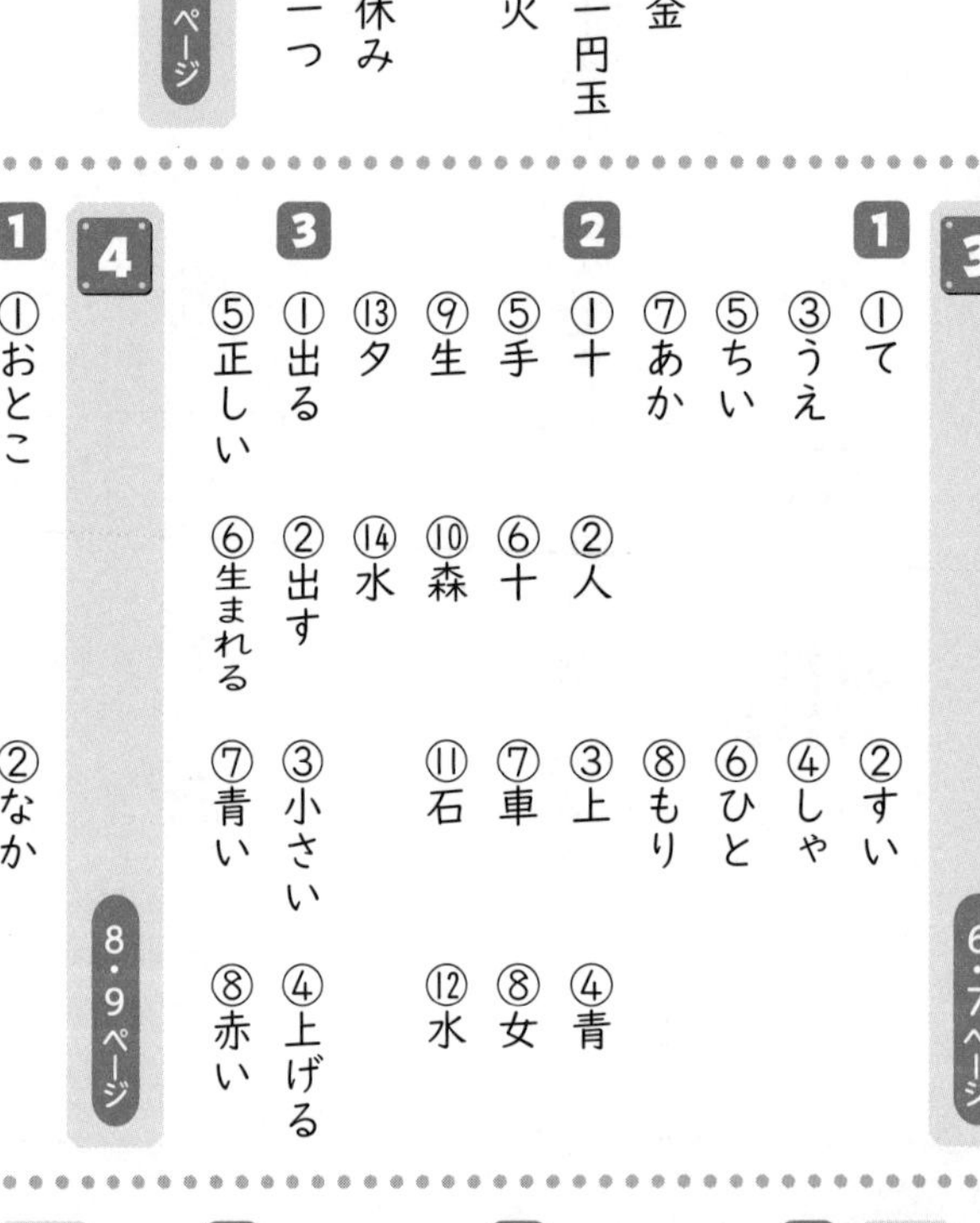

3　6・7ページ

1 ①て　②すい　③うえ　④しゃ　⑤ちい　⑥ひと　⑦あか　⑧もり

2 ①十　②人　③上　④青　⑤手　⑥十　⑦車　⑧女　⑨生　⑩森　⑪石　⑫水　⑬夕　⑭水

3 ①出る　②出す　③小さい　④上げる　⑤正しい　⑥生まれる　⑦青い　⑧赤い

4　8・9ページ

1 ①おとこ　②なか　③かわ　④つち　⑤せんえん　⑥あしおと　⑦まち　⑧おお

2 ①先生　②虫　③町　④足　⑤草　⑥村　⑦中　⑧男　⑨川　⑩竹　⑪千　⑫天気　⑬田　⑭土

3 ①大きい　②早め　③早い　④大いに　⑤大きな　⑥早まる　⑦早める　⑧大きさ

5　10・11ページ

1 ①にほん　②ひ　③ひゃくえん　④むいか　⑤ようか　⑥もく　⑦しろ　⑧めだ

2 ①一日　②年月　③六　④木　⑤日　⑥目　⑦五年　⑧白　⑨文　⑩八　⑪名　⑫木　⑬力　⑭林

3 ①入れる　②入る　③入る　④白い　⑤立つ　⑥六つ　⑦二つ　⑧八つ

6　12・13ページ

1 ①しゃ　②かい　③てんき　④なか　⑤かね　⑥みみ　⑦いと　⑧あおぞら

2 ①音　②子犬　③右　④左手　⑤赤　⑥千円　⑦先　⑧森

3 ①山　②雨　③上　④下